독서지도사와 함께하는

책먹는 아이들

김진향金鎭香

국민대학교 문예창작대학원 졸업(문학석사).
양주시립도서관 아동독서지도 강사 역임,
의정부정보도서관 문예창작반 강사 역임.
경기도 북부여성회관 독서지도사 양성반 강사,
신흥대학 평생교육원 자녀독서지도 강사.

소설가 김진주로 활동.
저서 『은어』, 『고리』, 『거울속의 바이올렛』,
시집 『내게 있어 사랑을 한다는 것은』 등이 있다.

E−mail:jinju0109@lycos.co.kr

독서지도사와 함께하는
책먹는 아이들

2005년 6월 10일 1판 1쇄 발행
2009년 4월 10일 1판 3쇄 발행

엮은이 김 진 향
펴낸이 한 봉 숙
펴낸곳 푸른사상사

등 록 제2−2876호
서울시 중구 을지로3가 296−10 장양B/D 701호
대표전화 02) 2268−8706~7   **팩시밀리** 02) 2268−8708
메일 prun21c@yahoo.co.kr / prun21c@hanmail.net
홈페이지 //www.prun21c.com
ⓒ 2005, 김진향

값 17,000원
ISBN 89−5640−345−7−03370

☞ 푸른사상에서는 항상 양서보급을 위해 노력하겠습니다.
   저자와의 합의하에 인지 생략함.

독서지도사와 함께하는

책먹는 아이들

전문독서지도사 김 진 향

푸른사상

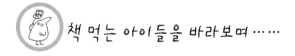 책 먹는 아이들을 바라보며……

지금 내 아이의 손에 무엇이 들려있는지 보라. 아이의 미래가 보일 것이다.

요즘 서너 살만 되어도 자그마한 손에 휴대폰이 들려있다. 뽕뽕, 띠릭띠릭, 뚜뚜……. 아이들의 귀는 이미 기계음에 길들여져 그 소리에 익숙하다.

지하철을 타면 자주 보게 되는 풍경 중 하나가 우는 아이를 달래기 위해 부모가 아이의 손에 휴대폰을 쥐어주는 장면이다. 그 작은 열린 창에서 쏟아지는 인위적 빛 속으로 빨려들어가는 모습을 보면서 그 아이들의 미래를 염려하게 된다.

독서지도사로 살아온 세월이 어느덧 십 년의 언덕을 훌쩍 넘었다. 나의 독서인생은 이렇듯 언덕을 넘는 일이었고 앞으로도 언덕을 넘고 있을 것이다. 그 언덕엔 아이들이 있었고, 그 아이들 중엔 책을 싫어하는 아이, 편독하는 아이, 책 중독에 빠진 아이 그리고 심각한 난독증에 시달리는 아이들도 있었다. 이 모든 소중한 아이들이 독서지도를 통해 즐거운 책 읽기를 하고 행복한 독서인이 되어가는 과정을 지켜보며 독서지도사의 소명을 다하고 있는 듯해 행복했고 앞으로도 독서지도사로의 사명감을 가지고 나는 독서지도사의 길을 걷고 있을 것이다.

　요즘 엄마들은 바쁘다. 살림하고 아이 교육시키고 또 그 교육을 위해 웹서핑을 하고 엄마들끼리 서로 수집한 정보를 교환하고……. 새로 생겨난 신종어 '엄마블로그'들은 말한다. "24시간이 부족해요……." 그래서 스케줄을 짜서 움직이지 않으면 잠 잘 시간도 없다고 푸념을 한다.

　"선생님은 어떻게 아이 키우셨어요? 정말 힘들어요……. 눈만 뜨면 다른 집 아이들이 우리 집 아이보다 뭔가 달라져있을 까봐 노심초사에요. 누구누구 엄마가 어떤 책을 들여놨다더라, 무슨 학원을 하나 더 보낸다더라 하면 겁부터 벌컥 나는걸요. 우리 아이들만 뒤처지게 될까봐……."

　이것이 우리의 자화상이고 우리의 현실이다. 급변하는 세상에서 우리 엄마들은 어떻게 아이들 교육에 힘 쓸 것인가.

　책 읽는 아이는 아름답다. 책 읽는 아이들을 바라보는 어른들의 모습도 아름답다. 그 때 책 읽는 아이들이 어디에서고 편안하게 책을 읽을 수 있도록 환경을 만들어주고 싶다는 강한 욕구가 생겼고, 이것이 내가 책 먹는 아이들을 집필하게 된 이유이다. 아이들이 아주 편안하게 책을 읽을 수 있는 환경을 만들어주기 위해, 독서지도에 관심 있는 어른들에게, 또 아이를 양육하는 모든 어른들에게 조금의 도움이라도 될 수 있길 희망하면서 그 동안의 독서지도사를 사회에 배출해 내면서 겪었던 경험담을 토대로, 또한 아이들 지도를 하면서 느꼈던 아이들의 생각과 아이들의 세계를 통해 본 것들을 책으로 엮었다. 이 책이 자녀들의 교육에 관심 있는 보다 많은 어른들에게 도움이 되길 바랄 뿐이다. 또한 책 읽는 아이들이 좋은 책을 먹고 그 책이 영양분이 되어 아이들의 삶에 에너지가 되고 희망이 되었으면 하는 바람을 가져본다.

중학교에 들어가면서 책 읽는 시간을 내지 못하는 청소년들의 모습을 이젠 더 이상 볼 수 없길 소망해 본다. "시간이 없어서요", "학교 공부 때문에요"라는 말은 있을 수 없다. 책 읽는 습관은 식사를 하는 것과 같고 공기를 마시는 것과 같다. 이제는 취미란에 책읽기를 쓰는 어리석은 일은 반복해선 안 된다. 독서지도의 목적은 평생 책 읽는 습관을 들여주는 것이다. 이 독서지도사의 소임처럼 아이들이 평생을 책과 함께 즐겁고 행복하게 나이를 먹어가길 바랄 뿐이다. 이것이 나의 가장 큰 바람이다.

이 책의 소망처럼, 우리나라의 모든 아이들이 책 먹는 아이들이 되어 어떤 책도 다 소화해 낼 수 있는 튼튼한 위장을 갖게 되길 바란다. 그리고 몸에 좋은 음식을 알아내듯 정신을 맑고 영혼을 살찌울 수 있는 영양소가 될 수 있는 책을 골라 먹을 수 있는 능력을 기를 수 있길 기대해 본다. 언제나 좋은 책, 훌륭한 책만 만날 수 없다면, 혹여 잘못 먹은 책이 있더라도 튼튼한 위장을 가지고 소화시킬 수 있는 능력을 기를 수 있길 희망한다.

지금 이 순간에도 어디선가 책을 먹고 있을 아이들을 생각하며 나는 지금 너무 행복하다. 또한 독서지도사여서 내 삶은 행복하였고, 앞으로도 많은 독서지도사를 배출하는 사람으로 행복하다. 내 행복에 날개를 달아 줄 진정한 독서지도사가 많이 활동하게 되길 빌면서 책과 함께 한 나의 인생은 더없이 행복하였고, 앞으로도 책이 있어 행복할 것이다.

이 책이 나오기까지 옆에서 많은 힘이 되어 준 남편과 아들, 그리고 나의 사랑하는 제자들에게 감사한 마음을 전하면서, 세상의 모든 독서지도사들과 책을 사랑하는 사람들에게 작은 의미가 될 수 있는 책이 되길 간절하게 바란다.

책 먹는 아이들 서재에서

독서지도사와 함께하는

책먹는 아이들

독서지도사와 함께하는

책먹는 아이들

1부

독서지도란?

독서지도사가 되려면......

21세기는 창의적 발상을 가진 사람이 성공하는 시대이다. 진취적인 생각과 다각적 사고를 가진 사람을 찾으러 다니는 해드헌터들이 제 1순위로 꼽는 것이 입체적 사고를 가진 사람들이다. 평면적 사고를 가진 사람들의 사고에는 한계가 있기 때문이다. 일을 잘하는 사람이 성공하는 시대, 그리고 성실한 사람이 성공하는 시대는 서서히 뒤로 한 걸음씩 물러서고 있는 추세이다. 또한 마음이 착한 사람이 성공하던 시대는 이제 과거의 이야기가 되었다.

21세기가 바라는 인간상은 가슴이 아닌 머리를 가진 사람이다. 학교 교육도 이에 발맞추듯 성적순의 수직관계에 인간의 이상형을 올려놓았다. 그러나 우리는 말하지 않아도 알고 있다. 가슴이 따뜻한 사람이 사는 세상이 아름다운 세상이라는 것을……누가 부인할 것인가!

그러므로 21세기의 어린이 교육은 생각하는 아이로 자라게 하는 데 그 목적이 있다. 학교교육은 IQ(지능지수)가 우선순위에 있어야 할지 모르지만, 독서교육은 EQ(감성지수)가 먼저여야 한다. 아니 EQ와, MQ(도덕지수)가 나란히 병행되어야 한다. TQ니, CQ니 앞다투어 창의력이 먼저라고 말하고 있지만 독서교육은 절대적으로 감성지수가 먼저 선행되어야 한다. 그렇지 않으면 파행교육이 될 것이다.

　IQ가 높은 아이는 보통 머리가 좋은 아이로 불리운다. 머리가 좋은 아이 즉, 똑똑한 아이는 일반적으로 기억하고 계산하고 이해하는 데 특별한 능력을 보여준다. 학교교육에 있어서 표면적으로 나타나는 성적의 결과로 성적이 잘 나온 우수한 학생들을 보고 우리는 IQ가 높다고 평가한다. 하지만 우리가 살아가는 세상은 계산하는 능력보다는 도덕심, 이해심, 동정심, 남을 배려하는 마음이 더 중요하지 않을까 생각한다.

　우리가 잘 아는 에디슨도 학교성적은 형편없었지만 어려서부터 책 읽고 사유하는 시간을 많이 가진 것이 에디슨을 만들었다고 해도 과언이 아니다. 또한 에이브러험 링컨도 어려서부터 책을 좋아하는 소년이었고, 카네기도 책을 너무 좋아한 나머지 책방 점원이 되어서 책을 읽는데 시간을 많이 썼다고 한다. 우리나라의 한글을 창제한 세종대왕도 어려서부터 책을 좋아했다는 건 익히 아는 사실이다. 그들의 성공을 봐도 IQ에 의한 성공이라고 말하기보다 EQ에 의한 성공이라고 말하고 싶다.

　IQ는 얼마나 알고 있는가 하는 지능지수이고, EQ는 어떻게 생각하고 어떻게 행동하는가 또한 어떻게 느끼는가 하는 감성지수이다.

　IQ는 학습에 의해 가능해진다는 스키마(Schema)이론에 의해 증명되고 있다.

즉 스키마란 우리의 기억 속에 저장되어 있는 모든 경험을 말하는데 그 스키마 즉, 배경지식에 의해 IQ(지능지수)가 높아질 수 있다는 이론이다.

스키마는 개인적인 경험의 소산이므로, 어떤 어휘나 개념에 대한 스키마는 사람마다 다르다. 그러므로 책을 많이 읽은 아이가 받아들이는 책에 대한 지식의 깊이는 다르다는 것이다. 예를 들어 『어린왕자』를 읽은 아이와 읽지 않은 아이를 놓고 각각 '모래'라는 어휘를 놓고 연상되는 모든 어휘를 써보게 했더니 『어린왕자』를 읽은 아이가 읽지 않은 아이보다 3배는 더 많은 어휘를 나열하였다. 이 실험으로 보더라도 IQ는 독서와 깊은 상관관계에 있다는 것을 알 수 있다. 그러나 독서지도를 해보면 EQ 또한 아이들의 독서능력에 얼마나 중요한 부분을 차지하는지 알 수 있다. 책을 읽고 그 주인공이 되어 생각하게 해 본다든가, 내가 책속의 주인공이 된다면 어떻게 그 난관을 헤쳐 나갈 것인지 질문을 해 보았더니 아이는 다른 시각 속에서 대답을 유추해 내었다. 책 속에서 답을 생각해 내는 아이도 있었고 책과 무관한 대답을 한 아이도 있었다.

책을 통해 아이들이 다각적 사고를 하고 그런 책읽기 과정 속에서 아이들은 지능지수와 감성지수, 그리고 도덕지수까지 높아지고 있었다. 그것으로 21세기를 살아가는 우리 자녀들에게 독서지도가 얼마나 중요한지 알 수 있었다.

또한 '빠르게 빠르게'를 외치는 우리 기성세대 안에서 우리 아이들이 보고 자라는 것은 무엇일까? 깊게 가슴을 열고 생각해 봐야 할 때가 아닌가 한다.

아날로그 시대가 이미 사장되어 버리고 디지털 시대가 도래한 지 몇

년 밖에 안 되었는데도 우리가 추구하는 또 다른 세상인 펜티엄 시대에 와 있다. 이제 우리 기성세대의 입을 통해 '빠르게 빠르게'만 외치고 있고 그 빠르게에 발맞추기 위해 허겁지겁 달리다 보니 머리는 있고 가슴은 없는 인간상이 이제 우리 모두의 모습이 되어 버릴까 가슴이 답답해 온다.

새로움만을 추구하며 사는 세상 사람들 때문에 모두 지쳐가고 있다. 세상에 절대적인 새로움은 없다고 했던가? 인간의 모습도 어느 순간 새로움을 추구하다가 새로움이 아닌 정형화된 자신의 모습을 거울을 통해 보게 될 때 어떤 마음이 될지 상상만으로도 가슴이 아리하다.

요즘 독서지도사가 되겠다고 찾아오는 사람들이 작년보다 그 수가 배로 증가되었다. 그리고 공공기관과 대학 시청교육 등에서 자녀독서 교육이 무료로 특강되고 있는데 그 강의를 듣겠다고 찾아오는 주부들이 모집 정원의 배를 넘어서고 있다. 책상이 없어 의자만 놓고도 강의를 듣겠다고 찾아오는 주부 중에서 유모차에 아이를 태우고 강의실로 들어와 우는 아이를 달래며 강의를 듣는 모습을 볼 때면 우리나라 어머니들의 자식 사랑은 세계 어느 나라보다도 으뜸이라는 생각이 절로 든다.

어느 칼럼에서 읽은 이야기가 갑자기 생각난다. 세계에서 제일 책을 읽지 않는 국민으로 우리나라 국민이 당당히 선두 순위에 들었다고 한다.

얼마 전 '느낌표'라는 MBC 방송 프로그램 중 '책을 읽읍시다'라는 코너가 있었는데 그 프로그램으로 인해 국민의 책 읽는 습관이 조금은 향상되었다는 건 다행스러운 일이 아닐 수 없다.

전철을 타고 출근을 하는 나는, 요즘 들어 책을 손에 들고 열심히 독서 삼매경에 빠진 사람들을 자주 보게 된다. 독서지도사인 나로서는 너무도 뿌듯하고 행복한 마음이 아닐 수 없었다.

책 읽는 사람들의 모습이 민들레 홀씨처럼 전파되어 어느 날 전철을 탔을 때 책 안 읽는 사람들을 보게 되는 것이 눈길을 끌게 되는 날이 분명 올 것이라고 믿어 보며 독서지도사가 되겠다고 강의실 문을 두드리는 제2, 제3……의 제자들의 얼굴을 마음속으로 그려보며 흐뭇하게 웃곤 한다.

이제는 독서가 책읽기와 분리되어야 한다는 것쯤은 독서지도사에 관심이 있는 사람들이라면 누구나 아는 일이다.

내가 추구하는 독서지도사는 책과 아이들을 자연스럽게 연결시켜주는 선생님이다. 또한 책을 통해 무엇인가를 가르치려는 사람이 아닌 책을 통해 삶을 들여다볼 줄 아는 마음의 문을 열어주는 사람이다. 그리고 재미있고 흥미롭게 책을 읽으며 아이들 스스로 책과 친해질 수 있도록 환경을 만들어주는 사람이다. 끝으로 아이들에게 평생 책 읽는 습관을 길러주는 데 그 목적이 있다.

책을 통해 가르치려고 들던 시대는 이제 갔다. 책을 통해 바른 인격형성이 이루어질 수 있도록 새로운 독서 방법론이 절실히 필요하다.

이제 독서지도사인 내가 꿈꾸는 세상은 책을 장난감처럼 가지고 노는 아이들, 놀이를 통해 책 속의 내용을 이해하게 되는 아이들, 책 속에서 주인공들과 함께 뛰어놀 수 있는 상상력을 가진 아이들, 책을 밥을 먹듯이 습관적으로 책 먹는 아이들로 자라게 하는 자모들 스스로가 독서지도사가 되는 그런 세상이다.

내가 꿈꾸는 세상이 그리 멀리 있지 않음을 믿으면서 책 먹는 아이들을 꿈꿔본다.

아이들은 책 속의 인물을 보며 자란다

아이들은 동화책을 읽으면서 자란다. 동화책 속에서 주인공과 대화를 나누고 주인공과 뛰어놀며 주인공의 이야기를 들어주며 그 속에서 자신의 꿈과 희망을 심어 놓기도 하고 미래에 무엇이 되고 싶은지 미래에 무엇이 되어야 하는지 찾기도 한다.

동화책을 읽으면서 아이들은 제일 먼저 동화책 속의 주인공과 만나게 된다. 그리고 책 속의 배경 속으로 들어가 마치 오래전부터 살았던 동네에 와 있는 것 같은 착각을 하기도 한다. 『내 짝꿍 최영대』를 읽으면서 아이들은 영대가 되어 같이 울기도 하고 영대가 밝아지는 장면이 나오면 함께 밝게 웃기도 한다. 엄마 없는 영대가 느끼는 외로움을 마치 자신이 느끼는 것처럼 갑자기 기분이 우울해지기도 한다. 수학여행에서 친구들이 영대에게 방귀를 뀌었다고 우기자 '으앙' 하고 울음을 터뜨리는 장면을 보며 책을 읽고 있는 아이는 자신이 최영대를 울린 것처럼 미안해지기도 한다. 아이들은 그만큼 순수하고 깨끗한 마음을 가졌다. 동화책을 읽고 있는 동안 아이는 책 속에 들어가 주인공과 함께 살고 있는 것이다. 그래서 동물이 의인화된 책을 읽고 나온 아이가 놀이터에서 놀고 있을 때 그 앞으로 지나가는 강아지를 보고 달려가 만졌다가 물려서 사고를 당하는 일을 종종 보기도 한다. 아이들에겐 책 속의 세상과 밖의 세상을 구분할 분별력과 사고능력이 아직은 미숙한 것이다. 그래서 그림책을 읽으며 자연스럽게 판타지 세계 속으로 자연스럽게 들어가게 되는데, 어른들은 '왜 이렇게 된 것인데?' 왜 갑자기 악어가 나왔는데……? 그림책을 보며 의문이 생긴 부분에 멈춰서서 앞으로 나가지 못하는 것이다. 그러나 아이들은 '왜?'라고 묻지 않는다. 아니 그럴 필요가 없다. 판타지를 읽으며 그 속으로 자연스럽게 흡수되기 때문이다.

책을 통해서 만난 세상은 언제나 아름답고 사랑이 넘치고 선한 사람이 복을 받는 세상이기 때문이다.

아이들은 책 속에서 1차적 언어를 통해 세상을 배운다. 좋다, 나쁘다, 예쁘다, 밉다, 아름답다, 추하다, 좋은 사람, 나쁜 사람, 선한 사람, 악한 사람…… 등 그래서 콩쥐는 좋은 사람으로 기억되고 팥쥐는 나쁜 사람으로 기억되는 것이다. 그렇기에 아이들에게 어떤 책을 읽혀야 하는가는 참으로 중요한 문제가 된다.

한편, 아동문학비평을 하는 사람들 중 동화책을 읽히지 말자는 의견도 점차적으로 늘어가는 추세도 볼 수 있다. 그 이유는 「콩쥐 팥쥐」나, 「백설공주」, 그리고 「신데렐라」…… 등의 동화를 살펴보면 계모가 등장하는데 계모에 대한 편견이 생긴다는 주장이다. 요즘 이혼 확률이 세계 1위에 임박해 있는 현실로 볼 때 계모에 대한 아이들의 편견을 우려한 발상에서부터 시작된 목소리가 커지고 있다. 또 여성비하 및 물질만능주의, 금욕주의, 성형미인 추세를 우려한 목소리도 함께 커지고 있다.

「콩쥐팥쥐」를 살펴보면 노력하지 않아도 남자만 잘 만나면 여자의 삶은 성공하는 것이며, 행복은 보장된 것이라는 위험한 생각을 아이들이 하게 될 것이라는 주장도 있다. 또 동화 속에 나오는 주인공들은 모두 미인들이다. 미인 지상주의를 꿈꾸게 하는 것도 문제라는 것이다. 아이들이 동화를 읽으면서 예쁜 여자만이 행복해지고 왕자를 만날 수 있다는 강박관념에 시달리게 된다는 주장이다. 그래서 예쁘지 않은 자신을 탓하며 열등감에 사로잡히게 될지도 모른다는 우려 섞인 목소리를 내고 있다. 또한 대부분 왕자를 만나 행복해지거나, 사또를 만나야 행복해지는 주인공들을 보면서 행복이란 조건에 있다는 위험한 생각을 아이들이 책을 읽으며 하게 된다는 것이다.

모두 그럴듯한 의견들이다. 그리고 한번씩은 꼭 생각해 보아야 할 문제이기도 하다. 그렇지만 동화는 문학작품이다. 문학작품은 과학적인 근거나, 과학적인 계산에 의해 쓰여지는 것이 아닌, 허구의 세계에서 이루어지는 상상물이다. 동화 속의 세계는 철저하게 작가의 상상에 의해 만들어진 세계인 것이다.

동화 속의 인물을 살펴보면, 계모가 악역을 맡게 되는 것은 콩쥐나, 신데렐라, 그리고 백설공주를 더 여리고 착한 인물로 부각하기 위해 계획된 입체적 인물이기 때문이다. 아이들은 동화를 읽으면서 '착하게 살아야지', '착하게 살면 행복해지는 것이다' 라는 단편적인 생각을 하며 진실하게 살아가는 인물들을 보며 자신의 인성을 바르게 잡아가며 책 속의 인물과 만나기 때문에 어른들이 우려하는 일은 없다고 생각하여도 좋을 것 같다.

아이들은 아이들만의 세계가 있다. 아이들은 자신들이 소화해 낼 수 있는 만큼만 책을 읽고 받아들인다. 이해되지 않는 책을 끝까지 잡고 있는 인내나 끈기는 없다. 그러므로 너무 앞서가서 아이들이 읽어선 안 될 것이라고 아이들 손에 들려진 책을 뺏는 실수는 하지 않길 바랄 뿐이다.

아이들은 책 속의 인물을 보며 자란다. 책이 인간의 가치관을 결정한다는 사실을 우리는 너무도 잘 알고 있다. 그러므로 어떤 책을 어려서부터 읽히는가 하는 문제는 참으로 중요하다.

그러나 어른들의 노파심에 자연적으로 거쳐서 가야 할 동화책 읽기 단계에서 억지로 눈을 가려버리는 어리석은 일은 없길 바랄 뿐이다.

그렇지만 아이들에게 관심을 가지고 바라보는 일은 멈추지 말아야 할 것이다.

어려서부터 과학 책을 선호해서 과학책을 많이 읽은 아이는 과학적인 것이 관심사가 되어 과학자가 되고 싶다는 꿈을 꾸면서 성장하게 되어 발명가가 되거나 그 꿈처럼 과학자가 되기도 한다.

내 자녀가 어떤 책을 좋아하는지 오늘은 눈여겨보는 것은 어떨까.

어떤 책을 골라주어야 하나요?

자녀독서지도 첫 수업을 하게 되면 쉬는 시간에 꼭 듣게 되는 질문이 있다.

"선생님, 아이들한테 어떤 책을 골라주어야 하나요? 제가 책에 문외한이라서……."

이 질문을 접하고 나면 늘 한숨부터 나온다. 이제 수업의 첫 날인데 벌써부터 조급증에 이런 질문부터 하는 주부들을 대하는 내 마음은 착잡하다고 표현하는 것이 더 맞을 것이다. 여기까지 오기 전에 그들은 어떻게 자녀들을 지도하였을까? 그 궁금증 때문에 되묻고 싶어진다.

"그동안 아이한테 한 권도 안 읽혔나요?"라고. 하지만 이내 마음을 접고 호흡부터 가다듬고 준비해 온 종이를 한 장씩 나누어주고 10분 이내에 소신껏 써서 내라고 하는 것이 있다. 그것은 집에 있는 아이들의 책 제목을 모두 적어 내는 것이다. 두 번째 그 책 중에 내가 읽은 책이나 아이에게 읽어준 책을 다시 적어 내는 것이다.

그리고 다음으로 자신이 읽었던 모든 책을 기억나는 대로 다 적어 내보게 하는 것이다. 그 시간이 되면 모두들 긴장한 얼굴로, 마치 시험을 치루는 학생처럼 백지를 붙들고 씨름을 한다. 역시 시간은 10분을 초과하게 되고 모두 두리번두리번 주위 사람을 살핀다. 시간이 경과되고 모두 적어 낸 종이를 뒤집어 놓고 잠시 눈을 감고 자신을 돌아보는 시간을 준다. 그리고 멋쩍어 하는 주부들에게 활짝 웃어 보이며 하는 말이 있다.

"여러분! 왜 그렇게 창피한 얼굴을 하세요. 그러니까 여러분이 자녀 독서지도를 이제라도 바로 하고자 저를 찾아 강의를 들으러 오신 거잖아요? 그렇죠?"

하면 모두 화사한 얼굴이 되어 강의실은 한바탕 웃음바다가 된다.

아이가 태어나 처음 보게 되는 것이 엄마의 얼굴이라면 사물을 분별하게 되면서부터 보게 되는 것은 엄마가 만들어주게 되는 주위 환경이다. 그 환경설정을 얼마나 잘 만들어주는가에 따라 아기가 똑똑한 아기로 자라게 하고 슬기로운 아기로 자라게 하는 지름길인 것이다. 우리도 잘 아는 일이지만 아이가 태어나 돌을 맞이하면 돌상을 차려주고 아기가 처음 손에 쥐는 것을 보는 것이 돌잔치의 하이라이트가 되는 데 부모의 마음은 모두 같은지라 아기가 책이나 연필을 잡기를 바란다. 걷기도 전에 말이다. 첫 발을 떼기도 전에 부모의 마음은 아이에게 책이 있는 세상으로 첫 발을 내딛기를 바란다. 그런 마음이 돌을 지나면서 모두 망각을 하게 되는지 환경이 망가지게 된다. 책이 먼저인 세상을 만들라는 이야기는 결코 아니다. 아이가 자라면서 습관처럼 책을 들고 놀 수 있도록 주위에 책이 있는 환경을 만들어주면 어떤 책을 골라주어야 할지 고민을 하지 않아도 된다는 것이다. 골라주어야 하는 번거로움을 벗겨버리고 아이가 스스로 읽을 책을 만지고 놀다 보면 책이 장난감이 될 것이다. 책을 꼭 읽을 필요는 없다. 우리는 책을 소중히 다루어야 한다는 잘못된 교육을 받은 세대라서 아이에게도 책을 소중하게 책장에 꽂아 두어야 한다는 교육으로 책을 다 읽고 나면 책장에 꼭 넣어두어야 한다는 강박관념을 아이들에게 지시하게 되는데 이것도 아이들이 책을 싫어하게 되는 원인이 되기도 한다.

책을 주위에 놓아두는 환경을 설정해 준 뒤 아이와 놀아주면서 엄마가 자연스럽게 책을 들고 혼자 읽는 모습을 보여주자. 그러면 아이는 장난감 놀이를 하면서도 엄마의 행동을 보게 된다. 아이들은 무엇에 열중해 있는 것 같아도 주위 1미터 반경의 것에 모두 신경을 쓰고 있다. 그래서 어느 순간 엄마의 행동을 따라하게 된다. 그것이 학습이다. 또한 3,4세가 되면 아이들은 책을 읽으면서 무엇인가 긁적거리고 싶어한다. 그래서 벽에 난화를 그리는 아이들이 있는 데 그것은 낙서가 아니다. 아이들의 마음을 그대로 표현하려는 노력인 것이다. 그 시기에 책을 읽으면서 책 속에 낙서를 하게 되는데 그것이 최초의 독서감상문이 되는 것이다. 아이는 책을 보고 느낀 점을 표현하고 싶어서 낙서를 하는데 그것을 심하게 나무라거나 꾸짖고 매를 때리는 부모가 있는데 그렇게 되면 아이는 책을 다시는 보고 싶어하지 않게 될지도 모른다. 아이는 자기가 느낀 것을 그렇게 표현하는 것이다. 아이는 책 속에서 만난 인물과 이야기하고 싶고, 책 속의 동물과 놀고 싶어하는 마음을 그렇게 표현하는 것이다. 우리도 친구와 만나고 즐겁게 놀다가 헤어질 때면 아쉬워 집에 와서도 전화를 하거나 문자를 날리고, 메일을 써서 오늘 얼만큼 즐거웠고 행복했노라고 마음을 표현하지 않는가. 아이도 그런 행동을 하는 것이라고 봐야 할 것이다.

그렇다. 책은 따로 골라줄 필요가 없어야 한다. 스스로 골라 읽을 수 있도록 어려서부터 환경을 만들어주면 되는 것이다. 아이가 물어보았을 때 그 때는 조언을 해주어도 좋지만 물어오기 전에는 이것 읽어라, 저것 읽어라 수직적으로 지시를 내릴 필요는 없는 것이다. 혹시 아이가 물어 온다면 부모의 경험담을 편하게 해 주는 것이 좋다.

"엄마는 중학교 때 『테스』를 읽었는데, 그 때는 글자가 가로로 되기 전이라 세로로 된 책이었는데도 정말 테스의 삶이 너무 안타까워서 밤을 새워 읽으면서 울기도 했었어. '나라면 테스처럼 하지 않고 어떻게 삶의 방향을 이끌어 갔을까?' 하고 말야. 제일 슬펐던 장면은 테스가 경찰들에게 잡혀가기 전에 바위에서 자고 있는데 조금만 더 잘 수 있게 단꿈을 깨지 말았으면 하고 지켜보는 장면이었어……."

아이는 엄마의 경험담을 들으면서 어쩌면 이미 도서관에 꽂혀 있을 테스라는 책을 향해 달려가고 있을지도 모른다.

좋은 책이란 이렇게 세월이 지나도 변하지 않고 다양한 형태의 사람들이 다양한 삶을 살아가면서 책을 통한 행복이라는 진리를 향해 언제나 사람들의 마음에 남아있는 책이다. 그리고 좋은 책이 있는 한 책과 아이들은 상호 의존하며 살아갈 것이다.

책을 통해 간접 체험을 하면서 세상과 타협하는 방법을 배우며 올바른 가치관과 따뜻한 마음으로 세상을 보는 눈을 기르고 세상으로 향하는 문을 발견을 하게 될 것이다.

또한 책은 아이들에게 언제나 손을 내밀고 있기 때문에 아이들은 때가 되면 책을 가까이 할 것이다. 문제는 그것을 기다려줄 줄 모르는 조급증의 어른들에게 있다. 어른들이 생각하는 좋은 책이란 꼭 교훈적인 이야기가 담겨 있는 책이어야 한다거나 무엇인가 책을 통해 배울 거리를 만들어주어야 한다는 잘못된 책 상식을 가지고 있다. 그 어른들의 책에 대한 오류적 사고와 관념에서 벗어난다면 어른도 아이도 책에서 자유로워질 것이다.

그림책은 그림으로 이야기한다

"우리 애는 3학년인데도 그림책을 들고 다니면서 봐요. 제 또래 아이들보다 수준이 많이 뒤떨어져서 걱정이에요. 어떻게 하면 좋죠?"

어느 자모의 질문을 받고 한참동안 그 자모의 얼굴을 살폈다. 정말 걱정이 많이 되는 듯한 표정이 역력했다. 나는 조용히 일어나 책상에 꽂혀있는 『이상한 화요일』이라는 책과 『눈사람』이라는 책을 꺼내서 자모에게 보여주었다. 그리고 한 장씩 천천히 넘겼다. 자모는 말없이 책장을 넘기는 나의 행동을 조금은 당황스러웠는지 멈칫하다가 끝까지 본 뒤 눈을 크게 뜨고 나를 응시했다.

"책 내용을 저한테 얘기 좀 해 주시겠어요?"

자모는 순간 당황한 표정이었으나 이야기를 차분하게 시작했다. 그리고 머뭇거리다가는 잘 모르겠다고 말한 뒤 한숨을 푹 내쉬었다.

당황한 자모의 손을 잡으며 다시 한 장씩 넘기며 책 내용을 전개해 나갔다. 그러자 자모는 고개를 끄덕이며 홍조 띤 얼굴로 "참 재미있네요?"라며 『눈사람』이라는 책도 찬찬히 살펴가며 책을 읽었다.

그림책은 글로만 된 책보다 상상력과 창의력을 보다 많이 길러준다. 그림 안에 저장된 언어를 독자가 하나하나 구슬을 꿰듯 이야기 전체를 만들어 가야만 하기 때문에 상상력과 창의력이 없다면 그 책의 내용을 읽어낼 수가 없게 되어 있기 때문이다. 그리고 설상 그 내용을 훑어내지 못했다 하더라도 그림을 보는 내내 독자는 그림 속에 푹 빠져 있었으므로 행복하고 즐거웠을 것이다. 그 시간동안 그림책에 동화되어 있었기에 내용을 적확하게 모르더라도 그 책을 읽는 동안의 즐거움을 느낀 것만으로도 충분하다.

작가는 무엇인가 할 말이 있어서 글을 쓴다고 했고, 그것이 작품으로 승화되어 나와 독자를 만나는 것이다. 작가가 의도한 바를 독자가 똑같이 읽어낼 수는 없을 것이다. 그렇다고 책을 잘못 읽었다고 할 수 없다. 의견에는 정답이 없기 때문이다. 자기의 그릇에 맞게 알맞은 만큼만 덜어 먹고 소화해 냈다면 그것으로 책읽기는 성공한 것이다.

작가는 누구나 자기가 직, 간접적으로 경험한 것을 토대로 책을 쓴다. 그리고 그 책을 독자들이 읽게 되는데 독자들은 소설이나 동화를 읽으면서 그 작품속의 배경과 인물, 그리고 사건을 만나면서 자신이 경험한 것을 토대로 작품 속 장면을 상상하면서 재구성하게 된다. 그리하여 슬픈 장면이 나오면 주르르 눈물을 흘리며, 행복한 장면이 나오면 까르르 웃으면서 책읽기에 빠지게 된다.

그러므로 책읽기의 정도나 수준이란 없다. 책의 수준이란 자기 자신이 더 잘 알기에 스스로 자기가 읽을 책을 수준에 맞게 골라 읽는다.

나는 중학생 제자들을 만나면 생일 선물로 언제나 그림책을 선물한다.

처음엔 의아해 하지만 시간이 지나 다시 만나면 꼭 듣게 되는 말이 있다.

"선생님. 그 그림책 끝내주던 걸요? 역시 우리 선생님은 짱이에요."

초등학교를 거쳐 중학교에 들어가면서 학교에서 정해 주는 권장도서를 읽느라고 학생들은 활자의 노예가 된 것 같다면서 어떤 때는 머리가 하얘지는 것 같다고 호소를 하기도 하고 울렁증이 생겨서 책이 지겹다고 말하는 학생들을 볼 때면 안타까운 마음이 들 뿐이다. 그런 제자들에게 내가 해 줄 수 있는 것은 그림책을 선물하면서 그냥 따뜻하게 손을 잡아주는 일이 전부가 될 때도 있다. 그러나 항상 책 선물을 하면서 "이 책을 읽고 꼭 훌륭한 사람이 되어야 해."라는 말은 절대 삼간다. 왜냐면 나도 어린시절에 어른들로부터 듣게 되는 "이 다음에 훌륭한 사람이 되려면 공부도 열심히 하고 책도 많이 읽어야해. 알았지?" 다짐을 받으려는 그 말에 치여서 책이 싫어진 순간도 있었기 때문이다. 그 때 그 어른들의 입이 왜 그렇게 커다랗게 보였는지 지금 생각해도 끔찍하다. 그렇기에 나도 내 제자들이나 모든 어린이들에게 그런 과오를 범하고 싶지 않기 때문에 책 선물을 할 땐 조심스럽다. 책을 선물하는 자체가 아이들이나 학생들에게 부담이 된다는 걸 너무도 잘 알기 때문이다. 그렇다면 부담이 되지 않는 책 선물은 없을까?

그림책을 아이들에게 선물하기 위해서는 그림책의 종류부터 알아야 한다. 그림책의 종류는 다양하다. 이야기 그림책, 정보 그림책, 개념 그림책, 사물 그림책…… 등 다양한 그림책이 쏟아져 나오고 있다. 그림책이란? 그림으로 하고자 하는 이야기를 하는 것이고, 전하고자 하는 정보를 그림으로 전하는 것이다. 그래서 그림책에 이용되는 그림을 일러스트레이션(Illustration)이라고 한다. 일러스트레이션이란, 그림 속에 이야기를 담고 있다는 뜻이다. 즉 그림으로 설명을 한다는 내포가 담겨 있다. 그러므로 글을 모르는 아이들이 그림책을 보면서 내용을 알 수 있는 것은 그림책의 그림이 책 내용을 설명하고 있기 때문이다.

유아부터 초등학교 저학년이 좋아하는 이야기 그림책은 상상력을 바탕으로 하고 있으며, 정보 그림책은 논리적이고 객관적 사실에 근거를 둔 그림책이다. 또한 개념 그림책은 철학적인 측면의 그림책이라고 볼 수 있다. 도형이나 크다, 작다, 많다, 적다, 넓다, 좁다…… 등 개념을 잡아주는 그림책이므로 추상적이고 사고력을 필요로 한다.

요즘은 팝업 그림책(Pop Up Book-책을 펼치면 그림이 튀어나오는 입체 그림책)도 시중에 많이 나와 있다. 이 팝업북은 아이들의 호기심과 흥미를 불러일으키기에 충분하므로 아이들과 다양한 독후활동을 할 수 있어서 좋다. 그림책 속 캐릭터가 되어보는 독후활동은 아이들에게 다양한 경험을 하게 한다. 또 팝업북 속의 한 장면을 냉장고 박스나 텐트를 이용하여 꾸며주면 아이들은 책 속으로 들어와 있는 듯한 환상에 젖어 마치 자신이 책 속의 주인공이 된 듯 행복함을 만끽할 수 있게 된다. 아이들이 장롱속이나 책상 속을 들어가 숨박꼭질을 하는 심리도 태아 때 엄마 뱃속에 있었던 따뜻하고 포근한 자기만의 공간적 행복을 느끼게 되기 때문이다. 아이들은 태아 때 누렸던 그 열 달 동안의 엄마와의 교감을 기억하고 있다. 아이들이 심리적으로 불안해하고 어떤 일에 놀랐거나 상처를 받은 일이 있다면 이런 독서활동을 해보면 좋을 것이다.

초등학교 고학년에게도 그림책은 많이 읽힌다. 주로 비주얼 형식의 그림책이 많다. 비주얼(visual)이란, 보여주기 위한 시청각교육을 말하는데 이것도 그림책 형식이라고 볼 수 있다.

그림책 선물은, 나이나 수준 제한이 없다. 선물 받는 아이가 어떤 분야에 관심을 갖고 있는지 무엇을 원하는지만 안다면 좋은 선물이 될 것이다.

좋은 책, 나쁜 책이란 어떤 책인가?

　책도 좋은 책, 나쁜 책이 있는가? 그 물음 앞에 잠시 고개를 갸우뚱할 것이다. 우리는 일반적으로 책은 사람들에게 유익함만 줄 것으로 믿고 있었다. 그래서 사람이 책을 만들고 책이 사람을 만든다는 설을 당연하게 생각해 왔다. 그러나 책이 무조건 사람을 만드는 것은 아니다. 그렇다면 어떤 책이 좋은 책일까?

　항상 손에 들고 다니면서 보고 싶은 책, 보지 않아도 항상 머리맡에 두고 싶은 책. 이런 책이 좋은 책이 아닐까 생각한다.

　누구나 좋아할 수 있는 내용의 책, 누구나 한 번 읽으면 또 읽고 싶어지는 책, 그리고 읽고 나서 누구에겐가 권하고 싶은 책, 이런 책이면 좋은 책이라고 말할 수 있을 것이다.

　세상엔 모래알만큼 많은 책들이 쏟아져 나오고 하루에도 수십만 권의 책이 출판되고 있다. 그 책이 다 사람에게 좋은 영향을 미치는 좋은 책이었으면 얼마나 좋은가. 그러나 때론 사람에게 자극을 주는 책을 만나게 되기도 한다. 한 번 손에 잡았다가 놓기만 해도 호기심을 자극해 청소년의 정신을 혼탁하게 하는 책들도 있다.

'어떤 책을 어떻게 골라 읽느냐' 하는 문제는 '오늘 반찬으로 무엇을 사서 먹을까?' '오늘 점심은 무엇으로 때울까?' 하는 단순한 생각으로 끝나는 문제가 아니다.

음식을 잘못 먹으면 병원에 가서 진료를 받고 약을 처방받아 치료를 할 수 있다지만 책은 잘못 먹으면 정신을 해하기 때문에 쉽게 치료할 수도 치료되지도 않는다. 우리는 흔히 몸이 허약해지면 보약을 먹어야지 한다. 그러나 마음이나 정신이 허약하다고 보약을 먹어야지 하고 말하지 않는다. 그렇다면 마음이나 정신이 허약해지면 우리는 어떻게 해야 할까?

얼마 전 전기문 수업이 있어서 아이들에게 『세종대왕』을 읽어주었다. 그런데 책을 읽는 도중 아이들이 턱을 괴고 아주 몰입해서 듣는 부분이 있었다. 충녕대군이 책을 너무 좋아해서 밤낮을 가리지 않고 책을 읽어 병이 나게 되자, 임금은 신하를 시켜 충녕대군의 방에 있던 책을 모조리 치우게 했다. 그랬더니 놀란 충녕대군이 책을 치우지 말라고 애원하며 매달리는데 다행히 한 권의 책이 충녕대군의 발밑에 떨어지는 것이 아니겠는가. 충녕대군은 얼른 그 책 위에 앉아 도포로 가린 뒤 신하가 모두 물러가자 그 책 한 권을 소중하게 감춘 뒤, 밤마다 달빛에 의지해서 그 책을 읽고 또 읽고, 읽고 또 읽고…… 수만 번도 더 읽었다고 한다. 그 책 한 권이 세종대왕을 만들었다고 하자 아이들이 모두 "우와……!"하고 책상을 두드리며 좋아했는데 그 다음 날이 되자 모두 책 한 권씩을 손에 들고 와서 자기도 세종대왕처럼 그렇게 책을 좋아해서 훌륭한 사람이 되고 싶다고 한 마디씩 했다. 그 광경을 지켜보던 나는 '독서지도사가 되길 정말 잘 했구나' 하고 몇 번을 생각했었는지 모른다.

좋은 책이란 이렇게 내가 어렸을 때도 읽었고, 중년이 된 지금도 내가 아이들에게 읽어주며 이야기를 할 수 있는 책이 아닐까? 세월을 이기고 당당하게 어느 시절에도 누구에게나 읽힐 수 있는 책, 다음 세대에도 읽힐 수 있는 책, 이런 책이 좋은 책이라고 말하고 싶다.

좋은 책은 사람들이 알아본다. 좋은 책은 좋은 느낌을 준다. 좋은 책은 좋은 생각을 할 수 있게 한다. 좋은 책은 사람의 마음을 행복하게 한다. 좋은 책은 나만 읽고 끝내는 책이 아니라 누군가에게 읽으라고 권해 주고 싶어지는 책이다.

좋은 책이란, 누구나 쉽게 읽을 수 있고 누구나 좋아할 수 있는 오래 가슴속에 향기로 남는 책이다.

나만의 고전古典은 있는가?

태어나서 죽는 날까지 나만이 간직한 유일한 고전古典이 있다면 얼마나 행복할까.

"고전이 무엇인가?" 하고 물으면 우리들은 망설이지 않고 『데미안』, 『오디세이아 일리아스』, 『햄릿』, 『오셀로』, 『생의 한가운데』, 『전쟁과 평화』, 『노인과 바다』…… 등 많은 학창시절 학교에서 정해 준 필독서의 개념인 고전을 생각할 것이다.

그러나 내가 생각하는 고전은 살아오면서 내 인생의 동반자가 되었던 또 살아가면서 읽고 또 읽고 싶은 책이다.

나에겐 생텍쥐페리의 『어린왕자』가 내 인생의 고전이다. 외로울 때 꺼내 읽으면 내 등을 다독거려 주는 어린왕자는 아무 말도 하지 않지만 그 어떤 말보다도 다정하고 따뜻하고 감미로웠다.

내가 처음 『어린왕자』를 만난 건 중학교 2학년 때이다. 우연히 도서관에서 꺼내 든 『어린왕자』는 조금 지저분하게 구겨지고 오물이 묻어 있었는데, 책장을 넘기자 예쁜 그림이 내 눈길을 잡아 묶었다. 어린왕자의 천진난만한 그 표정이 나를 금세 웃게 만들었다. 그리고 엉뚱한 질문으로 어른을 당황하게 하는 어린왕자의 그 단순하면서도 천진난만함이 나를 오래도록 어린왕자의 별에 머물게 하였다. 나는 마흔이 넘은 나이에도 아직도 어린왕자의 별에서 떠나지 못한 채 어린왕자를 기다리고 있다.

삼십 년 가까이 일 년에 두어 번씩 읽게 되는 어린왕자는 내 고전이 되었다. 내가 책을 자꾸 펼쳐서 읽게 되는 건 아마도 중학시절에 써 놓았던 독서감상문 때문인 것 같다.

열다섯 어린 나는 술주정뱅이처럼 자신의 부끄러움을 잊기 위해서 계속 술을 마셔야 하는 어리석은 어른은 되지 말아야지. 명령만 하는 왕처럼 권력으로 약한 사람을 복종하게 하는 사람은 되지 않을 거야. 내가 아이를 낳아 기른다면 나는 아이들의 말을 귀담아 들어줄 거다. 그래서 어떤 말도 다 아이의 입장에서 이해해 줄 거다. 탐험가처럼 앉아서 탐험하는 탁상공론 하는 사람은 되지 않을 것이다. 어린왕자처럼 자기의 안일에 안주하지 않고 무엇인가를 찾아 끝없이 도전하며 깨달음을 얻는 사람으로 살고 싶다. 내가 어른이 되면 이 모든 느낌을 잊고 『어린왕자』에 나오는 술주정뱅이나, 허영심이 많은 사람이나, 탐험가처럼 어리석은 사람이 될지도 모른다. 그러나 그렇게 변해갈 때마다 이 책을 읽으며 등을 켜는 사람처럼 충실하게 살아갈 것이다.

나는 이렇게 나이 들었는데도 어린왕자는 피터팬처럼 언제나 어린아이다. 그런 어린왕자를 초등학교에 입학한 아들에게 소개를 해 주었고, 이제 어린왕자는 내 아이와 내가 공유하는 별의 친구가 되었다.

어린왕자가 사막에서 사라진 이후 어린왕자는 내 가슴에 살아났다. 바람만 불어도 소곤대는 어린왕자의 말을 듣는다. 내가 타성에 젖어 삶에 휘청거릴 때면 열다섯 살의 내가 가졌던 생각과 꿈을 들려준다. 내 귀에는 변함없이 희망을 노래하는 어린왕자의 노랫소리가 들린다.

"당신에게 고전은 있는가? 나에게 고전은 『어린왕자』이다. 『어린왕자』가 있는 한 나의 삶은 윤택할 것이고 외롭지 않을 것이며 행복할 것이다.

고전이란? 어릴 때도 읽었고 예전에도 읽었고, 지금도 읽고 있고, 내일도 읽을 책을 말한다. 자신의 삶에 고전을 갖고 있는 사람은 행복하다.

여러분도 행복해지고 싶은가? 그렇다면 자신만의 고전을 만들어 보라.

선생님, 이 책이요. 그게, 네 수준에 맞니?

얼마 전, 독서지도 수업 때문에 교보문고에 들렀었다. 한참을 그림책을 둘러보고 저학년, 고학년이라고 푯말을 달고 있는 판매대 앞에 서서 책을 고르고 있는데 어디서 아이들이 웅성대며 쏟아져 나왔다. 한참을 책을 고르던 대여섯 명의 아이들은 책을 두 권씩 들고 우르르 뒤쪽으로 달려가 신난 듯 소리쳤다.

"선생님. 이 책 살 거예요."

아이의 얼굴은 벌겋게 홍조를 띤 채 여선생의 얼굴 앞에 책을 내밀며 말했다.

"이거? 어디 보자. 이건 된 거 같구…… 그게 니 수준에 맞니?"

그러자 아이는 "네에"라며 볼멘 대답을 한 뒤 터벅터벅 걸어가 책을 툭 내려놓았다. 그리고 다시 뒤적뒤적 책을 고르고 있었다. 그 때 뒤에서 또 한 명의 남자아이가 뛰어가 그 선생님의 얼굴 앞에 조금 전처럼 책을 내밀며 말했다.

"여기요. "

그러자 여선생은 입술을 지그시 깨물며 아이의 눈치를 살치며 말했다.

"안 돼. 아직도 이런 만화만 보면 어떡해. 다시 골라와."

아이는 고개를 끄덕이며 다시 책 진열대에 몸을 들여놓고 손으로 쿡쿡 찌르며 이것저것 책을 들여다보았다.

이젠 아이들의 표정이 밝아 보이지 않았다. 심술이 더덕더덕 붙은 아이들의 얼굴에선 즐거움이란 찾아볼 수 없었다. 순간 이런 활동이 아이들에게 얼마나 도움이 될 것인가. 생각하게 되었다. 책 수준은 누구를 기준으로 하는 것인가 하는 우려의 생각도 들었다. 분명 선생님은 아이들을 데리고 책방에 와서 아이들이 책을 골라 읽게 하려는 의도가 있었기에 책방을 들어섰을 것이다. 그런데 시간이 지날수록 아이들의 얼굴엔 실망과 불만만 가득 차고 이젠 더 이상 신나해 하는 아이는 한 명도 없는 듯 보였다. 그 순간 한 아이가 내 눈앞에서 책을 골랐다가 다시 심각하게 들여다보더니 선생님의 표정을 살피고 다시 내려놓았다.

아이들은 이제 어떤 책을 골라야 하는지 어떤 책을 골라야 선생님이 좋아하실지 그걸 생각하면서 선생님 눈치만 살피고 있었다. 순간 나는 이런 활동이 아이들에게 어떤 도움이 될지 과연 아이들이 책과 친해질 수 있을지 의아해졌다. 자신이 읽어야 할 책의 수준을 누구에게 묻는 것인가? 또 선생님이라는 사람의 수준도 알고 싶어졌다. 어디에다 기준을 두고 선생님은 책을 고르고 있는 것인지 마음이 갑갑해졌다. 혹시 선생님은 학년별 수준을 독서수준으로 잘못 알고 있는 것은 아닌지……. 이런 생각을 하고 있는데 뒤에서 아이들은 부르는 소리가 들렸다.

"뭐하고 있어? 여기서 살 거야? 얼른 얼른 골라와야지."

재촉하는 목소리엔 짜증이 배여있었다. 아이들은 모두 서로의 얼굴을 힐끔힐끔 쳐다보더니 자기 자리 앞에 놓여 있는 책을 집어들고 자신 없는 얼굴로 선생님 앞으로 다가갔다.

모두 지친 얼굴이었다. 그 모습을 지켜보고 있던 나는 노파심이 일었다. 아이들은 오늘 고른 책들을 과연 재미있게 읽을 수 있을까. 책을 좋아하는 아이로 지도를 할 수 있을지. 책을 오래도록 좋아할 수 있을지. 조심스럽게 책방을 나오며 독서지도사인 내 어깨가 무거워짐을 느꼈다. 아이들에게 아이들 수준에 맞는 책을 고를 수 있게 하는 즐거운 책방나들이가 될 수 있는 풍토는 언제쯤 정착될지 우려하는 마음을 얹고 나왔다.

아이는 장난감 놀이를 통해 자란다

롤랑 바르트 (Roland Barthes)는 「장난감」이라는 짧은 글에서 어린이들이 어른들의 생활문화를 '장난감 놀이'를 통해서 학습한다고 했다. 아이들은 어른들의 모습을 그대로 흉내내면서 역할놀이를 통해 자아를 형성하게 되고 남성 여성의 본질성에 대해서도 학습하게 된다.

어린이들이 제일 좋아하는 놀이는 '부부놀이'이다. 어른들의 세계를 흉내내는 동안 아이들은 자연스럽게 생활이 무엇인지 수용하게 된다. 또한 각자 자기 집에서 일어나는 일을 다시 재현하게 됨으로써 부모의 삶을 학습하고 있음을 보여준다. 우리가 어린이들의 놀이문화를 들여다보면 섬뜩할 때가 있다. 어른들의 세계 속에 아이들이 들어와 있는 것처럼 그대로 어른들의 말투와 행동을 그대로 답습하고 있는 아이들의 세계를 대할 때 어떻게 다가가야 하는지 잠시 망설여질 때가 있다.

가만히 다가가 아이들의 놀이 속으로 들어가 보자.

아이들은 '아빠 엄마 놀이'를 통해서 모든 행동과 말씨까지 연습이나 한 것처럼 아주 흡사하게 어른들의 세계에 들어와 있음을 인정할 수밖에 없다.

자, 아이들의 놀이 모형 속으로 들어가 보자.

"니가 엄마 해. 내가 아빠 할게. 글구 니가 아들 해. 알았지? 자 그럼 시작한다?"

아빠 역할을 맡은 아이는 밖에서 술에 취해서 들어오는 것처럼 휘청이며 벨을 누른다.

"여보! 문 열어!!!" 아이는 현관문을 발로 텅텅텅 몇 번 차는 시늉을 한다. 그러자 엄마 역할을 아이가 문을 여는 시늉을 하며 목소리를 날카롭게 내뱉는다.

"당신? 또 술이에요? 이크 그 놈의 술 지긋지긋해. 내가 못살아. 내가 못살아……."

마치 두 아이는 아주 오래 산 부부처럼 능청스럽게 역할을 잘 이끌어 간다. 그러자 아빠 역할을 맡은 아이가 아들 역할을 맡은 아이 쪽으로 움직이며 다가간다.

"야! 일어나 임마! 아빠 왔는데 잠만 자구 있냐!!"

소리를 버럭 지르자 아들 역할을 맡은 아이는 엄마 역할을 맡은 여자아이 뒤로 숨는 시늉을 한다. 그러자 여자아이가 버럭 화를 내며 아빠 역할을 하고 있는 아이를 힘껏 밀어낸다.

"자는 애는 왜 깨우구 그래요. 어서 씻구 잠이나 자요!!"

이 상황을 지켜보던 어른들이 박장대소하며 웃고 발을 구르고 서로 얼굴을 번갈아 쳐다보다가 점점 웃음소리는 땅으로 떨어지고 얼굴이 상기된 어른들이 역할극을 하던 아이들의 얼굴을 쳐다보고 잠시 동안 아무 말도 못하고 서 있었다.

이것이 우리 어른들의 현실이다. 소꿉장난을 통해 우리 어른들은 성장했다. 우리는 지금 다 성장해서 어린시절의 그 소꿉장난을 잊었는지 모르지만 이런 소꿉장난을 하면서 성장했다. 아이들의 세계는 아이들의 세계 안에 갇혀 있는 것이 아니라 어른들의 세계 속에 속해 있다고 보는 것이 옳을 것이다. 그렇다고 볼 때 어른들이 아이들 앞에서 행동을 어떻게 해야 하는지 확연하게 답이 나온다. 영국의 시인 워즈워드도 어린이는 어른의 아버지라고 「무지개」라는 시를 통해 말한 것을 기억할 것이다.

아이들은 아이들의 세계가 분명 존재한다. 그러나 그 어린이의 세계를 어른의 아래에 놓고 행동하거나 수직관계에 있는 언어로 비하해서는 안 될 것이다. "너희들이 뭘 알아"라고 말하거나, "쬐그만 게 뭘 한다고 그래?"하는 식의 언어는 아이들에게 큰 상처를 준다는 것을 인식해야 할 것이다.

아이들은 분명 아이들의 세계가 있다. 그리고 아이들만의 규칙이 있고 아이들만의 언어가 있다. 그렇다고 어른의 세계에서 분리시켜도 좋다는 뜻은 결코 아니다. 어른의 세계 안에 공존하는 아이들의 세계를 인정해야 할 것이며 함께 공존하는 가운데 삶의 방식이 새롭게 바뀌어야 할 것을 말하고 싶다.

분명한 건 아이들은 분명 놀이를 통해서 성장한다는 것이다. 어떤 놀이를 하는가를 주의 깊게 관심을 가지고 살펴본다면 아이들의 미래를 그 안에서 발견할 수 있게 된다.

유독 어려서부터 깨고 부수고 재조립하고 관찰하기를 좋아하던 에디슨은 발명가가 되었으며, 항상 궁금증을 못 참고 만들고 생각하기를 좋아하던 장영실은 우리나라 최고의 과학자가 되었다. 그리고 어려서부터 약초뿌리에 관심을 갖고 이산 저산을 다니며 약초를 캐며 놀던 허준은 우리나라 최고의 의원이 되었다.

이 밖에도 수많은 위인들의 삶을 들여다보면 놀이를 통해 어려서부터 자신의 삶을 결정짓고 있었다는 것을 부인할 수는 없을 것이다.

이와 동시에 아이들은 놀이를 통해 자신의 언어들을 만들어낸다. 어른들의 여과되지 않은 폭력적 언어를 통해 부정적 언어를 답습함으로 해서 새로운 언어를 탄생하게 한다.

이제부터라도 집에서 부모님들이 올바른 언어를 사용해야 함을 인식하고 노력해야 할 것이다.

오감으로 느껴보는 독서지도

책을 읽히는 것만 중요한 시대는 지났다. 아이들이 책을 통해 인성을 바르게 길러지게 하기 위해서는 독서지도의 방향도 달라져야 한다.

책을 읽고 느낀 점을 독서감상문으로 쓰게 하는 시대는 이제 과거의 잔유물로 남겨두어야 하지 않을까?

나는 늘 아이들에게 독서지도를 하면서 안타까움을 여러 번 느꼈다. 교실 안에서 이루어지는 독서지도에 한계를 느낄 때가 그렇다. 예를 들자면 『눈 오는 날』이라는 책을 가지고 수업을 하게 되었는데 '눈 오는 날'을 실감나게 느끼게 하고 싶어서 일기예보를 믿고 교재 선택을 하였는데 일기예보가 엇나가서 아이들과 야외수업을 하려던 계획을 취소하고 교실에서 수업을 하게 되었던 것이다. 아이들 표정은 심드렁하고 실망의 눈빛이 역력했다. 그 눈을 보면서 눈싸움을 하면서 『눈 오는 날』이란 책을 통해 자신과 책 속의 주인공이 느꼈을 기분을 함께 공유하고 싶어했었음을 읽을 수 있었다.

교실 안에서 이루어지는 독서지도는 한계가 있다. 독서지도는 책을 통한 삶의 교육이 되어야 한다. 현장감 있는 독서지도, 현실감 있는 독서지도 책 속의 일이 곧 현실과 만나지는 그런 독서지도가 되어야 한다.

이런 나의 생각은 아이들에게 실망한 만큼 기쁨이 배가 되는 수업을 하고 싶어서 그 다음 주 수업교재로 『샌지와 빵집 주인』 이라는 책을 선정하게 되었다.(그림 코키 폴, 글 로빈 자네스) 책 속에 나오는 주인공 (샌지)처럼 진짜 빵 냄새를 맡고 빵을 먹어보며 수업을 했더니 아이들이 그 동안 그저 돈으로 쉽게 빵을 살 수 있었던 것과는 사뭇 다르게 빵을 대했고 빵 먹는 시간이 즐거워 보였다. 또한 책 속의 빵집 주인처럼 눈을 감고 동전이 떨어지는 소리를 듣게 하였더니 더 흥미진진하게 수업에 임하게 되었다. 그런 호기심에 어린 아이들의 표정을 하나하나 느끼며 독서지도란 이렇듯 오감으로 느끼게 하는 것이라 생각되었다. 이제 독서지도도 한 걸음 나아가 교실을 박차고 나와야 할 때가 아닌가 생각한다.

교실에 갇힌 아이들을 모두 자유롭게 풀어 놓아 주자. 봄 날 병아리 떼가 삐약 삐약 여린 다리로 땅을 밟으며 풀 냄새를 맡으며 세상을 알아가듯 말이다. 이제 우리 자녀들에게도 머리로 하는 독서지도가 아닌 가슴으로 느끼는 독서지도의 세상을 느끼게 해 주어야 할 것이다. 그러기 위해서는 세상의 많은 독서지도사들과 자모들의 보다 많은 관심과 사랑이 확장 되어 뻗어 나가야 할 것으로 생각한다.

장면 퍼즐 어휘 만들기

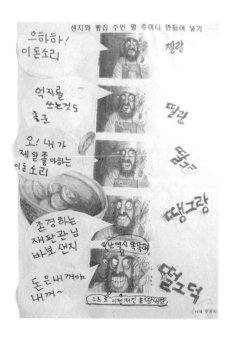

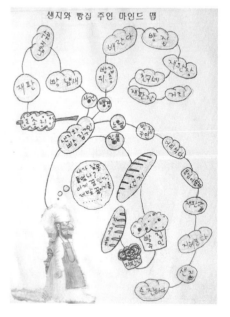

수다쟁이 엄마가 똑똑한 아이로 기른다

"선생님. 우리 애는 이상하게 어른들 하는 얘기에 관심이 많아요. 애가 왜 애답지가 않은지 모르겠어요. 어른들 얘기에 꼭 끼어든다니까요?"

나는 웃으면서 물었다. 그럴 때 어떻게 아이한테 행동하는지.

"옆 사람한테 창피하니까 니 방에 가서 놀아! 그러죠 뭐."

그 얘기를 하는 아이 어머니를 보고 지긋 웃으며 말했다.

"그 시간 아이는 지옥 같은 시간이 되겠네요? 꼼짝도 못하게 감금을 시켜 놓으시니 말예요. 아이들은 자신들이 흥미로워하는 일에만 열중하는 습성을 가지고 있어요. 흥미롭지 않거나 재미없으면 더 있으라고 앉혀놓아도 슬금슬금 일어나 자기 방으로 들어가 버리죠. 우리 어렸을 때를 생각해 봐요. 우리들도 부모님 친구 분들이 오시면 우르르 마루로 몰려나와 앉아있지 않았는지요. 아이들 언어는 제한되어 있기 때문에 알아듣지 못하는 대화를 하게 되면 재미나 흥미를 느끼지 못하고 그 자리를 뜨게 된답니다. 아이가 있을 때 공부얘기나 정치·경제 얘기를 한 번 해 보세요."

그렇게 얘기하자 아이 어머니는 화들짝 놀란 얼굴을 하더니 맞아요. 맞아……. 호호호…… 웃음을 터뜨렸다.

"근데 선생님. 우리 애는 왜 그렇게 말이 많은지 모르겠어요. 사람이 있으면 더 그런 거 같아요. 엉뚱한 걸 묻는 데 그럴 땐 어떻게 해야 좋을지 모르겠어요. 나무는 아프면 어떻게 병원에 가느냐, 나무를 꺾으면 아프다고 소릴 지른다고 했는데 어떻게 소리를 지르느냐구……."

아이들은 자기의 머릿속에 이미 대답을 정하고 묻는 경우가 많다. 그럴 땐 반문을 해 보면 아이의 생각을 끌어낼 수 있다. 다음엔 아이가 그럴 걸 물으면 이렇게 해 보라고 했다.

"너는 어떻게 생각하는데?"

혹시 아이가 엉뚱한 대답을 할 수도 있다. 그렇다고 "그런 바보 같은 소리가 어딨어!"라고 윽박질러선 안 된다.

"아하! 그렇구나. 그렇게 생각할 수도 있구나." 말의 허용을 해야 한다. 어른의 생각으로 이끌기 위해 노력할 필요가 없다. 그리고 어른의 생각을 주입시키면 안 된다. 아이들의 생각은 바람과 같다. 그 때그 때 달라진다. 어제 한 대답과 오늘 한 대답이 다르다고 "왜, 그러냐?"고 따지고 들면 안 된다. 아이들의 대답은 그렇게 바람처럼 한 번 지나가면 새 바람을 맞으면 새로운 대답을 하기 때문이다. 아이들의 생각을 어른들의 생각에 맞추지 말자.

엄마두 안 읽으면서!

아이들이 책상에 앉아서 책을 열심히 읽는 모습을 보는 엄마의 마음은 어떨까?

그런 모습을 보고 흐뭇하지 않는 부모는 없을 것이다. 어느 조사단체에서 '세상에서 어머니들이 세일 행복한 순간이 언제인가?' 하고 물은 적이 있다. 그 첫 번째가 아이의 입속으로 먹을 것이 들어갈 때 그것을 바라보는 엄마의 마음이었고, 두 번째가 아이가 책을 읽는 모습을 보고 있을 때였다. 세 번째는 학교에서 좋은 성적을 받아서 껑충껑충 뛰어오는 모습을 보면서 마음이 날아갈 듯 행복하다고 했고 네 번째는 학교에서 상을 타 와서 가슴에 안겨 줄 때라고 했다. 그 순서는 나라마다 조금씩 달랐지만 어머니들은 자식을 통해서 행복을 느끼고 불행을 느끼는 것을 알 수 있었다.

우리나라 어머니들은 자식에 대한 기대가 가장 컸다는 조사 결과도 나왔다. 우리나라 어머니들이 왜 그렇게 자식들의 성적에 관심이 많은 가를 한 번 생각해 보아야 할 필요가 있다. 그건, 성공의 잣대가 성적에 있다고 믿고 있기 때문이다.

어린시절의 우리 어머니도 다를 바 없었다. 그런데 달리 생각하면 내 어머니의 공부에 대한 열정 때문에, 내가 어려서부터 책을 많이 읽게 되어 지금 소설가가 되었는지도 모른다고 되짚어 생각해 본다.

내 어머니는 내가 아는 한 책을 좋아하는 분은 아니었다. 그러나 책을 읽는 자식을 바라보는 시선이 무척이나 따뜻한 분이셨다. 초등학교 5, 6학년 때였다. 어머니는 땀을 뻘뻘 흘리시며 밖에서 커다란 박스를 들고 들어오셔선 몇 시간째 먼지를 뒤집어쓰신 채 책장에 책을 빼곡하게 진열하셨다. 그리고 아주 흐뭇하게 책꽂이의 책을 바라보고 계셨다. 나는 책장을 올려다보고 이해할 수도 없던 책을 꺼내 읽기 시작했다. 전집류였는데 우리나라 문학전집 중에서도 내가 처음 읽은 건 이광수의 사랑이었다. 글씨 배열이 세로로 된 그 책들을 하나씩 꺼내 읽던 나는 어느새 30권을 다 읽어 버렸고, 나중엔 세계 문학전집으로 손을 옮겼고 그 때 읽은 책이 지금도 나의 삶에 큰 영향을 끼친 것 같다. 린저의 『생의 한가운데』는 내가 중학교 때 읽은 책 중에서도 세 번 이상을 읽었던 책으로 기억된다. 난 집에 진열된 책을 모두 읽고 나서 학교 도서관의 책을 읽기 시작했고 중학교 졸업할 때까지 아마도 내가 도서관의 책 절반은 만져보지 않았나 생각된다. 지금도 몇 번씩 읽었던 책 중에 기억에 남는 건 『어린왕자』와 『데미안』 그리고 톨스토이의 『전쟁과 평화』, 『안나 카레리나』는 러시아를 모르는 내게 아주 깊은 인상을 심어

주었다.

　중요한 건 어머니가 책을, 그 많은 책을 들여 놓으셨지만 한 번도 "책 좀, 읽어라!"라고 말씀을 하신 적이 없었다는 것이다. 그저 멀리서 책장의 책들을 바라만 보실 뿐이었다. 그런데도 어머닌 왜 책을 읽지 않으실까? 어린 나는 의아하게 생각했었다. 그런데 지금 생각해 보면 만약 그 때 어머니께서 책을 읽으라고 강요하셨더라면 아마 난, 그 책을 바라보는 것만으로도 지쳐서 책을 싫어하는 아이로 자랐을지도 모른다는 것이다. 무언의 어머니의 말씀은 그렇게 자식들에게 교육이 되고 있었음을 지금은 당당하게 말하고 싶다. 어머니의 훌륭하신 교육법 때문에 내가 소설가가 된 것이고, 독서지도 강사로 활발하게 세상의 모든 어머니들에게 바른 교육법을 가르치고 있다고!

　어머니의 독서하는 모습도 아이들에게 본 보기가 되지만, 언제라도 독서할 수 있는 풍경을 만들어주는 것이 더 중요하다고 말하고 싶다. 밭에 씨를 뿌려두면 언젠가는 새싹이 파릇파릇 잎을 돋을 것이라는 걸 나는 믿고 있다. 아이들 교육은 단시일에 끝나지 않는다. 칸트는 부모의 의무를 자식을 낳아서 양육하는 데 그 목적이 있는 것이 아니라, 자식을 교육하는 데 부모의 의무가 있다고 말했다고 한다. 이 얼마나 교육의 중요성을 짚어주고 있는가.

　아이들에게 어떻게 교육의 장을 만들어주는가에 따라 교육의 효과를 보게 될 것이다. 그 효과를 보기 위해서 우선 집에서부터 교육은 선행되어야 한다. 집 여기저기에 장난감처럼 책을 뿌려 두라고 말하고 싶다. 아이들이 언제고 손에 책을 들어 펼쳐 볼 수 있도록 환경을 만들어주면 아이들은 저절로 책과 친해질 것이고 책과 함께 다양한 삶의 행복을 느끼며 자랄 것이다.

행복한 아이로 자라게 하고 싶다면 행복한 얼굴로 어머니가 먼저 책을 손에 들어라! 책을 읽으면서 아주 행복한 얼굴을 한 어머니의 모습을 보고 자란 아이는 책 속에서 그 행복을 찾기 위해 책에 서서히 다가갈 것이다. 그리고 물을 것이다.

"엄마, 책 속에 뭐가 있길래, 그렇게 행복해 하세요?"라고.

자신은 책을 멀리 하면서 아이들에게만 소리소리 지르는 어머니는 아이들에게도 환영받지 못한다.

" 영수야! 책 좀 읽어!!! 커서 뭐가 될래?"

"엄마두, 안 읽으면서 나만 보고 읽으래!"

혹시 당신은 지금 이 순간에도 자녀와 이런 대화를 하고 있진 않은가?

정체성을 잃은 한국의 공주들

요즘 여자 아이를 키우는 집을 방문하면 바구니로 하나 가득 공주인형이 담겨져 있는 것을 볼 수 있다. 그런데 이상한 것은 동양인의 얼굴을 한 인형이 하나도 없다는 것이다. 어려서부터 노랑머리의 코가 높은 쌍꺼풀이 동그란 서양인형을 가지고 노는 모습을 보고 있자니 우리 아이들의 미래가 어떻게 그려질지 노파심이 일었다.

동양인이 동양인의 아름다움에 젖어 살아야 할 것이 아닌가. 우리 기성세대는 지금까지 무엇을 어떻게 교육시켜 왔는지 다시 한 번 돌이켜 보아야 할 것이다. 놀이를 통한 정서교육 그리고 놀이를 통한 인격형성으로 아이들은 성장해 나간다는 것은 의심할 여지가 없다. 먹을 것은 신토불이를 찾으면서 아이들의 정신을 성장시키는 놀이문화에는 관심이 없는 주인의식이 배제된 어른들의 모습을 보면서 텅 빈 아이들의 정서를 보게 된다.

치아 관리를 못하면 어떻게 되는가? 이가 썩어서 치과에 가서 치료 받지 않으면 못내 그 이를 빼야 한다. 우리 아이들의 흔들리는 정체성은 누구의 탓일까? 더 늦기 전에 우리는 심각하게 생각해 보아야 한다. 정체성이 없는 아이들의 놀이문화. 누구의 잘못이든 간에 우린 지금이라도 바로잡아야 할 것이다.

길에 나가보면 노랑머리, 회색머리, 초록머리, 알록달록 머리를 한 젊은 세대를 쉽게 볼 수 있다. 그 이유가 무엇일까? 그들에게 물었다. 왜 그렇게 하고 다니느냐고.

나를 나타내고 싶어서요, 그냥 좋아서요, 튀고 싶어서요, 스트레스가 확 풀리잖아요, 친구가 해서 나도 했어요…….

정체성이 흔들리는 우리 젊은 세대들에게 우리가 해 줄 말이 무엇이 겠는가.

요즘 여름방학이면 성형수술을 받기위해 성형외과를 찾는 초등생들이 늘고 있다고 한다. 버젓이 딸아이의 손을 잡고 들어서는 엄마의 표정은 놀라울 만큼 편안해 보이고 의기양양해 들어온다는 어느 간호사의 말을 듣고 나는 깜짝 놀라지 않을 수 없었다.

자신의 삶은 소중하다. 자신이 살고 있는 이 나라에서 이 나라 사람으로 이 나라의 국민성으로 살아가길 간절하게 바라면서 그들의 손을 잡고 우리나라의 아름다운 풍습이 담긴 책을 읽으며 도란도란 이야기를 해 주고 싶다. 그 들의 뿌리엔 우리의 정서가 깊숙이 자리하고 있음을 너무도 잘 알고 있기에 더 이상 그들의 흔들리는 정체성을 그대로 볼 수 없을 것 같다. 누군가는 호루라기를 불어 방향을 제시해 주어야 하지 않을까? 그렇다면 누가 할 것인가? 바로 우리 독서지도사들이 손을 내 밀어 그들에게 어떤 바람에도 흔들리지 않는 정체성을 뿌리내려 주어야 하지 않을까?

얼마 전, 겨울방학 특강이 있었다. 초등학교 2학년~4학년 대상이었는데 그림책으로 수업을 했다. 흔들리는 정체성에 대해 그 심각성을 아이들에게 어떻게 다가가 이야기를 해 줄까를 고민하다가 도서관에서 고른 책이 레오리오니의 『파랑이와 노랑이』였다.

『파랑이와 노랑이』의 줄거리는 이렇다. 책의 첫 장은 파랑이의 소개로 시작된다. 얘가 파랑이에요. 라고. 파랑이의 단짝인 노랑이를 만나자 파랑이는 너무 반가워서 노랑이를 끌어안았지요. 그랬더니 파랑이는 초록이 되었어요. 초록이 된 파랑이는 집으로 돌아갔지요. 그런데 엄마, 아빠는 자기 자식을 알아보지 못했어요. 그래서 파랑이는 너무 슬퍼서 울었지요. 파란 눈물, 노란 눈물을 뚝뚝 흘렸지요. 울고 울고 또 울었지요. 그랬더니 눈물에 씻겨서 파랑이와 노랑이는 자신의 색을 되찾았지요…….

아이들에게 나라면 자신을 알아보지 못하는 엄마, 아빠한테 어떻게 설명할 것인가 물었다. 그리고 "엄마, 아빠가 알아보지 못했을 때 기분이 어땠을까?"라고 질문을 하자 아이들은 모두 심각한 표정이 되었다. 누구도 먼저 발표하려고 하지 않자, 내가 입을 열었다.

"여러분, 의견에는 정답이 없다고 선생님이 말했잖아요. 어떤 의견도 다 존중되어야 해요. 그렇죠? 나와 다른 생각을 가졌다고 해서 그 사람을 공격하거나 무시하면 안 돼요. 그렇죠?"

그러자, 손을 들고 한 가지 씩 생각한 것을 이야기하기 시작했다. 아이들의 의견은 다양했다. 그 날 이 수업을 통해서 정체성은 무엇인지, 정체성은 어떻게 지켜야 하는지 글쓰기를 했다.

레오리오니는 콜라주 기법을 이용하여, 마치 색종이를 손으로 대충 찢어 오린 듯한 기법으로 그림책을 완성했다.

그림책은 3, 4세 용으로 알고 있었던 아이들에게 초등학생들에게도 좋은 책이라는 인식을 심어 주었다. 그리고 색종이를 찢어서 만든 기르고 싶은 동물을 만들어 붙이는 수업도 병행했더니 아이들이 너무 재미있고 흥미 있는 수업이 되었다.

"지금 여러분이 색종이를 찢어서 오린 듯한 경험을 하고 있는데 이것이 '콜라주' 기법이라고 해요. 재미있나요?"

아이들은 고개를 끄덕이며 열심히 공룡도 만들고 오리도 만들고, 기러기도 만들고, 꽃도, 구름도, 지렁이도 만들었다. 그리고 게시판에 붙이면서 가지고 나온 자기의 작품에 이름도 지어 붙였다. 아이들 수업을 마치고 느끼는 행복은 세상의 그 어떤 행복으로도 비교될 수 없는 것이다. 늘 아이들 수업을 끝내면 느끼는 것이지만, 아이들에겐 아이들만의 세상이 있다. 그 세상은 순수하고 아름답고 깨끗하다. 그리고 따뜻함과 사랑이 충만한 세상이다. 언제까지고 그 세상이 물들지 않길 바라면서 독서지도사로 언제까지고 아이들 옆에 서 있고 싶다고 소망한다.

선생님, 언제부터 책을 읽어주면 좋나요

독서지도사가 되어 두 번째로 듣게 되는 질문이다. "언제부터 책을 읽어주면 좋은가" 하는 질문을 받게 되면 창밖을 볼 수 있게 커튼을 열고 "잠시 밖에 지나가는 사람들을 좀 보세요."라고 말한 뒤, "우리들은 우리가 아주 어렸을 때 언제부터 엄마가 책을 읽어주었었지? 기억을 해 보세요. 생각나세요?"라고 묻는다. 그러면 모두 아무 말도 못하고 잠시 벙어리가 된다. 그런데 그 순간 모두들 추억을 더듬으며 옛날 자신들의 어린시절로 추억 여행을 하고 있는 것이 느껴진다. 잠시 시간이 지나고 누군가 웃으면서 말문을 열었다.

"선생님. 우리 때는 엄마가 책을 읽어준 기억이 없는 거 같애요. 살기 바빠서 그랬나?"

그러자 옆에서 키득키득 웃으면서 약간 사투리가 섞인 어투로 말했다. 시골에 살아서 책이 어디 있었겠느냐며 자기는 책을 학교에 가서야 처음 봤다고 했다.

"여러분? 기억하세요? 여러분들은 옛날이야기를 듣고 자란 세대예요? 안 그런가요? 우리 땐 아동문학이라는 것이 사실 없었다고 봐야 해요. 우리한테는 구전설화나 구전동화가 있었잖아요. 전설이야기, 귀신 이야기, 형제우애, 효자, 효부의 이야기, 똥 이야기, 이웃을 돕는 이야기 그리고 충효에 관한 이야기가 많았죠. 할머니나 엄마한테 옛날이야기를 들으며 자란 세대의 장점이 뭔지 아세요. 인성이 따뜻한 사람이 많고 인정이 많았죠. 그래서 서로 상부상조하고 협동하며 더불어 살아왔잖아요. 그 이야기 속에는 가르치지 않아도 악한 사람은 벌을 받고 선한 사람은 복을 받는다는 교훈적 이야기가 들어 있었기 때문에 삶의 올바른 가치관을 습득했습니다. 이야기가 책의 역할을 대신해 준 거지요. 우린 그 이야기세대의 마지막 세대가 될지도 모른답니다. 이제 여러분이 그 이야기 세대가 막을 내리지 않도록 자녀들에게 책을 읽어주는 엄마가 되어야 합니다."

주부들은 모두 그랬었지……하는 얼굴로 추억을 회상하고 잠시 교실은 서로 아는 이야기를 토로하며 화기애애한 분위기가 되었다.

늘 생각하는 것이지만 '독서지도사가 되길 정말 잘했구나' 하는 절절한 마음이 되는 건, 세대와 세대를 이어주는 끈이 독서지도사의 숙명 같다고 생각이 들 때이다.

책을 언제 읽어주는가는 정해져 있지 않다. 그렇다. 우리는 아이가 말을 배우기 전에 이미 태아교육을 하고 있지 않은가. 모두 이야기를 통해서 태아와 이야기를 주고받았으며 아기가 태어나면 말도 못 알아

듣는 아기를 앉혀놓고 책을 읽어주기도 한다. 그러다 옹알이를 하며 반응을 보이면 얼마나 행복해 하는가. 그런 시기가 지나가 아기가 돌을 지나 책을 들고 다니면서 서서히 엄마와 아이의 거리는 차츰 멀어지기 시작한다. 일에 치인 엄마는 비디오를 틀어주거나 영어로 된 CD를 틀어주고 집안일을 한다. 그것이 요즘 세대 엄마의 책 읽어주는 풍경이다. 이 모습이 다는 아닐 것을 안다. 하지만 주위에서 본 어느 주부는 3, 4세만 되면 놀이방이나 어린이 집에 보내고 자신은 그 시간에 문화 취미를 하거나 헬스, 에어로빅, 수영 등 자신의 건강을 돌보기 위해 자신을 위한 시간을 쓴다. 그렇게 되면서 아이를 품에 안고 책을 읽어주는 일을 귀찮아하게 되며, 교육기관에 의존하게 된다. 나는 이런 풍경을 보면서 조금 안타까운 마음이 되었다. 아이에게 시간을 정해두고 습관처럼 아빠와 함께 요일표를 짜서 서로 번갈아 가며 아이를 품에 안고 책을 읽어주는 가정이 되길 주위 아는 사람들에게 부탁한다. 교육은 쌍방이 함께 밀고 당기면서 해 나가야 하는 것이다. 옛날처럼 엄마에게 전적으로 교육을 담당하게 하고 성장하면서 잘못되는 일이 있으면 "다 당신 탓이야. 집에서 아이하나 제대로 교육도 못하고 뭐했어!" 하는 식은 이제 위험하다. 교육은 부모 모두의 일인 것이다. 책임감 있게 교육의 장이 가정에서부터 이루어져야 할 것이다.

칸트는 부모는 자녀를 낳아서 기르는데 목적이 있는 것이 아니라, 자녀를 교육 시키는데 목적이 있다고 앞에서도 일축했었다.

교육이 파행적으로 된 것은 모두 가정 안에서 잘못 된 교육의 균형이 깨진 탓일 것이다. 부모는 태아 때부터 꾸준히 책을 읽어주어야 할 것이다. 아이가 스스로 책을 읽을 때까지…… 아니다. 아이가 원하지 않을 때까지 부모가 책을 읽어주어야 할 것으로 생각한다.

책을 읽어줄 때 제일 중요한 것은 부모가 먼저 읽어줄 책을 몇 번 되풀이하여 읽은 후에 그 책과 호흡을 자연스럽게 할 수 있어야 한다. 그래야 책을 재미있게 읽어줄 수 있을 것이다. 아이는 부모의 책 읽어주는 호흡만 들어도 그 책에 대한 재미와 흥미를 더욱 높게 받아들일 수 있을 것이다. 읽기 싫은 책을 읽어주는 부모의 표정과 목소리를 들으면 아이들은 먼저 그 책에 대한 부정적인 생각부터 받아들이게 되어 어떤 재미있는 책도 평생 재미있게 읽을 수 없을 것이다.

두 번째 중요한 것은, 가끔씩 책 내용과 조금 다르게 읽어주는 것도 필요하다. 날씨가 우울한 날은 좀 더 밝은 내용을 담아 책 내용을 수정해서 읽어주어도 상관없다. 아이들에게 책을 읽어준다는 것은 아이가 책 내용 속으로 들어가 환상 속에서 꿈을 꾸면서 상상의 세계에 푹 빠질 수 있도록 간, 직접적으로 책을 통해 부모가 상상의 날개를 달아주어 창의적인 아이가 될 수 있도록 배경을 만들어주는 것이다.

셋째 책을 읽어줄 때 가장 부담되는 것이 어떻게 읽어줘야 할지 마치 구연동화가처럼 읽어주어야 할 것 같은 부담감이 든다는 자모의 이야기를 들은 적이 있다. 결코 그렇지 않다. 자기 목소리에 맞게 자연스럽게 읽어주면 그것이 가장 듣기 좋은 구연이 될 것이다.

넷째 3, 4세의 아이에게는 많은 책을 읽힐 필요가 없다. 자주 다른 책으로 바꿔서 읽어주어야 한다는 부담감에서 벗어나라. 특히 아이가 좋아하거나 집착해서 반복해서 읽어주기를 원한다면 그렇게 하는 것이 아이의 인성에 도움이 된다. 아이가 좋아하는 책을 반복적으로 읽어주다가 아이가 이해의 폭이 넓어 졌을 때 다른 책으로 바꾸어 읽어주는 것이 바람직하다.

책을 읽어주는 것은 매우 중요하다. 책과 아이를 연결시켜주는 역할이 부모에게 있다고 할 때 자연스럽게 징검다리를 놓아 아이가 한 발한 발씩 자신감 있게 밟고 갈 수 있도록 튼튼한 돌을 놓아주어야 할 것이다.

책은 언제부터 읽어주는 것이 좋은가. 그것은 아이가 책을 읽어주길 원할 때부터라고 보면 된다. 아이가 돌 이전에 책을 들고 와서 툭툭 건드리면 그건 그 때부터 책을 읽어 달라고 신호를 보내는 것이다. 그 때부터 시작하면 되는 것이다. 그런데 초등학교에 들어가서까지 읽어 달라고 조르는 아이가 있다. 그렇다면 그 아이에게는 계속해서 읽어주어야 한다. 읽어주기 귀찮다거나 다 컸으니까……하는 부모의 주관적인 판단으로 "이젠, 다 컸으니까 혼자 읽어!"라는 말로 아이에게 상처를 주는 일은 없어야 할 것이다.

자, 우리 아이를 창의적 아이로 키우고 싶다면 오늘부터 책 읽어주는 엄마, 아빠가 되자.

엄마, 아빠가 함께 읽어주는 동화의 세계는 그 어떤 환상의 세계보다 따뜻하고 아름답지 않을까?

그 환상의 세계에 사랑하는 자녀를 초대하자.

엄마가 만들어주는 사물 그림책이 제일 좋아요

"선생님. 우리 아이는 돌이 막 지났는데, 사물 그림책을 어떤 걸로 사주면 좋죠?"

주로 아동독서지도를 배우겠다고 나를 찾아오는 제자들은 초등학교를 막 보낸 자모이거나 초등학교 저학년에서 고학년 자녀를 둔 자모인데 어느 기수엔가 돌이 막 지난 아이를 업고 와서 수업을 듣게 되었었는데 이런 질문을 했다.

사실 시중에 나와 있는 사물 그림책은 셀 수 없을 만큼 많다. 화질도 좋고 책의 질도 좋아서 그냥 보기만 해도 책 속에 과일이 그대로 만지기만 하면 물컹 깨지거나 톡 터질 것처럼 아주 사물과 같게 그려놓았다. 어떤 출판사에서 나온 것은 사진을 그대로 인화해서 출판을 한 듯한 것들도 많다. 그런 책들은 한두 번 아이가 보고 나면 싫증을 내게 되어 있다. 그래서 찢거나 침을 묻히다가 쓰레기통으로 들어가는 것을 심심치 않게 보게 된다. 그 이유는 그 시기에는 사물에 대한 인식을 하는 시기일 뿐 얼마나 사물과 같은지 얼마나 사물에 가까운지 그것이 중요한 것은 아니기 때문이다. 그 인식하는 시기가 지나면 아이들이 자라면서 진짜 사물을 대하게 되면서 머리 속에 저장되어 있는 사물과 다시 부딪히게 되는데 그 때 아이들은 사진으로 보았던 것보다 사물이 못하거나 인식되었던 대로 드러나지 않으면 그 다음엔 사물을 인식할 때 머뭇거리게 되어 신뢰성이 떨어지게 된다. 그래서 사진보다는 그림이 아이들에게 상상을 할 수 있는 공간을 마련하게 해 준다. 실제 사물과 똑같은 것보다 형태를 보여주는 것이 더 중요하다. 이 세상에 보다 많은 사물을 만나게 되면서 낯설어하지 않을 정도로 인사를 나눌 정도면 되는 것이다. 그럼 그림책 속에서 만났던 사물을 만나게 되면 스스로 탐색해서 자기만의 사고와 판단으로 앎과 깨달음의 세계를 만들어 가게 되는 것이다. 아이들의 세계는 어른들이 상상하는 세계와 다르다는 것은 새롭게 인식할 필요가 있다. 그래서 주입식 교육이 위험하다고 하는 것이다.

아이는 그림책에서 만난 사과를 만났을 때 사과라는 것은 인식하고 있지만 손으로 건드려보고 다시 입으로 깨물어 맛을 보고, 얼굴을 찡그리며 시다, 달다……라는 의미를 새롭게 인식하게 되는 것이다. 어른들이 실물과 똑같은 그림책을 놓고 "사과는 달콤하고 시큼하고 맛이 좋은 거야"라고 설명해도 아이들은 그들의 언어로 받아들이게 되어있다. 맛있다. 맛없다. 시다. 달다……등 1차적 언어밖에는 인식을 못하기 때문이다. 어른들이 시큼털털하다 새콤하다. 달콤하다. 씁뜨름하다……등 2차적 언어는 소화를 못하기 때문이다.

나는 나를 찾아오는 많은 주부들에게 감히 말한다. 내 자녀에게 관심과 사랑을 듬뿍 쏟으며 사랑으로 키우라고…… 그 사랑은 가만히 앉아 있어선 절대 얻어지는 것이 아니라고.

그 노력으로 아이가 잠잘 때 열심히 어린이 책을 보는 엄마가 되라고 말한다. 그리고 돌이 지나면 아이와 함께 사물 그림책을 직접 엄마가 만들어주라고 말한다. 엄마가 알고 있는 사물에 대한 지식을 모두 끌어모아 도화지에 직접 그림을 그리거나 그것이 힘들면 신문이나 오래되어 버리는 잡지책을 얻어다 오려 붙이고 뜯어 붙여서 '세상에 하나밖에 없는 사물 그림책'을 만들어 아이에게 세상에 있는 사물을 만나게 해 주라고 충고한다. 그보다 더 좋은 아니 값진 사물 그림책은 이 세상에 없을 것이다. 만약 아이가 자라서 유치원에 들어가고 초등학교에 들어가서도 엄마가 만들어준 사물 그림책을 가지고 설명문을 쓰게 하는 교재로 활용한다면 이보다 더 좋은 교재는 없을 것이다. 아이도 엄마가 직접 만들어준 사물 그림책을 더 좋아하게 되어있다. 이것은 나의 경험에서 나온 것이기에 자신 있게 말할 수 있고 권할 수 있는 것이다. 그렇게 정성과 사랑으로 만들어준 그림책을 여느 그림책처럼 쓰레기통에 휙 던져버리는 자녀는 없을 것이다.

아이가 자라서 그 사랑의 흔적을 본다면 엄마를 더 사랑하지 않을까? 엄마와 함께 했었던 추억을 더듬으며 인성이 충만한 아이로 자랄 것이다.

예: p. 322, 작품1 사물 그림책 참고

전철에서 만난 21세기형 토끼와 거북이

얼마 전, 남편과 광주에 볼일이 생겨서 내려가기 위해 서울역으로 향하는데 전철에서 엄마에게 떼를 쓰는 아이가 있었는데, 전철 안의 사람들이 이맛살을 찌푸리며 인상을 쓰고 있을 때였다. 엄마가 어르고 달래도 네, 다섯 살쯤으로 보이는 아이는 좀처럼 달래지지 않았고 옆에서 지켜보던 중년남자가 으름장을 놓고 어떤 통제를 하려고 해도 통제가 되지 않았다. 아이 엄마는 얼굴이 뻘겋게 달아올라 있었고 콧등에 땀까지 송글송글 맺히고 있었다. 그 때 벌떡 일어나 아이 옆으로 가려고 하자 남편은 "또 직업병이 도졌어?"라며 내 팔을 잡았지만 난 지긋이 웃어 보이며 아이 옆으로 가서 가방에서 토끼와 거북이 그림을 꺼내 보였다. 울던 아이는 꺼억 꺼억 소리를 토하다 말고 토끼와 거북이 그림을 유심히 보더니 다시 내 얼굴을 쳐다보았다. 이내 전철 안은 조용해졌고 아이는 내 손에 들려져 있는 그림만 보고 있었다. 울음은 좀 그친 것 같았지만 아이의 얼굴을 보니 내가 돌아서면 금세라도 또 울음보가 터질 것 같았다. 나는 얼른 토끼와 거북이 이야기를 시작했다.

"옛날 옛날에, 토끼와 거북이가 살았었대. 이것 봐. 이렇게 말야. 어느 날 거북이가 엉금엉금 기어서 육지로 올라왔지. 거북이는 어디서 살지?"

라고 묻자 아이는

"물……."

이라고 말했다.

"그래. 바다에서 살지? 그런데 글쎄. 거북이가 엉금엉금 걸어가고 있는데 저쪽에서 토끼가 깡충깡충 뛰어오면서 거북이한테 그랬어. 야? 넌 누군데 그렇게 느림보냐? 그랬더니 거북이 기분이 어땠을까?"

"화나요."

"그래. 아마 그랬을 거야. 그래서 난 바다의 왕자 거북이다. 그런 거야 그런데 토끼가 거북이한테 잘란 척하면서 말하는 거야. 니가 바다의 왕자라 구? 그럼 나하고 내일 경주를 해 볼까? 저 언덕까지 누가 먼저 뛰어가나? 그랬더니 무시당한 것 같아 화가 나있던 거북이가 말야?……"

여기 까지 말하고 있는데 아이가 몸을 바짝 앞으로 세우며 홍조된 얼굴로 내 말을 가로채고 끼어들기를 했다.

"그거 알아! 거북이가 이기잖아!"

"응? 그래? 내가 알기론 어제 책방에 나온 책을 보니까…… 아니던데?"

"아냐! 토끼가 먼저 올라가다가 잠을 자서 졌잖아. 그래서 거북이가 이겼어."

"그런데 선생님이 읽은 책은 조금 달랐는데…… 거북이가 그냥 잠자는 토끼를 지나쳐서 가려는데 갑자기 뒤에 이런 소리가 들리는 거야. 시합은 정정당당해야 돼! 그렇게 해서 이기면 뭐해! 비겁하지…… 하는 거야. 그래서 토끼를 깨웠지 뭐야. 그래서 다시 정식으로 달리기를 시작했어. 그럼 이 경기는 어떻게 되었을까?"

"그럼…… 토끼가……."

아이는 고개를 갸우뚱하며 말을 멈추었다.

"그래. 토끼가 이겼대. 그런데 토끼가 가만히 생각해 보니까. 거북이한테 미안해지더래. 그래서 거북이한테 아까 너를 무시하면서 말한 거 미안해. 사과를 했대. 그러면서 내일은 바다에서 경주를 하자. 넌 바다 동물이고 난 육지 동물이니까 이 게임이 정정당당해지려면 그렇게 해야 해. 라고 말했대. 그래서 그 다음날 경주를 하게 되었어. 과연 누가 이겼을까?"

아이는 잠시 망설이더니

"거북이가……요……."

라고 기어 들어가듯 말했다.

"선생님도 그럴 줄 알았거든. 그런데 이번엔 토끼가 물에 빠져서 허우적거리는 거야. 그걸 본 거북이가 다시 달려와서 거북이를 등에 태웠어. 그렇게 거북이 등에 올라탄 토끼는 거북이와 나란히 목적지까지 갔고, 그 게임은 공동으로 우승을 했대. 그렇게 거북이 등에 올라탄 토끼와 거북이는 서로의 입장에서 상대를 배려하는 마음을 배우게 되었대.

그 뒤로 토끼와 거북이는 아주 사이좋게 잘 지냈대. 이 그림처럼 말야. 재미있지?"

아이는 대답 대신 고개를 끄덕이며 그림을 만지작거렸다. 그 때 전철에 타고 있던 사람들이 웅성대며 웃기 시작했다. 아이 엄마는 나에게 고개를 끄덕이며 아이를 다시 자리에 앉혔다.

그 뒤 이 이야기를 바탕으로 수업을 하게 되었다. 초등학교 3,4학년 아이들 수업이 있을 때마다 난 이 토끼와 거북이 이야기를 새롭게 써보게 한다.

상황을 주며 다시 쓰게 했고, 다시 거북이 입장과 토끼 입장을 나누어주며 토론하게 했다. 아이들은 이 토끼와 거북이 토론을 통해 그 동안 잘못 인식되었던 것에 대해 다시 생각을 정립하고 다양한 사고를 키워 나갔다.

그리고 나는 토끼와 거북이 중에 누구를 더 많이 닮았는가? 하는 식의 질문지를 돌리고 어떤 특성을 닮았는가를 솔직하게 쓰게 했더니 자기 안에 내재되어 있는 모습을 객관적인 사고로 글을 써냈다.

내가 거북이였더라도 아마 깨우지 않고 갔을 것이라고 말한 학생들에게 왜 그랬을까? 다시 질문을 했더니, 승부의 세계는 냉정한 것이라고 시합이란 일단 이겨야 한다는 의견이 많았다. 또한 거북이가 자기가 불리한 줄 알면서도 시합에 임한 것은 거북이의 잘못이라고 말한 학생들도 다수 있었다.

그러나 그와 반대되는 의견도 나왔다. 그것이 부당한 줄 토끼도 알면서 시합을 하자고 한 것은 너무 야비한 행동이었다고 반박을 했다. 그렇기에 그 시합은 이미 아무런 의미가 없는 것이라고 말했다.

난 이 수업을 통해 비틀어 생각하기와 낯설게 하기의 교육적 효과를 보았다. 아이들 교육을 하면서 늘 느끼는 것이지만 독서교육은 틀에 박힌 갇혀 있는 학교교육에서 열린교육장으로 아이들이 뛰어나오게 하는 참 교육이란 생각이 그것이다.

독서지도사는 무엇을 해야 하는지, 어떤 교육을 해야 하는지, 또한 어떻게 교육을 해야 하는지 늘 아이들 입장에서 새롭게 길을 만들어 가는 사람들이 아닐까 생각하게 된다. 또한 갇혀 있는 아이들의 사고를 열어 책을 통해 바른 인성을 기를 수 있도록 무엇이든 생각하고 무엇이든 마음속의 말들을 털어낼 수 있도록 마음의 운동장이 되어주어야 한다고 생각한다.

우리 아이가 책을 싫어해요. 장난감만 좋아해서 걱정이예요

"선생님. 우리 아이는 4살인데 책을 싫어해서 걱정이에요. 하루 종일 장난감만 가지고 놀아요. 어떻게 하죠?"

특강을 나가게 되면 꼭 한 번은 듣게 되는 질문이다. 그러면 이렇게 되묻는다.

"어머님은 언제부터 책을 읽기 시작했나요?"

그러면 얼굴이 빨개지면서 고개를 절래절래 흔든다. 아마도 기억도 안 날 것이다. 언제 책과 만났는지…… 어쩌면 학교에 들어가서 처음 만나게 된 것은 아닌지. 그러면 언제 어떻게 아이에게 책을 읽히면 좋을까? 심각하게 생각해 보아야 할 문제이다. 유아기에 잘못 책을 읽히면 평생 아이가 책과 멀어질 수도 있다. 그건 독서지도를 잘못 했기 때문이다. 독서지도는 가정에서 먼저 선행되어야 한다고 강조하고 강조하면서 주부들에게 부탁한다. 유아기에 책을 읽히려고 하지 말아 달라고…… 그 시기에는 아이가 책을 장난감처럼 가지고 놀 수 있도록 유도해 주어야 할 시기이다. 그 방법론이 실패하였기 때문에 아이가 책을 싫어하게 된 것이다. 달리 생각하면 아이가 책을 싫어하는 것이 아니라 책을 좋아할 수 있도록 노력을 안 한 것이다. 그렇다면 어떻게 책을 좋아하게 만들 것인가.

유아기에 책을 좋아하게 하려면 단계가 필요하다. 먼저 책을 장난감처럼 생각하게 하자. 우선 아이가 장난감을 가지고 놀 때, 자연스럽게 책과 만나게 해 주자. 그것이 첫 번째 단계이다. 아이가 장난감놀이에 취해 있을 때 가만가만 아이 옆으로 걸어가 책을 '툭' 떨어뜨려 준 뒤 아무 일도 없었던 듯 그냥 지나쳐 보라. 그러면 아이는 없었던 물건이 옆에 놓인 것이 신경이 쓰여 자꾸 보고 싶어지고, 그 다음엔 만져보고 싶어지고 확인하고 싶어진다. 그래도 아이가 책에 관심을 보이지 않으면 두 번째 단계로 넘어가자. 아무 관심도 보이지 않는 아이 옆으로 가다가 "아야! 이게 뭐지?"하면서 책을 들고 몇 초 동안 보다가 그냥 놓고 가보라. 그러면 아이가 엄마가 다친 것에 신경이 쓰여서 자신도 다치게 될까봐 보호본능에 의해서 그 책을 슬쩍 밀어 놓으려고 할 것이다. 그 때 끼어들기를 하라. 그것이 자연스럽게 책과 아이와 만나게 하는 세 번째 단계이다. 아이 옆으로 가서 "어머 여기에 곰이 있네? 강을 건너고 있네? 산으로 가려고 하고 있구나? 참, 재밌겠다."라고 한 뒤 곧 일어서서 나오자. 그러면 아이는 엄마가 재미있어 한 것이 무엇인지 유심히 들여다보게 된다. 그 호기심을 유발시키는 것이 제일 중요하다. 그러나 아이가 호기심을 보인다고 바짝 붙어서 기회는 이 때다 싶게 아이

옆에 바싹 붙어서 책을 한 권을 다 읽어주어선 안 된다. 곧 아이는 싫증을 느끼게 될 것이다. 독서교육은 천천히 이루어진다. 조금 호기심만 유발시키면 아이는 책과 자연스럽게 친해지게 된다. 우리도 낯선 사람과 금방 친해지기가 어렵듯이 아이도 책과 금방 친해지지는 않을 것이다. 자꾸 둘러보고 자꾸 들쳐보고 책과 대화를 나누기도 하면서 책 속의 인물과 만나면서, 책 속의 배경 속으로 들어가면서 서서히 그 책과 깊게 사귀게 될 것이다. 그것이 책과 자연스럽게 아이와 만나게 하는 단계적 방법이다. 아이가 책과 친해진 것 같으면 그 때 마지막 단계로, 아이가 잠들 때 그 책을 읽어주자. 그러면 낮에 보았던 인물과 배경 그리고 사건이 자연스럽게 이미지화 되면서 상상의 날개를 펼치게 되어 책과 만난 것이 행복하게 될 것이다. 그렇게 되면 아이는 자연스럽게 책을 좋아하게 될 것이다. 그렇게 유아기에 자연스럽게 책과 만난 아이는 평생 책을 즐기게 되고 책과 함께 삶이 풍요로울 것이다. 어떻게 만나게 되는 가는 부모의 역할이 중요하다. 아이를 잘 관찰하면 우리 아이에게 맞는 만남의 방법을 찾게 될 것이다. 현명한 엄마는 자기 아이에게 맞는 맞춤형 만남의 장을 열어줄 수 있을 것이다. 중요한 것은 유아기에는 수직적으로 책을 읽어주려고 하지 말아야 한다는 것이다. 그리고 위험한 것은 성공한 사람의 육아법을 흉내내는 것이다. 정체성 없는 교육열은 아이도 부모도 불행하게 만든다.

"누구누구 엄마는 아이를 영재교육을 시킨대…… 누구누구 엄마는 아이를 어려서부터 음악교육을 시켰더니 훌륭한 음악가가 되었대." 등등의 누구누구 교육설을 따라 하지 말자. 현명한 부모는 내 아이에 맞게 맞춤형 양육을 한다.

아이를 잘 키우는 방법. 그것은 간단하다. 내 아이를 얼마나 관찰하는가에 성공의 열쇠는 있는 것이다. 내 아이를 행복하게 키우고 싶다면 아이가 무엇을 좋아하는지, 아이가 어떤 장난감을 가지고 노는지, 아이가 어떤 책에 흥미를 가지고 있는지…… 관찰하는 연습부터 해야 하지 않을까.

행복한 아이로 키우는 것, 그것은 바른 독서지도 안에 있다.

21세기의 어린이들에게 EQ(감성지수), MQ(도덕지수), TQ(창의력) 지도가 필요하다

독서지도는 삶 속에서 찾아야 한다. 책은 올바른 인성을 길러주는 데 필요한 도구일 뿐이다. 도구를 얼마나 잘 사용하는지에 따라 그 독서지도의 성공의 열쇠가 된다.

또한 독서지도에서 중요한 것은 사고력을 확장시키는 훈련도 함께 해 나가야 한다는 것이다. 생각하기를 싫어하는 요즘아이들을 어떻게 생각하게 할 것인가. 그것은 바로 독서지도사의 과제이다. 생각하기 싫어하는 아이에게 생각하기를 접근하게 하는 방법론을 연구하여야 독서지도의 성공의 가능성은 확대될 수 있을 것이다. 그러므로 독서지도의 성공은 생각하는 힘에 있다고 보아도 틀리지 않는다.

미국의 철학자 모티머 아들러는 "철학은 누구나의 일이다"라고 하였다. 또한 아리스토텔레스는 "사람이라면 철학을 해야 한다"라고 했다.

그렇다면 철학이란 무엇인가? 사고의 능력이다. 즉 물음표(?)이다. 물음표(?)는 무엇인가. 궁금함이다. 궁금함이란 무엇인가. 그것은 알고자 하는 인간의 속성에서 비롯된 내면의 세계이다. 인간의 내면에 존재하는 궁금증은 곧 생각하는 힘이다. 그렇다면 생각하는 힘을 길러주기 위해서 독서지도사들이 무엇을 어떻게 해야 하는가. 그것은 무엇이든 말하게 하는 것이다. 즉 의견을 말할 수 있게 말문을 터주는 일이다. 여기서 잠시 생각해 보자. 아이들에게 어떻게 말문을 터줄 것인가. 그것은 간단하다. 의견에는 정답이 없다는 것을 인식하게 해 주면 된다. 아하! 그럴 수도 있구나. 아하! 그렇게 생각할 수도 있구나. 아하~이다. 요즘 TV 오락 프로그램에서 어느 개그맨이 한 말처럼 '그 때그 때 달라요~'가 답이 되지 않을까.

오늘부터 아이들의 언어에 날개를 달아주자. 그것이 독서지도사들이 우선 적으로 선행해야 할 일이다.

여기에서 생각거리를 만들어 줄 때 책을 이용하면 좋다. 책 속에서 주인공이 왜 이렇게 해야만 했을까? 선생님은 그렇게 하지 않았을 것 같은데. 왜 굳이 그렇게 해야만 했을까? 영민이는 왜 그렇게 생각해? 이렇게 생각하도록 유도하는 것이 자연스럽게 이어졌으면 좋겠다. 그 유연한 연결이 독서지도사의 능력이 될 것이다. 누구나 성공하는 독서지도사가 될 수는 없다. 이 문제의 열쇠를 마음껏 돌렸다 풀었다 하는 사람이 독서지도 역시 성공할 것이다. 열쇠로 자물통만 연다면 연장, 즉 도구일 수밖에 없다. 열쇠로 다각적인 활용을 할 줄 아는 독서지도사가 성공할 것이다.

또한 무엇을 가르칠 것인지, 어떻게 가르칠 것인지, 사유하는 독서지도사들이 성공한다. 생각하는 아이로 기르려면 생각하는 엄마가 되어야 하며, 생각하는 선생님이 되어야만 한다.

21세기는 오직 사유의 세계에서만 인간은 진정한 행복을 찾을 수 있을 것이다. 그러므로 어려서부터 사유하는 인간형으로 기르고, 교육하는 것은 중요하다. 생각하기 싫어하는 요즘 아이들에게 어떻게 교육을 할 것인가? 이것이 독서지도의 관건이다. 이 문제를 독서지도사들이 고민하고 해결방안을 찾아야 할 것이다.

교육의 의미는 모르는 것을 알게 하는 것이 아니라, 내가 모르는 것이 무엇인지 찾아내는 것이 진정한 교육, 즉 앎의 세계가 아닐까? 그 앎의 세계는 곧 깨달음의 세계이며, 그 깨달음의 세계는 생각하는 자만이 도달할 수 있을 것이다.

아이들의 잘못을 꾸짖는 데도 단계가 있다

우리 아이를 키우면서 터득한 교육론으로 강의를 할 때가 많다. 그래서 21살이 된 아들은 강의를 나가는 나를 보며 찡긋 웃는다.

"엄마, 오늘은 나 좀 팔지 마세요. 귀가 근질근질해서 손을 뗄 수가 없잖아요. 네?"

그런 아들의 얼굴을 슬쩍 쳐다보며 윙크를 하고 나온 나는 언제 저렇게 커 버렸지? 아들의 커다래진 등짝을 보며 그 등 뒤에 숨어 있으면 어떤 바람도 다 막아줄 것 같아 괜스레 기분이 우쭐해진다.

오늘 강의 주제는 '아이들의 잘못을 꾸짖는 데도 단계가 있다' 였다.

여러분! 자녀를 키우면서 많은 시행착오를 겪는데 그 중 하나가 잘못을 꾸짖는 태도입니다. 얼마나 현명하게 아이의 잘못을 꾸짖는가에 따라 당당한 아이로, 아니면 상처받은 아이로 자란답니다. 아이는 자라면서 수많은 실수를 하게 됩니다. 그러나 자신의 실수를 어떻게 받아들이는가는 어른들이 어떻게 그 실수를 꾸짖느냐에 따라 아이들의 미래는 달라집니다. 그리고 실수에 대한 접근방법도, 문제해결점도 달라집니다.

아이는 실수를 하고 그 실수를 인정하고 앞으로 어떤 실수를 하게 되더라도 그 실수에 대해 자책을 하지 않고 잘못한 행동에 대한 부분적 실수를 개선해 나갈 것입니다. 이런 일이 있었습니다. 이건 제 아이를 양육하면서 있었던 일입니다.

어느 날, 외출을 나갔다가 돌아오는데 사람들이 삥~둘러 모여 있었습니다. 그런데 아이를 야단치고 있는 듯 어른의 목소리가 격양되어 화살처럼 뻗어 멀리 서 있던 내 가슴에도 콕 박혔습니다. 엄마는 모성의 힘에 의해서 아이의 신변을 느낀다고 하였다죠? 난, 순간 그 야단을 맞고 주눅 들어 있는 아이가 우리 아이 같아서 막 뛰었습니다. 아니나 다를까 내 아이는 그 조그만 몸을 달팽이처럼 웅크린 채 커다란 몸집의 어른이 쏟아내고 있는 폭언을 비처럼 다 맞고 있었습니다. 오들오들 떨던 아이는 나를 보자 말도 못한 채 눈물을 주르르 흘렸습니다. 무슨 일이냐고 아이를 어른에게서 떼내고 물었습니다. 어른은 몹시 화가 나 있었습니다.

"댁의 아들이유? 저것 좀 봐. 내가 지하 주차장에 차를 대려다가 금방 나올 심산으로 여기다 차를 세워놨더니 차 앞 유리가 금이 가 있잖아. 누가 돌을 던지는 것을 봤는데 1, 2라인에서 돌을 던졌다는 거야. 그래서 집집마다 벨을 눌러서 추적해서 잡아냈어. 쪼그만 자식이 커서 뭐가 되려구……."

순간 나는 그 험악한 입을 막아버리고 싶었습니다. 그래서 얼른 말을 자르며 끼어들었습니다. 더 우리 아이가 상처를 받는 것이 싫었습니다.

"그럼, 차 유리 값을 변상해 드리면 되는 거죠? 죄송합니다. 그렇지만 아이가 얼마나 놀랬겠어요. 엄마도 없는데…… 제가 온 다음에 저하고 말씀하셨으면 좋았을 것을…… 우리 집으로 올라가실까요?"

그 사람을 집에 들인 후에 난, 보란 듯이 아이의 등을 끌어안았습니다. 그리고 가스렌지에 물을 올렸습니다. 물이 끓는 동안 소파에 앉아 있는 그 사람을 의식적으로 무시하고 아이에게 물었습니다.

"놀랬지?"

아이는 눈물만 크렁크렁한 채 고개를 끄덕였습니다. 아이의 심장 뛰는 소리가 어찌나 크게 들리던지 저는 그 어른에게 버럭 소리를 지를 뻔했습니다.

"얼마나 놀랬니…… 엄마도 놀랬는 걸…… 괜찮아. 이제 진정해. 그런데 왜 그랬어?"

"친구하고 베란다에서 놀고 있는데 심심하잖아요. 그래서 베란다 밖을 보는데 영민이가 '야, 여기서 이걸 던지면 저 화단에 있는 무궁화 꽃을 맞칠 수 있을까?' 그러잖아요. 그래서 같이 던졌는데 그게 그 밑으로 떨어졌어요."

"그랬구나. 호기심이 발동을 해서 그랬구나."

"잘못했어요."

아이는 좀 진정되었는지 얼굴을 들어 내 얼굴을 올려다보았다.

"그래. 좋은 경험했지? 그런데 주원이한테 칭찬해 줄 일이 있어. 엄마라면 무서워서 문도 안 열었을 텐데. 문을 열고 솔직하게 니가 한 일을 했다고 한 거. 그건 훌륭한 일이야. 그렇지만 한 번 더 생각해 보지 않고 그런 행동을 한 건 잘못한 거야. 그러다가 지나가던 사람이 돌에 맞아서 다쳤으면 어쩔 뻔했니. 응? 그렇지? 차여서 얼마나 다행인지…… 아마 아저씨도 너무 놀래서 주원이한테 그렇게 화내신 걸 거야. 아저씨가 아끼는 차를 니가 그렇게 상처를 냈으니 얼마나 가슴이 아프시겠어. 진심으로 죄송하다고 말씀드려. 그리고 아빠한테 전화해서 니가 한 일 솔직하게 말씀드려. 아빠도 아셔야 할 일이니까. 알았지?"

아이는 내가 커피를 타는 동안 소파에 앉아 있는 남자에게로 가서 죄송하다는 말을 한 뒤 자기 방으로 들어갔다. 자기 방으로 걸어가는 아이의 모습에서 벌벌 떨고 있던 두려움은 사라지고 없었다.

그 일이 있은 후 우리 아이에겐 그런 잘못은 더 이상 없었다. 모든 행동에 한 번 더 생각하는 습관이 생겼기 때문이다.

아이가 잘못을 저질렀을 때 어른이 어떻게 해야 하는지 한 번 생각해 보자.

잘못을 꾸짖는 데도 단계가 있다. 우선 예를 들어보자.

비싼 꽃병을 안방 문갑 위에 올려놓았는데 아이가 방에서 뛰어놀다가 쨍그랑! 깨뜨렸다.

설거지를 하던 엄마가 방으로 뛰어 들어갔을 때 아이는 문 앞에서 얼굴이 하얗게 질려 있었다. 자, 여러분은 이런 상황일 때 어떻게 행동하는가.

1단계▶ 아이를 안아준다.(순간적으로 아이는 야단맞을 생각에 자신의 잘못된 행동보다는 야단맞을 일에만 신경을 쓰고 있다.) 쨍그랑!하고 깨지는 순간 아이는 누가 가르쳐주지 않아도 자신이 잘못했다는 걸 안다.

굳이 아이에게 "너 이게 얼마짜린 줄 알아? 너 아빠 오면 죽었어. 어떻게 할래? 응? 내가 못살아. 너 땜에……. 저기 가서 손들고 서 있어!"하며 야단을 친다면 아이는 자신의 잘못보다는 엄마한테 야단맞은 일만 기억하게 된다. 그리고 무엇을 어떻게 왜 잘못한 것인지에 대해 생각하려고 하지 않는다. 또 "아빠 오면 넌 죽었어!"라고 한 순간 아이는 아빠가 올 때까지 불안감에 빠져서 아무 생각도 할 수 없게 된다. 그래서 '아빠가 집에 들어오지 말았으면……' 그 생각만 한다. 우리나라 엄마들은 이렇게 커다란 잘못을 저지르고 있다. 직장에서 열심히 일하는 남편을 들었다 놨다, 좋은 아빠로 만들었다가 무서운 아빠로 만들었다가…… 한다. 아이에게서 좋은 아빠를 뺏어가는 건 잘못된 엄마들의 언행에서 시작된다. 자 이제 잘못을 야단칠 때도 객관적이어야 한다.

2단계▶ "놀랬지? 나도 놀랬어."

아이의 마음을 어루만져준다. 떨고 있는 아이는 분명 엄마에게 야단맞을 생각으로 아무 생각도 할 수 없을 것이다. 이럴 때 떨고 있는 자신에게 엄마가 "놀랬지?"라며 "나도 놀랬어"라고 등을 토닥거려주면 엄마에게 많이 미안해진다. 그리고 엄마를 놀라게 한 자신의 잘못에 대해 생각하게 된다. 그리고 유리를 쓸고 닦는 엄마의 모습을 지켜보면서 자신의 행동이 얼마나 잘못되었는지 깨닫는다.

3단계▶ "거봐. 엄마가 안방에선 공놀이 하지 말라고 했잖아. 그치? 이런 일이 있을까봐. 그런 건데……"하고 말해 준다.

그냥 안아주기만 하고 위로만 해 주면 자신의 행동이 얼마나 잘못한 것인지 반성할 시간이 짧아지기 때문에 아이에게 생각할 거리를 만들어주어야 한다.

4단계▶ "아빠한테 니가 전화 드려. 니가 한 행동을 솔직하게 말씀드리는 것도 용기가 필요해. 아빠가 많이 아끼는 물건인데…… 많이 속상하시겠다. 그치?"

아이는 아빠한테 전화를 하기 전에 어떻게 자신의 행동을 말씀드리지? 생각을 하게 된다.

그리고 아이는 자신이 한 행동은 자신이 책임을 져야 한다는 책임감을 배우게 될 것이다.

또한 잘못한 행동에 대해 한 번 더 짚고 넘어가게 되므로 앞으로는 어떤 행동을 하기 전에 생각을 먼저 하게 될 것이다.

잘못을 꾸짖는 데도 이렇게 단계가 있다. 잘못을 저질렀을 때 어떻게 해야 하는지 이제 현명한 부모가 되는 방법을 생각해 보아야 한다. 또한 아이의 잘못된 행동을 고치게 도와주는 도우미가 되자. 꾸짖는 것도 수직적인 방법보다는 수평적인 방법이 좋다.

■ 선생님, 우리 아이는 말이 없어요

강의가 끝나고 집에 가려는데 뒤에서 누군가 불렀다.

"선생님. 우리 아이는 말이 없어요. 왜 그럴까요? 좋은 방법 없을까요. 이럴 때 어떤 책을 골라주어야 할지……."

나는 우선 그 제자의 집을 방문하기로 했다. 언어 습관이 어떤지 보기 위해서였다. 단독주택에 살고 있었는데 제자와 내가 집 안으로 들어갔을 때, 아이는 마당에서 장난감 놀이를 하고 있었다. 아이를 보자 대뜸 한다는 말이,

"땅바닥에 그렇게 털퍼덕 주저앉아서 놀면 어떡해! 응? 얼른 손 씻어!"

엄마의 말이 끝나자 아이는 삐죽거리며 안으로 들어가 손을 씻고 나왔다. 그러자 또

"숙제 했어! 안했지? 그럴 줄 알았어. 얼른 니방 가서 숙제 해!"

아이는 또 대꾸하지 않고 방으로 들어갔다. 한참 뒤에 커피와 과일을 먹으며 이런 저런 이야기를 듣고 있는데 아이가 나와서 내 옆으로 앉으려고 했다. 그러자 버럭 소리를 질렀다.

"니가, 여긴 왜 나와. 응? 숙제는 다했어?"

그러자 아이가 고개를 끄덕였다.

"숙제 다 했으면 학습지 해야지!"

아이는 못마땅한 듯이 슬금슬금 문을 열고 나갔다. 그런데 아이가 문을 제대로 닫지 않아서 방안이 서늘해졌다. 그러자 아이를 다시 불렀다. 나는 그만 보고만 있을 수가 없었다. 아이가 왜 말이 없는지 짐작이 되었다. 수직적 언어만이 있는 이 관계 속에서 어떻게 아이가 말이 많아질 수 있을까. 나는 또 직업병이 발동을 했다. 그래서 아이가 들어오자 아이의 손을 잡고 내 옆으로 앉혔다.

"이름이 뭐더라?"

나는 아이의 이름을 부르는 소리를 들었기 때문에 이름이 뭔지 알고 있었다.

"지연이……."

"으응. 지연이~ 지연아. 니가 저렇게 문을 열고 나가면 방안에 있는 사람들이 어떨까?"

"추워요."

"그럼 추우면 어떻게 될까?"

아이는 잠시 생각을 하다가 아주 작게 말했다.

"감기 걸려요."

"그럼, 감기 걸리면 어떻게 해야 하지?"

아이는 이제 내가 하는 질문이 재미있었던지 내 옆으로 바싹 다가앉았다. 아이는 이제 엄마는 의식되지 않는 듯 나와 둘만의 관계에 있었다.

"병원 가야 돼요."

"그래. 그렇구나. 잘 알고 있구나. 병원가면 또 어떻게 되지?"

"주사 맞아야 돼요."

"그래. 맞아. 주사 맞아야 돼. 그럼, 주사 맞으면 어떨까?"

"아파요."

아파요……라고 말한 뒤 아이는 미안스런 얼굴로 내 눈을 보았다.

"주사는 병원에서 그냥 놔 주나?"

"아니? 돈 줘야 돼요."

"그래. 돈도 들겠구나. 그리고 또 뭐 해야 되지?"

"약국에서 약도 지어야 지……요."

나는 잠시 말문을 끊고 문 쪽을 보았다. 그러자 아이는 벌떡 일어나 문을 닫고 나갔다. 이 모습을 지켜보고 있던 제자는 고개를 숙인 채 얼굴이 상기되어 있었다. 나는 더 무슨 말도 필요할 것 같지 않아 커피를 마시고 일어나며 눈웃음을 지어 보였다. 제자는 문 밖까지 나와 인사를 하고 들어가려다가 아이가 수돗가에서 물장난을 하는 것을 보자 "야!" 뭐라고 하려다가 잠시 호흡을 한 뒤 뒤에 있는 나를 의식했는지 작은 목소리로 말했다.

"춥지 않아? 그렇게 물가지고 장난치다가 감기 들면 어떻게 되지?"

그러자 피식 웃으며 아이가 수돗물을 끈 뒤, 엄마 옆으로 다가와 손을 잡았다. 그 모습을 뒤로 하고 나오는데 얼마나 가슴이 뭉클하던지……. 뒤에서 뜨거운 온기가 내 몸을 휘감는 듯 따뜻함을 느꼈다.

아이가 말이 없는 집을 보면, 그 가정의 언어 습관을 지켜보면 빨리 답을 찾을 수 있다. 수직적 언어가 많은 가정일수록 아이가 말 수가 적다. 그리고 부모에게 수직적 언어에 적응된 아이는 밖에 나가서도 친구들 간에 수직적인 언어를 사용하게 된다. 그러면 친구들 간에도 환영받지 못하고 혼자 고립될 위험이 있다.

우리 집 아이는 말이 없어요! 라고 말하기 전에 먼저 아이에게 말 할 거리를 만들어주었나 한 번 생각해 보자. 그리고 아이의 의견을 존중해 주었나 스스로 생각해 보자. 아이들은 말도 되지 않는 말을 하기도 한다. 그럴 때 "넌 쓸데없는 말만 하니!" 라고 아이의 의견을 묵살해 버리면 아이는 저절로 말 수가 적어지게 된다.

오늘부터 아이의 말에 귀 기울여 보자. 아이가 어떤 말을 하고 있는지. 또 어떤 말을 어떻게 들어야 하는지 말의 허용부터 하자. 그것이 말 없는 아이에게 말문을 열어주는 길이 될 것이다.

책 사망, 책 환생

"선생님. 애 들이 책을 안 읽어서 고민이에요."

질문을 한 뒤, 내 표정을 조심스럽게 살피던 주부는 수업시간이 끝나기가 무섭게 바싹 옆으로 다가왔다.

"선생님. 집에 책도 많은데 아이들이 왜 책 읽을 생각을 안 하는지 모르겠어요. 무슨 방법이 없을까요?"

그 주부는 정말 걱정스런 얼굴이었다. 그래서 나는 그 주부의 집을 방문해 보기로 했다. 집에 도착하자마자 아이들 방을 먼저 보자고 했다. 아이의 방문을 열자, 눈에 띈 것은 벽 한 면이 모두 책장으로 되어 있었는데 세계창작동화집과 위인전집, 그리고 우리나라 전래동화, 그리고 과학도감 그 외에도 많은 책이 있었다. 그 보다 더 놀란 것은 순서가 한 권도 잘못 꽂힌 것이 한 권도 없었다는 것이다. 얼마나 정돈이 잘

되어있었는지 마치 작은 도서관을 방문한 것 같은 착각이 들 정도였다. 나는 가만히 그 책장 앞으로 가서 몇 권을 꺼내 보았다. 한 번도 읽은 적이 없는 것처럼 깨끗했다. 내가 책을 방바닥 가득 내려놓고 재미있게 읽자, 열린 방문 틈으로 두 아이가 골똘히 바라보고 있었다. 나는 아이들에게 방으로 들어오라고 손짓을 했다. 아이들은 가만히 내 옆으로 앉았다. 나는 한 권을 펼치고 소리 내어 읽기 시작했다. 그리고 가방에서 연필을 꺼내 빈 공간에 글자를 썼다. 그리고 아이들이 볼 수 있게 펼쳐서 읽어주었다. 보고 있던 큰 아이가 말했다.

"책에 낙서하면 엄마한테 혼나는데……."

나는 왜 아이들이 책읽기를 싫어하게 되었는지 알 수 있을 것 같았다.

"괜찮아. 이렇게 감동받은 부분이 있으면, 주인공에게 하고 싶은 말을 쓰는 게 독서감상문이 되는 거란다. 이거 봐. 그림으로 그려도 되고, 또 묻고 싶은 게 있으면 이렇게 말 주머니를 만들어서 물어봐도 돼. 한 번 해 볼래?"

그러자 아이가 엄마눈치를 흘낏 보더니 책 하나를 꺼내서 뭐라고 쓰기 시작했다. 5살쯤으로 보이는 둘째아이는 크레파스를 꺼내 그림책의 빈 공간에 그림을 그리기 시작했다. 가만히 들여다보니 주인공과 닮은 그림이었다. 아이들은 널브러져 있는 책더미에 앉아 몇 권을 읽었다. 그 모습을 지켜보고 있던 아이 엄마는 겸연쩍게 웃으며 큰 아이 옆으로 다가가 앉았다. 나는 아이들에게 물었다.

"재미있니?"

아이는 내가 묻는 말에 고개만 끄덕일 뿐 책에 푹 빠져있었다.

아이가 책을 읽지 않는다면 주위 환경을 둘러보라고 충고하고 싶다.

책을 자유롭게 읽을 수 없는 환경이거나 책을 자연스럽게 읽을 수 없게 만들어진 환경 때문일 것이다. 책이란 아주 편한 마음으로 편한 자세로 읽어야 한다. 그 작은 실천부터 아이들의 방을 꾸며 준다면 아마도 책을 읽지 않는다면…… 걱정은 하지 않아도 될 것이다.

책은, 아이들에게 친구여야 한다. 책은 아이들의 마음을 담아 놓을 수 있는 그릇이어야 한다. 또한 책은 언제고 손을 내밀면 손을 잡아줄 수 있는 위치에 있어야 한다.

그리고 책은 깨끗하게 읽어야 한다고 아이들에게 잘못된 교육을 한다면 아이들은 책을 더럽혀서 엄마에게 혼나게 될까 봐 아예 책을 꺼내 읽지 않을 것이다. 아이들이 책을 읽고 느낀 것을 끄적이게 되는데 그것이 독서감상문이 된다.

그렇다면 독서감상문 형식의 그림이나 글은 언제부터 쓰게 될까?

빠른 아이는 연필이나 색연필을 손에 쥘 수 있을 때부터 무언가 자신의 감정을 나타내고 싶은 것을 끄적이게 되는데 그것이 곧 유아의 독서 감상화가 된다. 엄마는 아이가 낙서를 한다고 생각하는데 그것은 잘못된 생각이다. 자신의 마음을 그렇게 표현하는 것이다. 유아일 때부터 알 수 없는 그림을 그리게 되는데 그것이 바로 난화難畵이다. 즉 독서감상화가 되는 것이다. 책에 낙서를 하면 안 된다고 아이들의 마음에 강박관념을 심어주게 되면 아이들은 책을 읽는 일을 아예 멀리하게 될 것이다.

아이들이 책을 읽지 않는 데는 또 다른 이유가 있다. 즉 전집으로 책을 들여주는 것은 바람직하지 않다. 아무리 책을 좋아하던 아이들이었다 하더라도 전집으로 책을 사주게 되면 책에 치이게 된다. 그래서 책을 볼 때마다 다 읽어야 한다는 부담을 안게 된다. 책을 좋아하는 1%의 아동이 아니라면 전집으로 책을 사주는 것은 바람직하지 않다.

아이들에게 외면당한 책을 어떻게 읽힐 것인가. 그 방법론을 생각한 끝에 책에 빨간 스티커와 파란 스티커를 붙이게 해서 아이들에게 책을 읽게 유도하는 방법을 생각해 냈다. 그 방법론을 가지고 책을 읽히자 아이들이 흥미를 가지고 전집류의 책을 짧은 시일에 읽게 되는 모습을 보았다.

아이들이 거들떠도 보지 않아 한 번도 손때를 입지 않은 책이라면 그 책은 아무리 새 책이라고 하더라도 사망한 책이다. 독서를 위한 책이 아닌 장식을 위한 책. 손을 타지 않은 책은 살아보지도 못하고 죽은 책이다.

만약 책을 읽지 않는 아이가 있다면, 한 번 이 방법을 실행해 보라.

첫 번째, 책장의 책을 모두 꺼내 읽은 책과 읽지 않은 책을 분류하게 한다.

두 번째, 읽은 책에는 파란 스티커를 붙이게 한 뒤, 읽지 않은 책에는 빨간 스티커를 붙이게 한다.

세 번째, 읽은 책은 낮은 곳이나 높은 곳에 세로로 세워서 책을 진열한다. 읽지 않은 책은 가로로 뉘여 놓는다. 그러나 아이가 언제든 빼서 읽을 수 있도록 책꽂이의 중간부분에 진열한다.

이 방법을 하기 전에 아이에게 설명을 해 주어야 한다. 즉 읽은 책은 살아있는 책이고, 읽지 않은 책은 사망한 책이라고 말해 준다. 이런 과정을 통하면 아이는 책을 빨리 읽어서 책장에 모두 세우고 싶어한다.

그러나 중요한 것은 아이들에게 책을 많이 읽히는 것이 아니다. 얼마나 즐겁게 아이들에게 책을 읽게 하는가가 중요하다. 그렇게 즐겁게 책을 읽는 습관을 갖게 되면 아이들이 자라면서도 책과 함께 인생을 즐겁고 행복하게 살게 될 것이다. 중요한 것은 어려서부터 책 읽는 습관을 갖게 해 주는 것이다. 즐겁고 행복하게 접근할 수 있도록 부모와 독서지도사들이 많은 노력을 해야 할 것이다.

"이 세상의 책은 일생동안 읽어도 다 읽을 수가 없다. 우리가 일흔 살까지 산다고 해도 여섯 살부터 하루 두 시간씩 꼬박 독서를 한다면 약 사만 칠천오백 시간이 된다"고 어느 책에서 보았다.

우리는 과연 살면서 몇 권의 책을 읽을 수 있을 것인가!

이럴 땐 이렇게 해 봐요

"선생님, 우리 집에 위인전집이 있는데 아이들이 책을 안 읽어요? 무슨 방법이 없을까요?" 수업을 시작하면서 누군가 질문을 던졌다.

직업훈련반인 독서지도사 5개월 과정을 가르치다보면 주부들의 능력에 눈이 휘둥그레진 적이 한두 번이 아니다. 주부로써 남편과 아이들을 위해 하루종일 분주하게 시간을 쪼개 살아가는 그들에게 과제를 내주기가 부담스럽지만 그래도 어쩔 수 없이 숙제를 내 주면 밤을 새워서라도 그 과제물을 다 해오는 열정을 보면서 이 세상에 우리 주부들만큼 훌륭한 독서지도사들이 있을까 생각을 하게 된다. 한 학기에 30명 이상이 되는 예비 독서지도사들 중에는 미혼인 여성이 함께 지도를 받게 되는데 그들이 하는 말은 한결같다.

"주부들…… 정말, 무서워요. 언제 저렇게 다 해오죠?"

그건 아이들을 기르는 어머니이기 때문에 가능한 것임을 결혼을 해서 자녀를 낳아 기르면서 모성을 경험하지 않고는 어떤 설명으로도 그 위대한 능력을 설명하긴 힘들 것이다.

위인전집을 읽지 않는 아이들을 위한 방법을 대답하기 전에 먼저 주부들에게 물었다.

"여러분이라면, 왜 읽기 싫겠어요?"

그러자 대답 대신 모두 베시시 서로의 얼굴을 쳐다보며 웃기 시작했다. 나는 한 가지 이상 아이들에게 읽지 않는 책을 읽게하는 접근방법을 생각하게 했고, 수업이 끝나기 전에 발표를 하게 했다. 주부들의 다양한 사고력을 바탕으로 의견들이 제시되었는데 발표한 것을 아이들과 집으로 돌아가 실천하게 하고 그 결과론을 보고서로 작성하여 제출하게 했다. 다음의 방법은 그 중 아이들이 제일 재미있어 한 방법이다.

먼저 아이들과 도화지에 크레파스로 제목없는 책모형을 그리게 한다.

준비물 : 색종이, 가위, 풀, 크레파스

방법 : 1. 책장에 꽂혀 있는 위인전을 모두 바닥에 꺼내 놓는다.

2. 읽은 책은 세로로 세워두고, 읽지 않은 책은 가로로 뉘여 놓는다.

3. 위의 그림에 세워둔 책에만 예쁘게 색칠하게 한다.

4. 위의 그림에 세워둔 책에는 읽은 책의 제목을 적게 한다.

(예: 김구, 세종대왕, 신사임당, 안중근……)

5. 안 읽은 책에는 색종이에 번호 적어, 오려 붙이게 한다.
6. 색이 칠해진 책은 살아있는 책, 흑백인 책은 병든 책이라고 말해 준다.(책도 관심과 사랑을 쏟지 않으면 병이 든다고 만한 뒤, 그럼 어떻게 해야 할까? 아이에게 질문을 유도하여, 아이 스스로 책을 읽고 싶다는 생각을 하게 한다.)
7. 안 읽은 책의 숫자만큼 나무젓가락에 번호를 붙여 빈병에 넣고 흔들어 아이가 직접 뽑게 한다. 뽑은 번호의 책을 읽게 한 후 그림에 색칠하게 한다. 이렇게 아이들에게 책을 읽도록 유도를 하면 재미있게 전집을 다 읽을 수 있을 것이다. 그러나 아이가 흥미를 잃지 않도록 읽은 책으로 게임을 할 수 있도록 독서지도로 연결해 주는 부모의 역할이 더 중요하다.

이 수업을 통해 아이들이 선호하는 책으로 서재를 꾸미게 하면, 아이들은 그 과정을 통해 아주 행복해 한다. 서재를 갖고 있지 못한 아이들은 마치 자신의 서재를 얻은 것 같은 생각이 들어서인지 옆 친구들과 예쁘게 꾸민 서재를 서로 자랑하며 이야기꽃을 펼친다. 그런 아이들의 얼굴을 보고 있으면 이보다 더 행복한 나라가 있을까, 생각하게 된다. 이래서 독서지도를 해야 하는구나 절감하면서……

또한 읽고 싶지 않은 책을 색종이에 적어서 종이학으로 접게 한다. 그러면 어느새 학생들 앞에 종이학이 수북하게 쌓인다. 아이들이 주로 읽고 싶지 않은 책을 보면, 교과와 관련된 책이 많았고, 위인전기와 시대가 1920년대에서 1940년대에 쓰여진 고전들이다. 그것도 우리나라 고전이 많다.

그러면 책읽기 전 활동으로 두 번째 단계로 들어간다. 아이들에게 책을 왜 읽느냐고 질문을 한 뒤 훌륭한 사람이 되기 위해서요, 꿈을 이루기 위해서요라는 대답이 많이 나오면 끼어들기를 한다.

"꿈은 꿈이 이루어질 때까지 꿈꾸는 사람을 가혹하게 다룬다는 말이 있는데, 여러분이 읽고 싶은 책만 읽는다면 그 꿈이 이루어지는 시간이 길어질 거예요. 여러분을 꿈으로 가는데 이 종이학들이 길라잡이가 되어 줄 거예요. 편독은 사람을 망가지게 하기도 하죠. 보세요. 우리가 좋아하는 음식만 먹으면 어떻게 되는지 알죠? 책도 음식과 같아요. 책은 정신으로 먹는 양식이니까요. 이 종이학 속의 책들이 여러분의 영양분이랍니다. 어떤 것을 먼저 먹을 것인지 하나씩 뽑아서 다음엔 여러분이 만든 서재에 하나씩 끼워 넣으면 더 훌륭한 여러분의 서재가 될 텐데……."

이 수업이 끝나면 아이들의 손에는 종이학 들이 색색의 날개를 달고 푸드득거리며 날기 위해 몸을 웅크리고 있다. 어떤 아이들은 책 위에 가지런하게 얹어 가지고 가며 수업이 끝나기를 기다린 자모에게 자랑스럽게 건네며 말한다.

"엄마. 나 이 책 다 읽을 거야!!!"

어른들이여, 아이들이 책을 읽지 않는다고 말하지 말자. 읽고 싶도록 동기유발을 시켜주자. 그리고 읽고 싶은 책을 편하게 읽을 수 있도록 책 읽는 환경을 만들어주자.

이런 방법도 있다.

예 : 『세종대왕』을 읽었다면……

세종대왕의 별명 붙여주기, 세종대왕의 아바타 그려보기, 세종대왕의
키 알아맞추기, 세종대왕이 즐겨 먹었을 것 같은 음식 알아맞추기,
세종대왕에게 구두를 선물하려면 몇 mm를 해야 할까 알아 맞추기,
세종대왕에게 피자를 사준다면 뭐라고 할까 말주머니 채워보기, 세종
대왕과 함께 살았던 시대의 위인 말해 보기(예; 장영실)

이런 게임을 통해 다음 책은 장영실을 읽게끔 유도해 주는 것도 좋다.

예:p. 323, 작품2 우리도서관 참고

혼자서도 잘해요

　얼마 전, 미국에 있는 친구가 한국에 몇 주간 머물 일이 있어 우리 집에 와서 있었는데 그 친구가 하는 말이 내 가슴에 가시처럼 콕콕 와서 박혔다. 그 말은 한국의 가정은 참 이상하다는 것이었다. 부모가 아이들의 자립을 막고 있는 듯 보인다는 거였다. 학교에 영어 수업을 하기 위해 갔었는데 한참을 수업을 하고 있는데 창밖에서 누군가 뚫어지게 쳐다보고 있길래 교실 문을 열었더니 자모였다고 한다. 얼굴이 빨갛게 상기된 채 구슬 같은 땀을 닦으며 아이를 손짓하며 나오라는 제스처를 하더니 아이가 교실 밖으로 나오자 들고 온 도시락과 책을 건네고 자신에게 굽신굽신 인사를 하며 복도 끝으로 사라지더라는 말을 하면서, 참 이해할 수 없는 행동이었다고 덧붙였다. 미국에선 상상도 할 수 없는 일이라고 했다.

미국에선 어려서부터 자신의 일은 자신이 알아서 할 수 있도록 자립심을 길러주기 위해 프로그램 자체도 혼자 생각하고 혼자 판단내리고 자신의 일은 그 결과에 따라 자신이 책임질 줄 아는 인격체로 길러낸다는 것이었다.

그 일이 있은 후 그 친구에게서 전화가 와서 참관 수업에 가기 위해 학교를 방문했다. 그런데 창밖으로 비가 부슬부슬 오기 시작했다. 수업이 끝나고 아이들이 하나 둘씩 복도로 나가자 웅성웅성대기 시작했다. 복도는 우산을 가지고 온 자모들로 인해 북적거렸다. 그 모습을 지켜본 친구는 이해할 수 없다는 표정이었다.

한국은 어머니와 아이가 함께 공부를 하니 수업료를 두 배로 내야 할 것 같다……고 말하면서 자립심이 없는 아이로 한국의 어머니들이 만드는 것 같다고 우려의 목소리를 높였다.

"비 좀 맞는다고 잘못되지는 않을 텐데…… 말야. 비 보다 더 무서운 건 혼자선 아무 것도 할 수 없는 게 아닐까?"라고 기우 섞인 음성을 토했다.

그 얘기를 끝까지 듣고 있자니 정말 어떻게 납득을 시켜야 할지 잠시 동안 말문을 열 수 없었다. 사랑의 표현이라고, 아니 한국의 어머니들은 자식을 위한 희생을 행복으로 생각한다고 말하려다 그만 입을 닫았다. 그보다는 문화적 차이라는 것으로 설명할 수 있는 문제인가 잠시 생각을 해 보았다.

그랬다. 비가 오는 날이면 복도에 우산을 들고 오는 어머니와 그 어머니의 손을 잡고 하교를 하는 아이들의 풍경은 우리에게, 익숙해진 그림이다. 그런데 엄마가 안 온 아이는 복도 끝에서 쪼그리고 앉아 엄마를 막연히 기다리고 있는 모습을 보며, 저러다 비가 그치지 않거나, 엄마가 오지 않으면 저 아이는 어떻게 집으로 갈 것인가. 그 아이를 보며 생각한 적이 있었다. 그 날 그 아이는 집으로 무사히 잘 돌아갔을까? 몇 년이 지난 지금 이런 생각을 하게 된다.

그 친구의 말처럼 한국의 아이들은 엄마의 도움이 없다면 혼자서 학교생활을 잘 해낼 수 있을까? 반문해 본다.

스스로 아무 것도 할 수 없는 아이, 혼자서는 자신감이 없는 아이로 우리 어머니들이 만들고 있는 것은 아닌지.

어른들이 좋아하는 책, 아이들이 좋아하는 책

아이들이 책을 좋아하게 도와주는 일은 어른의 몫이다. 우리 어른들도 아이의 과정을 거쳐 청년이 되었으며 어른이 되었기에 아이들의 눈높이에서 아이들의 마음을 읽어줄 줄 알았는데 나에게로 독서지도를 보낸 아이들의 의견을 들어보면 아이들의 마음을 헤아려주는 어른은 그리 많지 않았다. 그래서 책을 멀리하게 되고 또 책과 친해지고 싶어도 계기가 없었다고 아이들은 말했다. 그보다 더 심각한 문제는 아이들이 책을 가지고 놀고 싶어도 어른들은 책을 가지고 노는 세대가 아니었기 때문에 그런지 이해를 못한다고 말했다.

"선생님. 내가 읽고 싶은 책을 읽어야 행복하잖아요. 그런데 그게 혼자 있을 때는 되는데 집에만 가면 엄마가 좋아하는 책, 아빠가 좋아하는 책을 보게 돼요."

자신이 읽고 싶은 책을 읽지 왜, 부모님의 눈치를 보게 되느냐고 묻자 아이는 선생님도 어른이면서 그걸 모르세요? 하는 표정이었다.

　"내가 읽고 싶은 걸 읽으면, 엄마 아빠가 쓸데없는 책만 읽는다고…… 혼나요. 지금 때가 어느 땐데 그렇게 철이 없냐면서 그런 책을 읽어서 대학에 갈 수 있느냐구요. 논술 준비하려면 지금부터 고전을 읽어야 된다고…… 언제였지? 우리 형도 아빠한테 뒤지게 혼났어요. 책상에서 『빵키통』이라는 책을 보시더니 얼마나 야단치셨는지 아세요? 그 연쇄살인범들이 읽은 책이라고 뉴스에서 떠들어 댄 뒤였는데, 못된 책만 읽는다고 얼마나 혼났다구요. 형이 울면서 아빠한테 그게 왜 그렇게 나쁜 책인지 설명해 보라구 하니까 아빠가 말씀을 못 하시더라구요. 선생님. 난 그 때 아빠의 화난 얼굴이 생각나서 집에선 책을 편하게 읽을 수가 없어요."

　그 학생의 이야기를 들으면서 난 내게도 그런 아픈 추억이 있었지 하고 기억을 되살렸다. 난 어려서부터 책읽기를 좋아했다. 그래서 책을 가리지 않고 읽었는데, 학교에서 읽을 땐 참 좋았는데 집에서는 책 읽는 게 부자연스러워서 늘 불안했다. 왜냐면 아버지께선 공부가 우선이었다. 난 공부에 취미가 없었다. 아니 공부보다 책 읽는 게 더 좋았다. 그런데 아버지가 퇴근해서 들어오시는 소리가 나면 나는 책을 읽다가도 얼른 영어책을 그 책 위에 포개어 얹어 놓았다. 만약 내가 소설책을 읽는 걸 아버지께 들키면 또 혼날 것이 틀림없었기 때문이다. 소설책을 읽다가 꾸지람을 들은 일이 한두 번이 아니었기 때문이다. 그땐 아버지의 행동을 이해할 수 없었다. 학교에선 책을 많이 읽으라고 말씀하셨고, 책을 많이 읽어야 훌륭한 사람이 된다고 말씀하셨는데 집에서 책을 읽으면 아버지는 화를 내셨으니 말이다. 아버지는 내가 학과 공부인 영어단어를 외우면 등을 토닥여주셨다. 그런데 그렇게 칭찬을 들어도 하나도 기쁘지 않았다. 내가 하고 싶은 것은 책을 읽는 거였으니까. 읽다만 책 속의 인물이 자꾸 나를 부르는 것 같아 몰래 들고나가 놀이터 가로등에서 읽기도 했었다. 소설책이 이렇게 재미있는데 왜 어른들은 그 재미없는 영어나 수학을 공부해야 예뻐하는지 알 수 없었다. 그런데 그렇게 몰래 몰래 읽은 독서량이 꽤 되었고, 소설가가 되어야지…… 하는 막연한 꿈을 꾸게 되었다. 그 중학교 소녀가 지금 소설가가 되어있다. 아버지는 지금 내 책을 들고 다니시며 자랑을 하신다. 60이 훨씬 넘은 나이에 내가 쓴 소설책을 들고 다니시며 내 딸이 소설가가 되었노라고 주위 지인들에게 당신의 자랑이시라고 말씀하신다. 참 아이러니하지 않은가. 소설책을 읽는다고 혼나기만 했던 소녀가 소설가가 되어 이제 아버지의 자랑이 되었으니…… 어쩌면 그 때의 그 아픈 추억이 나를 소설가로, 또 지금의 독서지도사로 만들었는지 모른다. 그리고 앞으로도 그 독서지도사의 길을 가면서 나처럼 책을 읽고 싶어도 맘껏 읽지 못하는 아이들에게 길을 열어주기 위해서 책 읽는 환경을 개선해 주는 데 많은 노력과 땀을 흘려야 할 것이다.

너 이 책 읽고 꼭, 독서감상문 써야 돼?

경기도 북부여성회관의 직업훈련반인 아동독서지도사반의 커리큘럼 안에는 독서지도사가 되기 위한 요건 중 아이들과 함께 서점나들이 보고서를 느낀 점과 함께 제출하게 한다.

학생들과 서점에 나간 날이었다. 토요일 오후 3시쯤이었는데, 어떤 아버지가 딸아이를 데리고 책을 사주러 온 것 같았다. 마침 잘 되었다 싶어 학생들에게 그 아버지의 행동을 살피게 했다. 그런데 학생들의 눈이 휘둥그레졌다. 그 아버지는 아동도서가 있는 쪽으로 가더니 딸아이가 골라놓은 책을 휙 둘러보더니 또 만화책만 골랐느냐면서 책망하는 눈빛으로 아이를 나무라더니 베스트셀러라고 쓰여진 곳으로 가서 한 권을 골라 계산대에서 계산을 하려다가 휙 돌아보며 말했다.

"너, 이 책 읽고 꼭, 독서감상문 써야 돼?"

하는 것이 아닌가. 그 말을 들은 아이는 금방 얼굴을 찌푸리며 "응!" 말꼬리를 흐렸다. 아이의 즐거워하던 표정은 금세 어디로 숨어버렸다. 아이 아버지는 책값을 지불한 후 아이에게 건네주었다. 아이는 시무룩한 얼굴로 뒤 따라 나가며 자기가 골라 놓았던 자판대 위에 놓여진 책들을 흘깃 쳐다보며 책방 문을 열고 나갔다. 그 모습을 지켜보던 학생들은 모두 무엇이라 필기를 하는 것 같았다. 그리고 자신들도 그런 실수를 했었다며 그 때는 그걸 몰랐다며 깊은 한숨을 몰아쉬었다. 얼마쯤 시간이 지나자 우루루 아이들이 몰려 들어왔다. 아이들은 망설임도 없이 아동도서 쪽으로 가서 하나씩 책을 골라 털퍼덕 바닥에 주저앉아 책을 읽기 시작했다. 그 모습이 얼마나 아름다웠는지 나는 가까이 가서 아이들이 읽는 책을 살펴보았다. 아이들은 자신들이 골라 온 책을 읽으며 금방 행복한 얼굴이 되었다. 그 행복한 얼굴을 살펴보던 주부들은 자신들의 아이들도 데리고 와야지…… 하며 한 마디씩 주고받았다.

아이는 아마도 아빠가 "독서감상문을 써야 돼"라고 말한 순간부터 책을 읽는 것이 지옥같이 느껴졌을 것이다. 억지로 책을 읽어야 하는 아이의 뒷모습이 씁쓸하게 느껴졌다. 그 아이의 독서는 그 순간부터 즐겁지도 행복하지도 않을 것이다. 책을 읽고 독서감상문을 꼭 써야 한다는 생각부터 시정되어야만 할 것이다. 그 아버지는 독서의 오류를 범하고 있었고 그 오류에 아이는 상처를 받게 되었을 것이다. 더 상처가 깊어지기 전에 아버지가 가지고 있는 독서환경의 개선이 시급히 이루어져야 한다고 생각했다.

그 수업을 마치고 제출한 보고서에 느낀 점을 써내게 했는데 공통적으로 써 낸 내용은, 이랬다.

"아이들의 책은 아이들 스스로 골라 읽어야 행복할 것으로 생각한다. 아이들 수준에 맞는……."

이 수업을 하고 나면, 시키지 않아도 아이들의 손을 잡고 서점을 찾는 주부들이 늘게 된다. 그리고 서점에 가서 어느 코너에 어떤 책이 있는지 몰랐었는데 이제는 잘 할 수 있을 것 같다며, 우스개 소리를 한다.

"선생님. 저는 책방에 가면 내가 읽고 싶은 책을 찾지 못해서 서점 직원한테 무슨무슨 책 없어요? 라고 물었었는데 이젠 자신 있어요."

서점은 책을 구입하는 곳으로만 알고 있는 사고부터 바뀌어야 한다. 그리고 독서지도는 책과 만나는 수업부터 선행되어야 한다. 주부들이 자연스럽게 서점을 드나들면서 독서환경은 보다 나은 독서환경으로 개선될 것이다.

독서지도사의 요건

    나는 독서지도사의 요건으로, 책을 좋아하는 사람, 그리고 책을 사랑하는 사람으로 꼽는다. 대학을 나온 사람이나, 책에 대한 전문지식이 있는 사람, 또는 국문학과를 졸업한 사람……이 결코 아니다.

    내가 독서지도사 양성반을 이끌어온 지 벌써 십 년이 훨씬 넘었고 내가 배출한 독서지도사들도 300명이 넘었다. 그 중에 동사무소와 학교 방과후 선생님으로 활동하고 있는 강사만도 수십명이다. 한 기수에 몇 명씩은 꼭 독서지도 강의를 하게 되는데 그들 모두 대학을 나왔거나 전문과를 공부한 사람은 그리 많지 않다.

    첫 수업부터 학생들에게 말하는 건 독서지도사는 학력이 아닌 실력으로, 아이들의 마음을 읽을 줄 아는 심성을 가진 사람, 그리고 책을 볼 줄 아는 사람, 책을 좋아하는 사람, 그리고 아이들의 어떤 이야기도 다

흡수할 수 있는 사람, 또한 아이들의 어떤 의견도 긍정적인 시각으로 허용할 줄 아는 사람이어야 한다고 부탁하는 것부터 시작된다.

첫 수업을 시작하면 학생들은 모두 한결같이 두려운 눈으로 질문을 한다.

"선생님, 저는 책을 많이 안 읽었어요. 그런데도 독서지도사가 될 수 있나요?"

"선생님, 저는 고등학교 밖에 안 나왔어요. 그래도 독서지도사가 될 수 있나요?"

"저는 글 쓰는 걸 정말 싫어해요. 아이들한테 어떻게 글 쓰는 걸 가르치죠?"

이렇게 질문을 한 학생들이 6개월이 지난 후 수료증을 받아들고 나갈 때는 모두 주부에서 선생님이 되어 나간다. 그러나 모두 강사가 되진 못한다. 수업을 하는 동안 자신에게 맞는 수업방식을 세워 공부방이나 모둠지도에 필요한 요건을 배워 나간다. 그 많은 제자들 중에 가장 기억에 남는 제자가 있는데 그 제자들이 유독 기억에 남는 건, 고졸인데도 당당하게 자신의 특별한 수업방식으로 아이들을 훌륭하게 지도하고 있기 때문이다. 2004년에 있었던 5기생들의 작품전시회는 정말 훌륭했다. 나는 그 때 그렇게 많은 사람들이 독서지도에 관심이 있는지 새삼 절절하게 깨달았다. 얼마나 많은 사람들이 전시회에 다녀갔는지…… 방문록에 글을 남기신 분들 모두가 "독서지도를 무슨 작품 전시회를 하느냐?'고 왔는데 정말 많은 공부가 되었습니다"라는 내용이었다. 학교 선생님들도 다녀가시면서 학교교육에 도움이 되었다고 글을 남겼다.

독서지도사가 되어 가장 마음이 행복했던 때는 아마도 무료수업을 하였을 때, 수업료가 없어서 과외지도가 무엇인지도 몰랐던 고아원이나 보육원아이들에게 무료 수업을 하였을 때이다. 봉사활동이 주는 기쁨이 어떤 행복보다도 가치가 있다는 걸 가르치기 위해, 나는 제자들에게 한두 달은, 꼭 무료로 수업을 하도록 권하고 있다.

독서지도는 학력이 아닌 실력이어야 한다. 지금 많은 제자들이 그 교육 방향으로 독서지도를 실천하고 있으며 앞으로도 그렇게 할 것을 나는 믿고 있다.

내게서 가르침을 받은 제자들은 뭔가 특별한 것이 있다.

"선생님. 신곡 동사무소에 포트폴리오를 제출하러 갔다가 깜짝 놀랐어요. 선생님 제자인지 금방 알 수 있겠는 걸요? 제가 가지고 간 포트폴리오와 너무도 흡사했어요. 동사무소 직원도 그러더라구요. 지금까지 해 왔던 수업과 너무 차별화된 수업이라 반응이 좋다구요."

그것은 동사무소에 포트폴리오를 제출하러 간 J씨의 말이다. 그렇다. 나의 수업방식은 뭔가 다르다. 특별한 무엇이 있다. 그것은 수평적 수업 방식 때문일 것이다. 지금까지의 수직적 수업 방식이 아닌 수평적 수업방식, 그리고 핑퐁(탁구)식의 토론 형식이 그렇다. 또한 글쓰기도 재미와 흥미를 위주로 하기 때문이다.

중국의 구양수가 말한 것처럼, 글을 잘 쓰기 위해서는 삼다三多 즉, 많이 읽고, 많이 쓰고, 많이 다듬어라(퇴고). 이 방법밖에 없다는 걸 아주 자연스럽게 몸에 배게 해 준다. 여기에 하나 더 첨가한다면 많이 읽은 후에 많이 생각하라고 하고 싶다.

독서지도사가 되기 위해서는 허용하는 자세부터 갖추어야 한다. 말의 허용, 생각의 허용, 그리고 마음의 허용, 그리고 이해의 허용이다.

　아이들 수업을 하다보면 엉뚱한 의견을 제시하게 되는데 그럴 때 그 의견을 듣고 말의 허용을 통해 어떤 말이라도 포용하여 그 의견을 말한 아이의 마음에 상처를 내서는 안 되기 때문이다.

　또한 독서지도사는 상처받은 아이들을 끌어 안을 수 있는 따뜻한 가슴을 가진 사람이어야 한다.

행복나무

"선생님, 우리 아이는 우리 집이 싫대요. 자기 고모집이 좋다고 일기를 써 놓은 걸 보고 얼마나 놀랐는지…… 정말 속상했어요."

주부는 정말 속이 많이 상한 듯 눈가가 촉촉해졌다. 그 이유를 묻자 아이의 고모 집은 45평의 아파트인데, 자신의 집은 전세이고 23평이라는 것이었다. 아이의 일기엔 "고모 집은 넓고 참 좋다. 나는 고모 집에서 살고 싶다. 고모 집에는 우리 집에 없는 게 다 있다. 피아노도 있고, 내가 가지고 싶은 컴퓨터도 있고, 텔레비전도 정말 크다. 난 우리 집이 싫다. 친구들은 다 자기 방이 있는데, 나는 내 방도 없다……."

나는 그 날, 수업 계획안을 덮어버리고 수업을 변경했다. 수업은 '행복나무' 였다. 커다란 나무를 그린 뒤 색종이를 형형색색으로 과일을 그리게 했다. 그리고 그 나무의 이름을 '행복나무' 라고 붙인 뒤 주부들에게 자기가 지금 행복한 이유를 모두 써보게 했다. 그러자 모두 난감한 표정으로 가만히 앉아 있었다. 나는 얼른 사과모형의 색종이에 하나씩 써서 앙상한 나무 가지에 붙였다.

'나는 한 아이의 엄마여서 행복하다' '나는 독서지도사여서 행복하다.' '나는 사랑하는 남편이 있어서 행복하다.' '나는 걸을 수 있어서 행복하다.' '나는 생각할 수 있어서 행복하다.'

이렇게 나무에 하나씩 사과를 붙이기 시작하자, 앙상한 가지의 나무가 화려한 열매를 단 풍성한 나무로 변해가기 시작했다. 주부들은 고개를 끄덕이더니 한 움큼씩 자신의 행복열매를 들고 나와 게시판에 붙이기 시작했다. 몇 분이 지나고 또 시간이 차츰 지나자 행복나무는 정말 열매가 가득 매달린 '행복나무'가 되어 있었다.

이 수업을 통해 주부들은 많은 생각을 하게 된 것 같았다. 행복이란, 아주 작은 사소한 것부터 찾을 수 있고, 또 그동안 자신들이 행복하다는 사실을 잊고 있었던 것이 스스로에게 부끄러웠다고 느끼는 것 같았다.

그 날, 숙제는 아이들과 함께 만든 '우리 집의 행복나무'를 만들어오는 것이었다. 그 숙제를 제출하는 주부들의 얼굴은 어제와 다른 얼굴이 되어 있었다.

"우리 집이 싫대요……"라고 말했던 주부의 숙제를 보고 난 너무 흐뭇했다. 울긋불긋 사과 열매로 가득 찬, 행복나무는 아주 작은 행복부터 큰 행복까지 주렁주렁 열려있었다.

나는 엄마가 있어서 행복하다.	나는 냄새를 맡을 수 있어서 행복하다.
나는 아빠가 있어서 행복하다.	나는 볼 수 있어서 행복하다.
나는 동생이 있어서 행복하다.	나는 노래를 부를 수 있어서 행복하다.

독서지도란 이렇게 닫힌 아이의 마음을 열어주는 것부터 선행되어야 한다. 마음이 닫혀 있는 아이는 어떤 책을 주어도 맛있게 먹을 수 없다.

예:p. 323, 작품3 행복나무 참고

무릎 독서시기에 많은 책을 읽어주세요

독서지도사들은 영아기부터 유아기, 즉 1~4세까지를 무릎 독서시기로 본다. 무릎 독서시기란 무릎에 앉혀 놓고 책을 읽어주는 시기를 말한다. 이 때는 그림책을 읽어주는 것이 좋다. 그림책은 그림과 글이 함께 조화를 이룬 책을 말한다. 어떤 그림책은 그림으로만 된 것도 있다. 그러나 그림만으로 된 책이라고 해서 이야기가 없는 아니다. 그림만으로도 충분히 이야기를 유추할 수 있는 책이다.

그 시기엔 아이들이 혼자 읽을 수 있어도 안고 책을 읽어주면 좋다. 엄마의 가슴에 머리를 기댄 채 읽어주면 엄마의 심장소리를 들으며 아주 편안하게 책과 친해질 수 있다. 그림책에 나온 주인공들과 만나 맘껏 뛰어놀 수 있도록 리듬감을 살려 책을 읽어준다면 아이는 실감나게 그림책 속으로 상상의 날개를 펴고 맘껏 날아다니다가 현실과 만나게 될 것이다. 그림책이라고 무시하면 안 된다. 아이에게 읽어주기 전에 먼저 책을 10번 이상 읽고 그 책을 잘 읽어줄 수 있을 때 그 때 아이에게 읽어주어야 한다. 그림책을 읽어주는 엄마가 그 책에 푹~빠져 있지 않고선 어떤 책도 재미있게 읽어줄 수 없을 것이다. 또한 그림책을 읽어줄 때 그 책에 쓰여진 대로 그대로 읽어줄 필요는 없다. 아이의 표정을 살펴가며 상황에 따라 바꾸어 읽어주어도 좋다.

그리고 그림책을 읽어줄 때 가장 위험한 것은, 아이가 그림에 시선을 고정시키고 다음 장으로 넘기기를 거부할 때가 있다. 그럴 때는 그 장에서 넘어가지 말고 아이와 흠뻑 그 장면에서 놀다가 가라. 아이는 어른들처럼 글자를 읽는 것이 아니라 그림을 보며 이야기를 접목시키기 때문에 그림의 구석구석을 보기 때문에 어른들처럼 한 번에 그림을 다 볼 수 없다. 아주 작은 점에 시선을 멈추고 움직이지 않을 수도 있고, 그림책의 인물에 푹 빠져 아이가 골똘히 생각하는 그림을 보면, 자기도 뭔가 골똘하게 생각을 하면서 그림을 보기 때문에 그렇다. 그래서 강아지와 함께 뛰어노는 그림책을 읽어주고 난 뒤, 밖으로 나왔을 때 현실에서 만난 강아지를 무서워하지 않고, 조금 전 그림책 속에서 만난 강아지를 친구로 생각하고 손을 내밀어 만지는 걸 볼 수 있다. 아이들에게 그림책은 그런 것이다. 이 시기에 그림책을 읽어주면 좋은 이유는 또 있다. 좌뇌, 우뇌의 발달에 영향을 미친다. 좌뇌가 듣는 어휘와 우뇌가 감지하는 영상적 어휘가 다르기 때문이다. 또한 엄마가 직접 읽어주는 것과 녹음기의 기계음이 들려주는 음의 파장이 아이에게 미치는 영향은 또한 큰 차이가 있다. 아이는 태아 때부터 엄마의 음성에 적응되어 있으므로 그 음성에서 받아들이는 스키마(Schema) 즉, 인식의 창이 다르기 때문에 책 내용이 같아도 받아들이는 느낌은 아주 다르게 나타난다.

내 아이에게 바른 독서지도를 하고 싶다면 엄마, 아빠가 순번을 정해 그림책을 읽어주면 좋다. 아빠의 음성에서 퍼지는 파장은 엄마의 음성에서 얻을 수 있는 파장과 다르기 때문에 엄마 아빠가 함께 읽어주는 독서활동이 아이의 인성에 미치는 영향은 매우 크다.

이 시기에 좀 더 독서지도의 효과를 얻고 싶다면, 그림책 속에서 만난 인물들의 행동을 흉내내기를 해 본다든가, 인물들의 음성 언어를 흉내내기를 해 보는 것이 좋다. 또한 그림책에서 보았던 물건 우리 집에서 찾아보기도 좋고, 그림책에서 있었던 사물 경험하기도 좋다.

얼마 전, 유치부 출장수업을 나간 적이 있는데 오른발 왼발이라는 그림책으로 수업을 했다. 책 내용은 할아버지와 손자의 이야기인데, 태어나면서 할아버지의 사랑을 듬뿍 받고 자란 보비가 있었는데, 아이에게 할아버지가 오른발 왼발……하며 걸음마를 가르친다. 그런데 어느 날, 할아버지가 뇌졸중으로 쓰러져 병원으로 가게 되는데 보비는 문병도 갈 수가 없다. 오랜만에 돌아온 할아버지는 침대에 누워있게 되는데 보비가 할아버지의 손을 잡고 오른발 왼발……하면서 할아버지에게 걸음마를 가르치는 내용이다. 이 책을 읽어주며 유치부 아이들에게 모두 일어나서 두 사람이 짝을 지어 오른발 왼발……하며 서로서로 걸음마를 하면서 장면을 흉내내기를 했는데 어찌나 행복해 하던지, 이런 것이 독서지도의 효과구나를 절절히 깨달으며 유치원을 나왔다.

이 날 나는 유치원에서도 독서지도가 따로 행해져야 하지 않을까 생각했다. 독서지도사가 한 달에 한두 번씩 출장을 나가 독서지도를 한다면 훌륭한 수업이 되지 않을까 생각했다.

선생님, 우리 집엔 국어사전 없어요!

글쓰기 수업 중 퇴고과정을 가르치기 위해 아이들에게 국어사전을 가져오게 했다. 그런데 30명 중 17명만 사전을 가져왔다. 나머지 아이들에게 왜 사전을 가져오지 못했냐고 물었다. 그러자 뜻밖의 입말들이 쏟아져 나왔다.

"선생님. 우리 집엔 국어사전 없어요!"

"아니, 사전이 없단 말이에요?"

라고 놀란 표정으로 반문을 하자 이상하다는 표정으로

"아니요? 영어사전은 2개나 되는 걸요? 옥편도 있고, 중국어 사전도 있어요. 근데 아빠 거예요. 백과사전도 있는데……."

아이들은 서로 얼굴을 쳐다보며 웃었다. 그나마 사전을 가져온 아이들도 1980년 이전의 사전이 많았다. 우리나라 언어를 가르치는 나에게 이건 하나의 사건이었다. 음성언어와 문자언어의 쓰임을 가르치면서 아이들이 인터넷언어를 아무렇지 않게 사용하는 걸 안타깝게 생각하고 한 달에 한 번은 우리말사전을 가지고 제대로 수업을 하고 싶었던 의지를 그렇게 아이들이 꺾어 버리고 말았다.

그 날 아이들과 사전수업을 못하고 다른 수업으로 대체할 수밖에 없었다. 아이들에게 A4용지를 한 장씩 나누어주고 색종이와 풀, 그리고 가위를 나누어주었다. 그리고 "세상에 하나밖에 없는 나만의 사전을 만들어 볼 거예요"라고 말한 뒤 종이를 펼치게 했다. 아이들은 내가 마술이라도 하는 양 재미있게 따라했다. 8면의 작은 소책자가 되었다. 나는 아이들에게 자기가 알고 있는 어휘를 ㄱ~ㅎ의 순서대로 모두 쓰게 했다. "제일 잘한 친구에겐 상을 줄 거예요"라고 하자 모두 열심히 써 내려갔다. 20분쯤 시간이 소요되자 아이들이 모두 글을 쓰는 속도가 느려졌다. 어떤 아이는 곰곰이 생각하면서 옆 사람에게 묻기 시작했다. 그래서 "색종이를 오려 붙여서 자기가 만든 사전의 표지를 예쁘게 만들어 볼까요?" 하고 아이들에게 음악을 틀어주었다. 이 때엔 주로 고전음악을 틀어준다. 아이들은 색종이를 오리고 뜯고 자신이 만든 사전의 겉표지를 예쁘게 꾸몄다. 15분쯤 시간이 지나자 모두 자기가 만든 사전을 아주 자랑스럽게 옆 뒤 아이들에게 펼쳐보였다.

"자, 모두 완성했나요?"

"네에~"

얼마나 큰 소리로 대답을 하던지…… 그게 아이들의 행복 무게였다. 아이들에게 다 만든 나만의 사전을 가지고 나와서 한 사람씩 사전 자랑을 하라고 했다. 그러자 앞으로 나온 아이들이 자기가 만든 사전의 특징에 대해 설명을 하며 행복해 했다. 모두 자기가 만든 사전이 만족스러운 듯 행복한 얼굴로 집으로 돌아갔다.

이 수업을 마치고 나는 가정통신문을 보냈다. 독서지도 수업은 국어사전이 없이는 불가능하다는 내용이었다. 그리고 한 달에 두 번은 '사전과 악수하기' 수업을 할 예정이라고, "한글맞춤법이 많이 바뀌었으니 2000년 이후의 사전을 아이들 편에 보내 주십시오."라고 통신문에 수업할 내용을 함께 보냈다.

아이들과 '사전과 악수하기' 첫 수업은 손바닥 모양을 색종이로 코팅해 온 것을 나누어주며 ㄱ~ㅎ에 붙이게 했다. 아이들은 형형색색 작고 예쁜 손바닥을 자꾸 만져보며 신기해했다.

"여러분. 이제부터 국어사전과 악수를 해 볼까요? 오늘 처음 만났죠? 이 친구하고 얼마나 친하게 지내느냐에 따라 여러분의 글쓰기 실력은 아주 몰라보게 향상될 거예요. 자, ㄱ아 만나서 반가워."

아이들은 내가 사전에 붙인 작은 손바닥과 악수를 하자 따라하며 재미있어 했다. ㅎ까지 모두 악수를 하며 아이들의 입가엔 이미 웃음이 범벅이 되어 있었다.

'국어사전과 악수하기' 첫 수업은 아주 잘 끝났다. 아이들은 모두 집으로 돌아가면서 사전에 붙어있는 작은 손바닥을 계속 만지면서 걸어갔다.

그 뒤 지금까지 한 달에 두 번은 15분 이상 사전과 악수하기 수업을 실천하고 있다. 그 이후 아이들의 어휘력은 몰라보게 확장되었다. 글쓰기 능력도 날이 갈수록 향상되었다.

독서지도를 하면서 가정방문을 하게 되면 국어사전이 비치되어 있는 집을 보기가 드물어서 우연이겠지 했는데 그게 우리의 현실이라는 사실이 부끄러웠다. 영어사전은 몇 개씩 되는 집도 있었다. 우리나라 말을 잃었던 그 시절을 기억해야 하지 않을까? 우리나라 말을 찾기 위해 얼마나 많은 열사들이 피를 흘리며 죽어갔는가. 우리나라 국민들의 의식수준이 의심스러웠다. 하기야 세계화를 부르짖으면서 말을 배우기도 전에 영어부터 가르치려고 드는 부모들이 한둘이 아닌데…… 아니 어쩌면 우리 여성들이 아이들의 교육을 파행으로 이끄는 것은 아닐까. 안타까운 마음이 되었다. 말도 못 배운 아이에게 영어 비디오를 틀어주고 반복적으로 보게 하는 엄마들…… 어쩌다 마미, 파파, 오케이, 딜리셔스……라고 발음도 정확하지 않은 아이가 뱉어내는 외국어에 호들갑을 떨며 자랑스럽게 주위 사람들에게 자랑하는 엄마들을 종종 보아왔다. 그런데 이제는 그런 모습을 보게 되면 마냥 보아 넘길 만큼 마음이 여유롭지 못할 것 같다.

그래도 최소한 우리나라 사람이면 국어사전은 기본으로 갖추고 살아야 하지 않을까. 우리말도 제대로 모르면서 어찌 외국어에 취해 살려고 하는가.

나만의 사전을 만든 다음, 아이들이 알고 있는 모든 어휘를 자연스럽게 써 넣도록 한다.

아이는 손바닥만한 사전에 자기가 알고 있는 어휘의 나열을 보면서 만족하거나 부족함을 느끼고 우리말 사전과 함께하는 시간이 길어지게 된다.

예: p. 324, 작품4 나만의 사전 참고

우리 엄마 귀는 당나귀 귀다!!!

내 아이를 슬기롭게 키우고 싶다면 이야기를 많이 들어주는 어머니가 되어야 한다.

"선생님. 우리 아이는 엉뚱한 질문을 해서 나를 난처하게 해요. 귀찮아서 죽겠어요. 그럴 땐 어떻게 하죠?"

내가 가진 상식으로 아이들은 엉뚱한 것이 지극히 정상이다. 우리도 아이였을 때는 엉뚱했다. 이제 어른이 된 우리들이 기억을 못할 뿐이다. 나도 어릴 때 아버지가 도끼로 나무를 쩍쩍 소리를 내며 쪼개는 것을 보고 하고 싶어 안달을 했는데 아버지는 위험하다고 손도 못 대게하시 길래 아버지가 외출을 한 틈을 타서 몰래 연장통을 열고 도끼로 나무를 쪼개다가 두 번째 손가락의 살점을 덜렁덜렁 떨어트린 채 들키면 혼날까봐 피가 나는 손을 남은 손으로 꼭 쥔 채 피가 멎을 때까지 옥수수 밭에 숨어있었다. 다행히 큰 상처는 아니었는지 곪지는 않았지만 며칠 뒤에 엄마한테 들켜서 연필을 깎다가 다쳤다고 거짓말을 했다. 연필을 깎다가 다친 상처치고는 너무 크게 다쳤다면서 약을 바르고 붕대를 감아주셨던 엄마. 지금 생각해도 엄마께선 알고도 모른 척 그렇게 지나가 주신 건 아닐까 생각한다.

나도 어릴 때는 엉뚱했다. 그 뿐만 아니라 내 기억을 거슬러 올라가면 엉뚱한 짓을 많이 해서 엄마한테 혼나기도 많이 혼나면서 자랐다.

"무슨 엉뚱한 질문을 하는데요?"라고 묻자 피식 웃으며 말문을 열었다.

"아니, 글쎄 길을 가다 말고, 나뭇가지를 꺾으려다 말고 엄마, 이거 꺾으면 죽어? 이렇게 물어 보잖아요."

"그래서 뭐라고 대답하셨어요?"

"몰라. 죽는지 안 죽는지 엄마가 어떻게 알아. 그랬죠. 뭐."

일반적으로 아이들이 엉뚱한 질문을 하거나 엄마가 모르는 문제를 질문을 하면 난감해 하고 귀찮아한다. 그러나 절대 그럴 필요가 없다.

대부분 아이들은 엄마한테 묻기 전에 답을 스스로 머릿속에 정리를 하고 묻는다. 그럴 땐 황당해 하거나, 아이를 윽박지르거나 아이를 무색하게 해선 안 된다. 이렇게 해 보면 어떨까?

"엄마, 이거 꺾으면 죽어?" 라고 물었을 때 답을 아는 것처럼 바로 대답을 하지 말고 좀 생각하는 것처럼 아이에게 보인 뒤에,

"너는 어떻게 생각하는데? 죽을 것 같아?"

"아니? 죽진 않을 거 같애. 엄마는?"

" 엄마도 니 생각처럼 죽을 것 같지는 않은데? 그렇지만 나무를 꺾으

면 나무가 뭐라고 할까?"

"응~ 아프다구."

"그래. 엄마 생각두 그래. 그럼 아프게 하면 될까?"

"아니?……"

이렇게 아이의 질문을 유도해 가면 어떨까? 엉뚱한 것을 물어 보았을 때 위의 대화처럼 아이에게 생각할 거리를 만들어주면 좋을 것 같다. 아이가 엉뚱한 것을 물었을 때나 대답하기 곤란한 것을 물었을 때 당황하지 말고 "너는 어떻게 생각하는데?"라고 반문을 해 보라. 그러면 자기의 생각을 열어 놓게 될 것이다.

버스에서 있었던 일이다. 독서지도사가 된 뒤로 달라진 습관이 있다. 그것은 사람들의 대화를 유심히 듣게 된 것이다. 이 날도 버스에 타서 사람들의 이야기에 귀를 열어놓고 있었다. 그런데 엄마와 아이가 대화를 나누는데 엄마가 어떻게 대답을 할지 궁금해서 귀를 쫑긋 올리고 있었다. 대화의 내용은 아이가 엄마에게 종종 물을 수 있는 흔한 얘기였다.

"엄마, 별은 어딨어?"

오후 8시가 넘은 시각이었기 때문에 버스 창문을 통해 본 하늘은 캄캄했다. 엄마는 아이가 물어보자 버스 창 밖을 유심히 쳐다보더니

"캄캄해서 안 보이네? 오늘 별이 안 떴나 보다."

"아냐. 저 위에 있어. 구름 위에 숨어 있어."

아이가 울상이 되자, 엄마는 "그래그래. 그 위에 있어"하고 귀찮은 듯 말을 얼버무렸다. 그러자 아이는 "저 위에 있다니까!" 라고 다시 확인을 하고 싶어했다. 아이도 분명 엄마가 귀찮아서 그렇게 말한 것을

느꼈을 것이다. 그래서 더 확인을 하고 싶었을 것이다. 아이는 엄마가 자기와 의견이 같기를 바라고 물었고, 엄마도 자기와 같을 생각이라고 믿고 싶었던 것이다. 아이들은 대부분 어떤 것을 묻기 전에 이미 자신의 마음에 답을 내리고 묻는다. 그래서 엄마와 의견이 같지 않으면 속상해하고 울어버리는 것이다. 우는 것으로 아이들은 엄마와 의견이 같은 곳에서 만나질 것이라는 것도 알고 있다. 그것이 옳은 방법이든 옳지 않은 방법이든 아이들에겐 상관없다. 그저 자기가 알고 있는 세계에 엄마와 함께 있고 싶다는 심리가 있다.

아마도 태아일 때 엄마와 함께 교감을 했던 그 기억을 더듬어 내고 싶어하는지도 모른다. 엄마와 분리되지 않았던 하나였던 세계, 태아일 때 엄마의 영양분을 먹으며 엄마의 생각을 함께 공유했었던 기억을 더듬고 싶은 것은 아닐까.

아이들은 엄마와 분리되어 따로 따로 라는 걸 불안해 한다. 그래서 밖에 나가서 놀다가 돌아왔을 때 엄마가 집에 없으면 갑자기 겁이 나고 불안해서 집안 곳곳을 뒤지고 다니는지도 모른다. 그저 집에 엄마가 있을 거라는 상상만으로도 아이들은 행복해진다. 그런데 엄마가 자기와 같은 생각이라면 얼마나 더 행복해질 것인가.

아이들이 엉뚱한 질문을 할 때는 어른이 생각하고 있는 답을 말해 주고, 이해시키려고 강요하지 말자. 아이가 왜 그런 질문을 하게 되었는지 "너는 어떻게 생각하는데?"라고 반문을 해서 아이가 묻고자 하는 속뜻이 어디에 있는지 알아보자.

그러기 위해서는 엄마 귀는 당나귀여야 한다. 어떤 말도 다 들을 수 있고, 받아들일 수 있는 마음이 되어야 한다.

아이들의 말을 허용하는 연습부터 하자. 독서지도는 우리들의 삶 속에 있다. 책 속에서만 찾으려고 하지 말고, 먼저 아이들의 세상에 있는 것들을 알아보고자 하는 마음에서부터 시작하자. 참된 독서지도란 아이들의 생활 속에서 싹트는 것이다. 아이들을 모르고는 절대 독서지도를 할 수 없다.

독서지도는 가정에서부터 선행되어야 한다. 내 아이를 모르고 어찌 남의 아이를 가르칠 것인가.

또한 독서지도는 삶 속에 있고 생활 속에 있다는 것을 명심하자. 아이가 엉뚱한 말을 하였을 때 말의 허용을 할 수 있는 마음의 운동장부터 가꾸어 놓자. 아이가 맘껏 뛰어놀 수 있도록 당나귀 귀를 갖는 것이 먼저 선행되어야 한다.

자~ 참된 독서지도를 하고 싶다면 오늘부터 "우리 엄마 귀는 당나귀이다!"라는 소리를 듣도록 노력하자.

명절 증후군으로부터 탈출하자

공공기관에서 강의를 한 지 벌써 십 년을 넘기다 보니 독서지도사 강의 중 명절이 끼어 있어서 주부들의 명절 증후군을 직, 간접적으로 보게 된다. 상반기와 하반기로 6개월 과정이니 그럴 수밖에 없다. 상반기에는 구정과 만나고, 하반기에는 추석과 만나게 되어있다. 그런데 명절을 앞두고 명절 전후에 결강을 하게 되는 많은 주부를 보게 되는데 모두 명절 증후군 때문이었다. 그래서 생각해 낸 과제물이 있는데 그것은 명절에 식구들이 많이 모이는 특성을 고려해서 창안해 낸 것이다.

나도 맏며느리여서 모든 친척들이 우리 집으로 모이는 데 초등학교를 전후하여 아이들이 함께 할 놀이가 없어서 한 방에 몰아넣고 컴퓨터 게임이나 비디오 감상을 하게 하였다. 그러면 그 때만큼은 아이들이 조용해지기 때문에 어른들이 아이들로 인한 스트레스에서 해방되는 것이었다. 그 때 생각해 낸 것이 아이들을 봐주면 그것으로 서로 행복해질 수 있다는 것이었다. 나는 친정집에서도 맏이이기 때문에 동생들의 늦은 결혼으로 초등학교 1학년과 5~7세의 조카들이 많다. 그래서 명절이면 독서지도사인 이유로 아이들을 모두 데리고 들어가 책을 읽어주거나, 그림을 그리게 하거나, 이야기를 해 주는데 참 이상한 것이 아이들은 이야기를 제일 흥미롭고 재미있게 듣고 이야기 중에서도 옛날이야기를 좋아한다는 것이다. 옛날이야기 중에서도 무서운 이야기를 제일 좋아한다. 왜 그런가? 그 이유를 생각해 보니 다른 내용들은 모두 전래동화에서 한두 번, 본 이야기여서 흥미롭지 않은 것이었다. 또 지혜롭거나 슬기로움을 주제로 다룬 이야기는 창작동화에서 다 읽어 버린 내용이어서 아이들이 재미없어 하는 것이었다. 그래서 늘 명절이 되면 모두 나를 찾는다.

"큰 고모! 빨리 옛날이야기 해줘요. 무서운 걸 루요! 이모! 이모!!! 빨리요!"

아이들은 모두 내 옆으로 옹기종기 모여서 내 입이 벌어지기만을 기다린다. 그 모습이 얼마나 예쁘고 귀여운지 내 이야기는 줄줄이 사탕처럼 한 시간이고, 두 시간이고 이어진다. 그렇게 명절을 보내고 난 아이들을 데리고 마지막으로 하는 수업이 있다. 그 것은 명절이 좋은 이유를 꼭 알려주기 위해 하는 수업이다. 이 수업을 하고 나면 아이들이 명절이면 그냥 친척들이 모여서 놀다가 헤어지는 것이라든가, 생각 없이 엄마 아빠 손을 잡고 외가댁이나 본가를 찾아왔다가 맛있는 음식을 먹고 헤어지는 것이 아님을 깨닫게 된다.

그래서 이 수업을 통해서 내가 얻은 산지식을 독서지도사가 되겠다고 공부하는 제자들에게 명절이면 과제를 내준다. 그런데 이 과제를 완성하는 동안 몰랐던 것을 깨닫게 되고, 조카들에게 인기 있는 큰 엄마, 작은 엄마, 고모, 이모, 숙모……가 되어 온다. 독서지도란, 이렇게 삶과 생활 속에서 찾아야 한다.

아이들에게 명절에 대해 책을 펼치고 '추석이란 이래서 좋고, 이래서 훌륭한 거야'라고 수직적으로 주입식 교육을 한다면 아이들은 명절과 더 멀어질 것이다. 아이들과 명절에 대해 토론을 했는데 나도 깜짝 놀랐다.

"선생님. 명절이면 TV에서 차례상 차리는 법이니 뭐니 그런 것 좀 안 해 줬으면 좋겠어요. 추석이 뭔지 우리도 다 아는데……드라마도 맨날 똑같은 내용이어서 재미없어요. 주인공만 바뀌지 같은 내용이잖아요. 부모님께 효도해라. 엄마는 자식 키울 때 저렇게 희생을 해서 키웠는데 늙으니 무시하고 외롭게 한다. 바쁘다는 핑계로 자주 안 찾아오니 얼마나 외롭겠느냐……가르치려고 들어서 기분 나빠요. 내용이 뻔하잖아요!"

이것이 요즘 아이들의 생각인 것이다. 아이들이 명절에 대해 그런 생각을 가지고 있다는 사실이 충격이긴 했지만 아이들의 솔직한 생각을 읽을 수 있어서 다행이었다. 나도 똑 같은 시행착오를 저지를 뻔했으니 말이다. 그래서 아이들에게 가르치려는 독서지도에서 탈피하여 자유롭게 생각하고 서로의 생각을 열어 놓는 독서지도를 하려고 노력하고 있다.

다음의 표는 내가 조카들과 수업을 한 것이다.

■추석이 좋은 이유를 릴레이식으로 하나씩 써보세요.(미리 아이들에게 추석에 대해 말해 줄 필요는 없습니다. 이 수업을 끝내고 나면 아이들이 명절에 대해 더 잘 알고 있었다는 걸 알게 됩니다.)

친척들을 만날 수 있으니까	맛있는 음식을 많이 먹을 수 있으니까	동생들과 함께 잘 수 있으니까	송편을 먹을 수 있으니까
할머니가 용돈을 주니까	엄마한테 안 혼나니까	고모가 이쁘다고 칭찬해 주니까	숙제를 안 해도 안 혼나니까
텔레비전을 실컷 볼 수 있으니까	학원에 안 가도 되니까	숙제가 없으니까	할머니가 선물을 사 주시니까
고모부가 용돈을 주니까	이모가 이야기를 해 주니까	고모가 놀아 주니까	고기를 많이 먹으니까
엄마가 잔소리를 안 하니까	산소에 가서 절을 하니까	형들과 게임을 많이 할 수 있으니까	식구들이 윷놀이를 함께 하니까
많은 얘기를 할 수 있으니까	형아들이 놀아 주니까	기차를 탈 수 있으니까	기차에서 맛있는 걸 사먹을 수 있으니까
한복을 입을 수 있으니까	친척들이 예뻐하니까	엄마가 심부름을 안 시키니까	밤늦게까지 안자도 안 혼나니까
일기를 안 쓰니까	피아노 연습 안 해도 되니까	약과를 먹을 수 있으니까	조상님 얘길 들을 수 있으니까
할아버지와 장기를 두면서 놀 수 있으니가	어른들이 모두 웃으면서 좋아하니까	가족사진을 찍으니까	친구 얘기를 할 수 있으니까
집에 갈 때 할머니가 먹을 것 많이 싸 주시니까	계속 먹으니까	브로마 볼 해도 안 혼나니까	달 보고 소원을 빌 수 있으니까

이 과제물을 내 주고 추석에 모두 조카들과 수업을 하게 했다. 그런데 추석이 지나고 모두들 밝은 모습으로 강의실에 모였는데 모두 같은 얘기였다. 아이들이 너무 좋아하더라는 얘기로부터 왜 그동안은 이런 것을 생각 못했는지 모르겠다는 얘기꽃을 피웠다. 이 수업을 아이들과 하면서 그동안 느끼지 못했던 끈끈한 정을 느끼고 와서 좋은 경험이 되었다고 했다. 그리고 아이들과 더 친하게 되었다면서 독서지도를 어떻게 해야 할지 이제 감이 잡힌다는 분도 있었다. 또 아이들이 생각하는 명절은 어른들이 가르치고자 하는 명절과 아주 많이 달랐어요. 추석은 옛날부터 내려오는 즐거운 명절이야. 아침에는 조상님께 차례를 지내고 햇과일도 먹을 수 있잖아. 사과, 배, 사과, 감…… 그러자 아이들이 그런 과일은 언제든지 먹고 싶으면 엄마한테 사달라고 하면 되잖아요. 라고 말하는 바람에 얼마나 당황했는지 몰라요. 그래서 가만히 생각하니까. 우리들이 자라던 시대엔 먹을 것 입을 것이 귀하던 시절이라 추석이 그런 이유로 좋았는지 모르지만 요즘 아이들은 그렇지 않겠구나. 생각을 바꾸고 아이들이 말하는 것을 유심히 들어보니까 아이들 마음을 이해할 수 있을 것 같더라구요.

이 말을 들으며 모두들 긍정하는 듯했다. 우리는 한바탕 웃으며 서로 해 온 과제물을 꺼내놓고 아이들이 얼마나 어른들의 생각과 다른지 확인하면서 변해가는 세상을 인정하게 되었다. 변해가는 세상 속에서 아이들과 어른이 함께 공유할 무엇을 찾아가는 것, 그것이 독서지도가 아닐까 생각하면서 그 날 수업을 마쳤다

예: p. 324, 작품5 아이들의 생각 참고

선생님, 부잡한 아이를 어떻게 지도할까요?

독서지도사 수료를 마친 뒤, 모둠지도를 하는 제자에게서 전화가 왔다. 아이가 너무 부잡스러운 2학년 남자아이인데 도저히 수업이 되지 않아서 못하겠다고 돌려보내고 싶다는 것이었다.

아이들마다 특성이 다르고 잘하는 것, 못하는 것이 다르다. 그런데 선생님 구미에 맞는 얌전하고 수업태도가 좋은 아이만 골라서 수업을 하려고 한다면 스스로에게 독서지도사가 왜 되려고 했는지. 무엇을 얼마나 잘 가르칠 것인지…… 왜 독서지도사를 하려고 했는지 초심으로 돌아가 스스로에게 물어보라고 한다.

독서지도란? IQ, EQ……가 아닌 EQ, IQ, MQ, TQ라고 했다. 아이들의 감성부터 만져주어야 할 선생님이 아이들에게 상처가 될 수 있는 생각을 하고 있다면 위험하지 않을까. 아이들은 먼저 안다. 선생님이 나를 좋아하는지, 싫어하는지. 마음은 느껴지는 것이고, 생각은 보이는 것이다. 선생님의 생각을 읽어버린다고 생각하면 얼마나 위험한 일인지 길게 말하지 않아도 알 것이다.

열 명의 얌전하고 말 잘 듣고 머리가 좋은 학생보다, 한 명의 어울리지 못하고 외톨박이인 아이를 지도하는 것이 더 중요하다. 이 세상에 상처받은 아이를 만들지 않는 것, 우월한 아이로 길러내는 것보다 열등생으로 떨어진 아이들을 보호하는 것이 바른 독서지도가 아닐까 생각한다.

요즘은 일등만을 요구하는 부모들로 홍수상태다. 그런 건조한 세상에 사는 아이들이 위로를 받을 수 있는 공간은 독서지도의 자유롭고 평화롭고 행복한 향기가 나는 곳일 것이다.

행복을 주는 공간이 자신 없다면 독서지도를 하겠다는 꿈을 일찍부터 버려야 한다. 나는 늘 교육생에게 말하지만 영리를 목적으로 돈을 쫓아가는 선생님이나 명예만을 얻고 싶은 그런 선생님이 되고 싶다면 빨리 포기하는 것이 좋다고 말한다. 독서지도는 영리를 목적으로 해서는 안 된다. 아이들의 심성을 먼저 만져주어야 하는 것이 1차적 독서지도이다. 책과 아이들을 연결시켜주는 매개체로의 독서지도는 2차적, 3차적 문제이다. 그래서 독서지도가 공부라는 생각이 아이들에게 들게 한다면 이미 실패한 독서지도라도 가르쳤다. 독서지도를 하는 시간 내내 즐겁고, 행복하고, 흥미가 있어야 하므로 끊임없이 노력하고 아이들의 마음을 헤아릴 줄 알도록 아이들이 무엇을 좋아하는지, 아이들이 싫어하는 것은 무엇인지, 아이들이 가장 두려워하는 것은 무엇인지, 언제 가장 행복해 하는지 관심과 사랑으로 노력해야 한다고 강조했다.

그런데 그런 하소연을 듣고 보니 스스로에게 화가 났다. 공부하는 동안 정말 열심히 했던 제자였기에 더더욱 화가 났는지 모른다. 수업하는 동안에는 책 고르는 능력도 뛰어났었다. 교육론도 남달랐었다.

"아이들을 데리고 밭으로, 산으로, 시냇가로 가서 직접 책에 나오는 곤충들을 만나게 해 주고 물의 흐름을 느끼게 해 주고 싶어요. 바람이 어떻게 지나가는지 느끼게 해 주고 싶어요. 눈이 오면 『눈 오는 날』이라는 책을 가지고 나가서 눈을 맞으며 눈 위에 발자국도 찍게 하면서 진짜 행복해 하는 아이들을 느낄 거예요."
라며 독서지도사의 꿈을 가지고 있던 제자였기 때문에 나의 실망은 더 컸었는지 모른다.

며칠 후 나를 찾아온 제자에게 그 동안 제출했던 독서지도 수업지도 안을 보여주며, 초심으로 돌아가 왜 독서지도사가 되고 싶었는지 수업시간에 꿈을 발표했던 걸 떠올려 주었다.

"선생님. 갑자기 아이들이 많이 늘어서 제가 좀 버거웠나 봐요."

그래서 나는 "독서지도는 아이들을 다 감당할 수 없다면 기존의 아이들을 책임져야 하기 때문에 새로운 아이는 조심스럽게 거절해야 합니다."
라고 말해 주었다. 그리고

"수업을 꼭 정해 놓은 수업지도안대로 다 이행하려고 하지 말고, 때론 아이들이 받아들이기 버거워하는 날은 수업을 일찍 끝내고 놀이를 하는 것도 좋아요."
라고 조언을 해 주었다. 그리고 동적인 아이들이 수용이 안 될 때는 이런 방법을 써보는 것도 좋다고 말해 주었다.

예 : 준비물▷ 검은 콩 한 컵, 나무젓가락, 빈 유리그릇

유리그릇에 검은 콩을 두어 주먹 정도 담아, 나무젓가락으로 빈 그릇에 옮기기(15분을 넘어가면 안 됨)

이 훈련은 좌뇌와 우뇌를 모두 쓰게 하는 훈련으로 아이가 집중력이 없다면 이 훈련을 통해 집중력과 지구력을 기를 수 있는 좋은 수업이다.

준비물▷ 연필 1자루, 연필 깎는 칼

(미리 가정 통신문을 보내야 한다. 다음 수업시간에 지구력과 집중력을 향상시키기 위해 아이에게 연필깎이 수업을 할 것입니다. 크게 위험하지 않을 것이니 걱정하지 마십시오.)

연필을 깎기 전에 선생님이 먼저 세심하게 설명을 한 뒤, 칼(도구)을 쓰는 학습이므로 위험사항에 대 잘 알려 주어야 하며, 칼에 베었을 때 놀라지 않도록 다쳤을 때 어떻게 해야 하는지 스스로 생각할 시간을 주어야 한다. 그리고 선생님이 먼저 연필 깎는 모습을 보여주어야 한다.

이런 수업을 통해 부잡스럽고 동적인 아이가 침착하고 집중력 있는 아이로 발전할 수 있도록 선생님의 세심한 배려가 필요하다. 독서지도는 이렇게 적응을 못하는 아이를 적응하도록 서서히 적응훈련을 하는 것부터 시작해야 할 것이다.

독서지도는 단기간에 효과를 볼 수 있는 학습이 절대 아니다. 긴 시간을 두고 평생 책과 함께 즐겁고 행복하게 살아가는 방법을 익히는 것이다. 인간이 살아가면서 행복할 수 있다면 그건 책과 함께 하는 삶이라는 걸 느끼게 해 주는 것이 진정한 독서지도이다.

이럴 때 이런 책을 읽어주자

　새 학기가 시작되었는데 아이가 짝이 마음에 안 든다고 선생님께 짝을 바꿔 달라는 편지를 써 달라고 엄마한테 졸랐다며 어떻게 하면 좋으냐고 했다.

　이럴 때는 『까막눈 삼디기』라는 책을 읽어주면 효과를 볼 수 있을 것이다. 삼디기는 할머니와 단 둘이 살고 있는 아이이다. 삼디기는 한글을 못 깨우쳐서 반 아이들에게 까막눈이라는 별명을 얻었다. 반 아이들은 지저분하고 촌스러운 삼디기를 골려준다. 그런데 서울에서 전학 온 연보라라는 여자아이와 짝이 된다. 연보라는 삼디기에게 한글을 깨우쳐주고 싶어서 삼디기 책상에 『소가 된 게으름뱅이』라는 책을 선물 한다. 삼디기는 이렇게 자신에게 친절한 연보라의 마음에 보답하기 위해 열심히 한글 공부를 하게 된다는 내용이다. 이 책을 읽게 하면 친구란 자기 마음에 꼭 드는 친구만이 좋은 친구가 아니라는 걸 깨닫게 될 것이다. 또한 친구에 대해 생각하게 될 것이다. 우리는 나보다 못난 사람에겐 접근하기 꺼려하는 마음이 내재되어 있는데 이 책을 읽음으로써 친구를 생각하는 마음이 달라지게 될 것이다.

좋은 책이란 이렇게 사람을 달라지게 하는 책이 아닐까?

또 3, 4학년이라면 『내 짝꿍 최영대』라는 책도 권하고 싶다.

영대는 지저분하고 게으름뱅이이다. 아이들은 영대를 항상 놀리고 짓궂게 장난도 친다. 그러나 영대는 한 번도 화를 내거나 아이들에게 대항하는 일이 없다. 영대는 엄마가 없는 불쌍한 아이다. 반 아이들의 놀림거리가 되어 버린 영대는 수학여행을 함께 가게 된다. 그런데 수학여행에서 영대를 울게 만든 사건이 벌어진다. 잠을 자려는데 누군가 "뽀~옹" 방귀를 뀐 것이다. 선생님은 아이들에게 "누가 잠 안자고 방귀를 뀌냐!" 그러자 아이들은 "영대요!"라며 합창을 한다. 그 때 영대가 "으앙!"하고 울어 버린 것이다. 아이들은 모두 영대가 그렇게 울 수 있는 아이라는 걸 몰랐다. 영대가 울자 선생님은 반 아이들에게 벌을 서게 했다. 그 다음날 버스를 타고 가는데 아이들이 모두 영대에게 와서 미안하다는 뜻으로 영대의 가슴에 뺏지를 달아준다. 그러자 기사 아저씨가, "오늘이 니 생일이니?"라고 축하를 해 준다. 수학여행을 다녀온 후로 영대는 다른 사람이 되었다. 옷도 깨끗하게 입고 오고 웃을 줄도 알게 되었다.

왕따 문제로 학교마다 심각한 지금, 이 책을 통해 왕따를 당하면 얼마나 마음이 아픈지 생각하게 한다. 또한 왕따를 당하는 것도 문제지만 왕따를 가해하는 아이들도 문제가 있다는 것도 시사해 줌으로써 피해자와 가해자가 함께 생각하게 한다. 그리고 아이들에게 내가 영대처럼 왕따를 당한다면 마음이 어떨 까? 토론거리를 만들어주어도 좋다. 그리고 이 책에서 문제점을 찾아보기를 해도 좋다.

문제 1. 아빠 없는 아이라고 다 영대처럼 지저분하고 말이 없고 놀림을 당하는가.
2. 영대가 그렇게 당하고 있는데 왜 선생님은 모른 척 하고 계셨을까.
3. 미안하면 꼭 뺏지처럼 물질적인 것으로 표현을 해야 했었나.

위의 책과는 좀 다른 책이 있다. 이 책을 『내 짝꿍 최영대』와 함께 읽히고 다른 점과 같은 점 찾기를 하면 좋은 수업이 된다.

예:p. 325, 작품6 독서감상화 참고

짜장, 짬뽕, 탕수육

종민이네 집은 짜장, 짬뽕, 탕수육을 파는 중국집을 한다. 그래서 종민이는 도시락 반찬으로 짜장을 싸온다. 아이들은 그런 종민이를 놀리고 따돌림을 한다. 화장실에 가면 '왕, 거지' 게임을 하며 반 아이들이 종민이를 골탕 먹인다. 그러나 종민이는 성격이 밝은 아이이다. 그래서 반 아이들이 따돌려도 기가 죽거나 의기소침해지지 않는다. 더 당당하게 더 밝게 학교에 다닌다. 그러던 어느 날, 종민이는 좋은 아이디어를 생각해 냈다. 그리고 아이들이 화장실로 우르르 몰려가자 "짜장, 짬뽕, 탕수육……"이라는 게임을 한다. 아이들은 모두 새로운 게임에 흥미로워한다. 그러면서 종민이와 자연스럽게 화해를 하고 친하게 지낸다.

종민이는 이제 더 이상 외톨이가 아니다.

이 책을 읽은 후 종민이와 최영대의 다른 점을 찾게 하면 종민이는 적극적인 삶의 자세로 스스로 지혜롭게 자신의 일을 개척해 나가는데, 영대는 소극적인 삶의 자세로 살아간다는 것을 알게 된다. 또한 영대는 엄마가 없는 아이지만, 종민이는 엄마, 아빠가 모두 계시다는 점을 발견하게 된다. 그리고 영대는 어두운 데, 종민이는 당당하고 밝은 성격이라는 것을 알게 된다.

또한 『내 짝꿍 최영대』에서 가장 기억나는 그림은?(수학여행에서 우는 장면)이 압권이다.

정말 이 그림은 누가 봐도 가슴을 아리게 한다. 영대의 쪼그리고 우는 장면이 아이들로 하여금 화해를 할 수 있도록 유도한 것 같다. 그래서 아이들이 책을 본 후에 오래도록 기억되는가 보다.

『짜장, 짬뽕, 탕수육』에선 종민이가 화장실에서 소변을 보는 그림이 있는데 아이들은 모두 이 그림이 오래도록 기억에 남았다고 말했다.

이 두 책은 모두 그림과 글이 잘 어우러져서 파도타기를 하는 듯 책장이 술술 넘어간다. 아이들도 이 책을 읽은 후 독서감상문을 쓰게 하면, 편지형식을 많이 선택한다. 그래서 영대에겐 용기를 갖고 앞으로는 더 밝고 명랑하게 지내라는 격려의 편지를 많이 보내고, 종민이에겐 당당한 종민이의 그런 행동을 본받고 싶다고 쓴다.

위의 두 책은 아이들이 가장 좋아하는 책 상위 순위에서 늘 빠지지 않는 책이다.

새 학기가 시작되면 이 책을 자녀들에게 읽히면 좋을 것 같다. 새 학기가 되면 아이들이 불안심리가 고조된다고 한다. 새 선생님, 새 친구들…… 모든 것이 새로운 것이어서 좋기도 하지만 모르는 세계에 대한 두려움도 그만큼 크다고 한다. 이럴 때 위의 세 권의 책을 읽히면 도움이 많이 될 것이다.

좋은 그림책이란?

요즘 책방에 나가보면 얼마나 많은 책들이 봇물처럼 쏟아져 나오는지 정신을 못 차릴 정도다. 1920년대를 아동문학의 전성기라고 한다면 2002년 이후를 제 2의 아동문학 전성기라고 할 정도록 아동문학이 많은 발전을 했다는 보도를 접한 적이 있다. 독서지도사로써 이보다 더 반가운 소식은 없을 것이다. 그러나 너무도 많은 책이 홍수처럼 넘치는지라 그 쏟아져 나오는 책을 다 읽어내는 데에 한계를 느낀다. 그러나 안타까운 것은 그 많은 책 중에 한국작가보다 외국작가의 것이 훨씬 많다는 것이다. 하기야 우리나라보다 외국이 출판물과 인쇄술이 훨씬 발달되어 있고, 그림책에 투자도 많이 하기 때문에 그럴 수밖에 없다고 하지만 그래도 검증도 안 된 많은 아동서적이 쏟아져 들어온다는 것은 좀 심각하게 생각해 보아야 할 문제이다.

우리나라 아동문학가 들이 더 많은 좋은 글을 쓸 수 있도록 투자를 많이 해 주어야 하지 않을까. 그렇다면 외국의 그 어떤 책보다도 훌륭하고 좋은 작품이 많이 나올 것이라 믿는다. 우리나라 그림책이 외국 그림책에 밀리는 현상은 오래전에도 보아왔고, 지금도 책의 판화나 책의 질, 화법과 칼라를 보면 고개를 끄덕일 수밖에 없다.

이제 그 많은 외국 작가의 외국 그림책을 어떻게 판별하여 아이들에게 읽힐 것인가를 생각해 보아야 한다.

첫째, 아이들이 보는 책이니 만큼 눈에 자극적이지 않은 칼라와 색채, 그리고 날카롭지 않은 선을 가진 책, 또한 조잡하지 않은 그림이 좋은 그림책이다.

둘째, 인물 표현이 정확해야 한다. 그림책은 글과 그림이 만나서 조화를 이룬 것이다. 그러므로 인물의 표현이 정확해야 한다. 아이들이 이해하기에 적합하도록 너무 많은 인물의 등장은 피하는 것이 좋다.

셋째, 글의 내용이 잘 구성되어야 한다. 아이들의 책은 대부분 서사적이다. 아침에 일어나서 저녁까지의 일을 그린 내용이 대부분이요, 또한 모험을 하다 깨는 꿈속에서 아침까지의 일이 대부분이다. 아이들이 상상의 세계로 빠져들었다가 환상에서 깨어날 때는 대부분 어른들이 그 역할을 맡아한다. 그래서 환상에서 현실로 빼어내 주는 역할을 어른이 하는 것이다. 예를 들자면 "토미, 이제 일어나서 학교 가야지……" 한다거나, "무슨 꿈을 그렇게 꾸니. 어서 일어나라……" 이렇듯 환상과 현실의 통로에는 항상 어른이 있으므로 어떻게 이야기를 구성해 나가느냐는 매우 중요하다. 그림책의 글을 짧다. 그러나 글로만 읽는 것이 아니라 그림으로도 상상의 세계로 유도하므로 글의 내용이 그림을 잘 구성해 주어야 한다.

넷째, 글의 내용이 구체적이어야 한다. 아이들은 그림책을 읽으면서 상상할 수 있어야 한다. 그러므로 그림책의 글이 너무 단순하면 아이들의 상상을 저해할 수 있으므로 글의 내용을 구체적으로 써야 한다.

예를 들어보자.

> • 비가 왔어요. 민이는 흙탕물에서 뛰어놀았죠. 그랬더니 옷이 더럽게 되었어요.
>
> • 비가 내려요. 나뭇가지에도 유리창에도 주루룩주루룩 굴러 떨어져요. 민이는 문을 열고 나가 빗물이 고여 있는 곳으로 뛰어갔어요. 텀벙텀벙 신발이 젖었어요. 텀벙텀벙 양말이 젖었어요. 텀벙텀벙 바지가 젖었어요. 금세 민이의 하얀 옷이 검은 옷이 되었어요!

위의 두 문장 중에 어떤 내용이 적합할 것인가. 아이들에게 상상력을 줄 수 있는 문장이 좋을 것이다.

다섯째, 문장은 아이들이 쉽게 이해할 수 있도록 복잡한 문장은 피하는 것이 좋다. 아이들은 1차적 언어에 길들여져 있다. 즉 좋다, 나쁘다. 기쁘다. 슬프다. 행복하다. 불행하다. 밉다. 이쁘다. 착하다. 나쁘다…… 등 2차적 언어인, 서글프다. 애달프다. 설렌다…… 등의 언어는 피해야 한다.

여섯째, 반복적이며 리듬감이 있어야 한다. 아이들은 반복적으로 읽음으로써 배경지식이 생겨 흥미와 재미를 더 느끼게 된다. 자기가 아는 세계에 대해 자꾸 반복적으로 확인함으로써 행복해 하기 때문이다. 그래서 아이들이 본 비디오 내용을 알면서도 자꾸 반복해서 보는 것이다. 이것은 아이들의 특성 때문이다. 어른들은 모르는 세계를 새롭게 개척해 나가고자 하지만 아이들은 모르는 세계에 대한 두려움이 있다. 그러므로 아는 것을 반복함으로써 스스로 행복해 한다.

일곱째, 그림의 아주 작은 부분까지 신경 써서 그려야 한다. 어른들은 그림책을 볼 때 글자부터 눈이 가지만 아이들은 그림부터 보게 된다. 어른들은 그림의 중앙부터 보지만 아이들은 대부분 그림을 대각선으로 보거나 좌측에서 우측으로 시선을 옮기며 보거나, 큰 그림보다는 아주 세부적으로 그린 작은 사물부터 보게 된다. 그래서 엄마는 그림책을 다 보고 다음 장으로 넘기려고 하면, 아이가 떼를 쓰며 책장을 붙들고 있는 경우가 있다. 이것은 아이가 그림 속으로 들어가 세부적인 것까지 보고 있기 때문이다. 그렇기에 그림책의 그림은 아주 세부적인 것까지 자세하게 그려야 한다. 그래야 아이들이 상상의 날개를 활짝 펴고 그림의 세계 속으로 풍덩 빠지게 될 것이며, 그림속의 배경에서 놀다 나올 때 행복해 할 것이다.

여덟째, 아이들이 공감할 수 있는 내용이어야 하며, 재미있고 흥미로운 알찬 이야기여야 한다. 그래야 그림책을 읽는 아이들에게 깊은 감동을 줄 수 있을 것이다.

위의 조건들을 염두해 두고 그림책을 고른다면 좋은 그림책과 만날 것이다. 또한 그림책을 볼 때에는 그림책을 만든 사람들이 아이들에게 무엇을 말하고 싶었나 생각해 보면 작가가 전하는 메시지를 읽을 수 있을 것이다.

아이들이 책과 친해지려면 어떤 책과 어떻게 만나는가가 중요하다. 또한 어떤 책과 처음 만났는가도 무시할 수 없다. 아이가 처음 만난 책에서 자기가 기대했던 것과 다른 결과와 당면하면 다음 책을 기피하게 된다. 그러므로 책과 아이를 연결시켜 줄 때 신중하게 고려해야 한다. 처음 책과 흥미롭게 만난 아이는 다음 책과의 만남이 끊어지지 않고 연속적인 만남이 되기 때문이다. 끝으로 어린이의 정서에 맞는 내용인지 살펴보아야 한다. 자기가 살고 있는 세상과 다른 세상의 이야기라고 생각되면 아이들은 금방 싫증을 내게 된다. 그래서 책 속의 주인공을 설정할 때 어디서 본 듯한 인물, 즉 필연성에 의해 작가가 인물을 창조해낸다. 그러므로 책을 읽은 후, 외출을 했는데 강아지가 똥을 싸는 모습을 보면 『강아지 똥』에서의 그 강아지를 생각하고 반가운 마음에 강아지 옆으로 가서 만져보고 싶어 하는 것이다.

마치 그 책 속에서의 강아지가 금방 뛰어나온 것처럼 착각을 하기도 하는 것이다.

그림책을 어떻게 보아야 하는지 위의 제시한 내용들을 참고 한다면 실패하지 않을 것이다. 위의 내용을 참고하여 좋은 그림책과 만나게 되길……

그림책은 좌뇌와 우뇌 모두 발달하게 한다

인간의 뇌는 불가사의 능력이 감추어져 있다고 신문보도나, 많은 논문 발표를 통해 뇌 개발, 그 중요성에 대해 많이 들어왔다. 우뇌의 능력은 한눈에 책 한 페이지를 통째로 기억한다든가, 계산기보다 빨리 계산하는 능력을 가졌다든가, 언어 저장 및 기억 능력이 있다.

인간은 100억 개의 뇌세포를 갖고 있다. 뇌의 무게는 1.4kg이며 자몽보다는 약간 더 크다. 우리의 뇌는 그 능력이 무한하여 개발하면 할수록 그 능력이 극대화된다. 우리는 태어나서 뇌의 10%밖에 활용하고 있지 못하다는 얘기를 들어왔다. 최근 연구에 의하면 10%에도 못 미치는 1%도 쓰지 못하고 있다고 한다. 그런데 놀랍게도 우리의 뇌는 5세 이하의 어린이 경우 90%를 7살의 경우 20%를, 성인의 경우는 2%밖에는 쓰지 않는 것으로 나타났다. 그만큼 우리가 성장하면서 얼마나 뇌를 쓰지 않는지 단편적인 예만 보아도 알 수 있다. 성인도 2%밖에는 쓰지 않는 뇌를 5세 이하의 유아들이 90%나 쓰고 있다니 놀라운 일이 아닐 수 없다.

유아기의 좌뇌와 우뇌에 대한 중요성은 2000년 이후에 더 많은 논문이 발표되고 있다.

다시 뇌의 기능을 살펴보면, 좌뇌는 언어능력, 사고력, 논리성, 이성, 발표력 등을 좌우한다. 보통 좌뇌의 기능은 우리나라 사람들이 많이 발달해 있는데 우리나라 관습 때문인지 오른손을 쓰는 사람들이 대부분 많아 그렇다는 속설도 있다. 우뇌에 대해서도 속설은 끊이지 않고 있다. 우뇌가 담당하는 부분은 이미지뇌, 상상력, 감성(예술), 회화, 창조력, 잠재력 등을 들 수 있다. 그래서 우연인지 모르지만 왼손잡이의 예술가들이 많다는 걸 인식할 수 있다. 그렇다면 우뇌의 능력은 언제 개발시켜야 하는가.

우뇌는 0~4세 사이에 활발하게 움직이다가 4세 이후에는 거의 멈춰 버린다는 설이 있다. 그렇기에 4세 이전에 많은 것을 접하게 하여 아이의 우뇌 능력을 활발하게 확장시켜야 한다. 이러한 사실은 이미 잘 알려져서 4세 이전에 조기 우뇌교육이 필요함을 인지하고 4세 이전의 아이들의 손을 잡고 영재 학원이니, 특수교육학 학원을 찾는 부모들이 늘고 있다. 그러나 그런 극성이 곧 아이들의 우뇌를 발달하게 하는 것은 아니다.

4세 이전에 많은 것을 보여주고 느끼게 해 주고, 가능한 한 많은 교육적 자극을 해 준다면 머리가 좋은 아이로 키울 수 있다. 그 교육적 효과를 얼마나 아이가 누릴 것인가 하는 것은 부모에게 달려 있다. 그 교육적 자극의 하나로 그림책을 많이 접하게 해 주면 좋다. 그림책 속에는 좌뇌를 자극하는 음성언어와 문자언어가 있고 또한 이야기가 사건으로 이어지기 때문에 논리성을 바탕으로 뇌세포를 활성화시킨다. 그리고 그림으로 이야기를 유도해 주기 때문에 이야기의 배경에 빠지다 보면 영상적 뇌세포를 자극하여 우뇌의 뇌세포를 활성화시켜 준다. 그림책을 많이 읽어주면 0~4세 우뇌의 개발이 중요한 만큼 우뇌의 개발에 탁월한 효과를 볼 수 있다. 우뇌의 기능인 이미지 효과와 상상력과 회화적 요소를 자극하여 보다 똑똑하고 머리가 좋은 아이로 키울 수 있을 것이다.

그림책을 통하여 아이의 좌뇌와 우뇌의 기능을 활발하게 해 줄 수 있으므로 유아기 때의 책읽기는 매우 중요하다.

5세 이전에 90%의 뇌를 사용하는 아이들에게 무엇을 어떻게 교육할 것인가? 그것은 사랑과 관심으로 아이가 관심 있어 하는 분야를 빨리 찾아주는 것 또한 중요할 것이다. 그리하여 90%의 뇌를 맘껏 사용할 수 있도록 해 주어야 할 것이다.

알베르트 아인슈타인은 1955년에 사망하고 난 뒤, 그의 유언에 따라 두뇌를 연구용으로 기증하였다. 그런데 두뇌를 해부한 결과 보통사람과 다른 점을 발견할 수 없었다.

이는 곧 어떤 목표를 갖고 두뇌를 꾸준히 사용한 결과가 아닐까. 아인슈타인의 경우를 보더라도 두뇌는 사용하면 할수록 더욱 좋아진다는 점을 간과해서는 안 될 것이다. 천재와 둔재는 차이는 IQ의 차이가 아니라 뇌를 얼마나 사용하였는가에 달려 있지 않을까?

아인슈타인의 교훈처럼 머리를 쓰게 하는 아이로 만드는 것이 곧 영재로 가게 하는 길일 것이다. 또한 영재로 가더라도 얼마나 노력하여 계속적으로 머리를 쓰게 할 것인가가 문제일 것이다. 이와 반대로 유아기 때의 열린 뇌를 부모의 잘못으로 닫힌 뇌로 만들어 버릴 것인가는 심각하게 생각해 볼 문제이다.

내 아이 똑똑하고 머리 좋은 아이로 키우고 싶은가! 그렇다면 유아기 때 그림책을 많이 만나게 해 주자. 그림책 속에는 다양한 세계가 있다. 그 세계를 통해 다각적인 사고를 할 수 있다.

전기문은 이렇게 읽어야 한다

전기문은 문학성과 예술성, 그리고 역사성을 지니고 있어야 좋은 전기문이라 할 수 있다. 전기는 동양에서보다 서양문화에서 먼저 발달했다. 서양사회는 개인주의와 민주주의가 먼저 발달했으므로 전기문이 활성화될 수 있었다.

전기서의 구분은 누가 썼느냐를 기준으로 볼 수 있는데, 전기의 주인공이 스스로 본인의 이야기를 썼다면 자서전이고, 제 3자가 위인의 이야기를 써 주었다면 전기문으로 본다.

전기문 형식으로는 전기서문, 소설화된 전기문, 또한 인물설화 식의 전기문도 있다.

인물설화로는 『임경업전』을 들 수 있는데, 임경업이 서해바다를 군사들과 중국으로 건너가기 위해 건널 때 바다에 나뭇가지가 떠다녔는데, 그 나뭇가지가 조기가 되어 주렁주렁 열리더라······식의 허구성이 짙은 설화 형식으로 쓰여졌다.

자서전 형식으로는 이순신의 『난중일기』를 들 수 있다. 이순신 본인이 직접 임진왜란의 전쟁 중의 일을 겪으면서 일기를 쓴 것이 『난중일기』이다.

좋은 전기문이란? 아이들이 전기의 인물 속으로 투영되어 그 인물과 일체감을 느낄 수 있는 작품이 아이들에게 좋은 전기문이 된다. 인물의 업적을 바탕으로 쓴 것이 아니라 위인의 삶의 과정을 통해 아이들이 스스로 자신의 삶과 닮은 점을 찾고, 위인이 역경을 딛고 일어난 것을 마음에 담아두고 오래오래 기억할 수 있는 것이 좋다.

"세종대왕이 누구죠?" 그렇게 물으면 "대부분 한글을 창제한 사람이에요. 또는 해시계, 물시계를 발명한 훌륭한 임금이에요"라고 대답을 한다. 이것은 세종대왕을 말하는 것이 아니라 세종대왕의 업적을 이야기 한 것이다. 세종대왕은 간 곳 없고 세종대왕이 한 일에 대해서만 알고 있는 것이다. 그러나 이제 전기문을 읽고 이렇게 위인의 업적만 머리에 남게 읽으면 안 된다. 세종대왕이 어떻게 살아왔으며, 삶의 방법이 어떠했는지 삶의 과정을 들여다볼 줄 알아야 한다. 그것이 전기문을 올바르게 읽는 것이다.

지난 겨울, 방학 특강에 위인전 읽고 닮고 싶은 점 이야기하기 시간이 있었다.

발표를 한 학생은 3학년 김동민이었다.

"선생님. 저는 세종대왕을 읽고 그동안보다 더 좋아하게 되었어요."

"어떤 점이 김동민을 그렇게 감동하게 만들었을까?"

"충녕대군일 때였어요. 병약한 충녕대군이 책만 가까이 하고 매일 책만 읽으니 상감이 알아보게 했어요. 왜 그렇게 병약한지 알아보도록 하여라. 그랬어요. 그래서 알아봤더니 잠도 안 자고 책만 읽는다는 걸 알고, 상감마마가 화를 내면서 충녕대군의 방에 있는 책을 모조리 다 치워버려라 그랬대요. 그래서 신하들이 모두 책을 치우기 시작했대요. 그런데 책 한 권이 땅 바닥에 떨어지더래요. 그래서 도포로 가리고 서서 엉엉 우는 시늉을 했대요. 그렇게 한 권의 책을 얻은 충녕대군은 매일매일 그 책을 읽고 또 읽고, 읽고, 또 읽었대요. 그렇게 수백 번도 더 읽었대요. 그랬더니 이제는 책을 보지 않아도 그 내용을 모두 알 수 있게 되었대요. 이제는 캄캄한 밤에도 빛이 없는데도 손으로 책을 넘겨가면서 웅얼웅얼 책 내용을 읊을 수 있게 되었는데 어느 날, 웅얼웅얼하는 소리를 듣고 신하가 물었대요. 그런데 한문은 뜻과 음으로 되어 있어서 음만 읽으니 신하가 그 뜻을 모르더래요. 그래서 생각했대요. 우리나라 말로 된 책이라면 모두 알아들을 텐데 하고 그래서 한글을 만들어야지 생각을 하기 시작했대요. 정말 놀랍지 않아요? 어떻게 그런 생각을 하게 되었는지……. 나라면 그렇게 까지 열심히 책을 읽었을까요? 정말 감동했어요."

그 때 그 아이의 눈에선 빛이 초롱초롱했다. 책이 그 아이를 그렇게 달라지게 한 것이다. 책은 그런 힘을 가졌다.

한 권의 책이 내 인생을 이렇게 달라지게 했다. 어느 위인의 이야기이다. 위인전은 이렇게 위인의 삶을 읽으면서 아이들에게 꿈과 희망을 주어야 할 것이다. 주입식으로 어느 위인이 어떤 업적을 남기었는지 그것을 인지하고 암기하게 하는 것이 올바른 교육은 아니다. 이제는 위인전을 쓰는 작가들도 달라져야 한다. 어른의 시각에서 교훈적인 글을 쓸 것이 아니라 아이들의 시각에서 아이들의 마음으로 위인전이 쓰여져야 할 것이다.

다행히 20세기에 들어서면서 다양한 사고력으로 전기문 전문 작가들이 배출되어 지금까지와는 다른 전기문을 기대할 수 있게 되었다.

예:p. 326, 작품8 전기문 수업, 이렇게 해 봐요 참고

전기문 수업 이렇게 해 보세요

전기문 수업을 하다 보면, 늘 느끼는 것이지만 우리나라 교육이 얼마나 파행적이었는지 절절하게 느끼게 된다. 아이들에게 위인의 사진을 펼쳐들고 물어보면 100명 중에 3명 정도 밖에는 알아맞추지 못한다.

그러면 아이들이 이름은 알고 있는지 세종대왕, 김구, 안창호, 안중근, 윤봉근, 링컨……등을 이름을 외치면 고개를 끄덕인다. 나는 조금 전에 맞추지 못한 위인의 얼굴 밑에 이름을 하나씩 아이들에게 가르쳐 주면서 붙이게 했다. 그러면 아이들 반응은 매번 똑같다.

"선생님, 세종대왕은 알아요. 만 원짜리에 그려져 있잖아요."

그랬다. 그래도 세종대왕의 얼굴은 모두 정확하게 알고 있었다. 그나마 얼마나 다행스러운 일인가. 그래서 이번엔 아이들에게 이름 밑에 별명을 붙여보라고 했다. 그러자 모두 재미있게 수업에 임했다. 그런데 아이들이 제대로 위인전을 읽지 않는지, 업적만 간혹 가다 맞출 뿐 그 사람이 살아온 삶에 대해 이야기를 하지 못했다.

아이들에게 왜 위인전을 제대로 읽지 않느냐고 물었다.

"선생님. 뻔하잖아요. 역경을 딛고 일어났으니까 훌륭한 사람이 되었다는 내용이잖아요. 그리고 엄마가 책 다 읽었냐고 물어 보는 게 뭔지 아세요? '그 사람이 뭐하는 사람이니?' 라고 묻는 걸요. "

위인전을 제대로 읽을 수 있도록 옆에서 지도해 주는 어른이 없다는 것이 제일 큰 문제였다. 그래서 어떻게 하면 아이들에게 위인전을 잘 읽을 수 있도록 지도할까 고민했다. 그리고 생각해 낸 방법들이 다음의 방법들이다.

스무고개

1. 아이들을 양 팀으로 나누어 앉게 한다.
2. 수수께끼를 내듯 한 가지씩 질문을 한다.
3. 20개의 질문을 다 하기 전에 먼저 위인의 이름을 알아맞추는 팀이 이기는 것이다.
4. 위인의 이름을 맞춘 팀은 스무고개에서 얻은 정보를 필기하게 한다.
5. 위인전을 팀에서 각자 읽을 만큼의 분량을 나누어 읽는다.
6. 읽어온 분량에 대한 이야기를 서로 돌아가면서 해 준다.
7. 스무고개에서 잘못 알고 있었던 부분을 수정한다.

나는 누구일까요?

1. 위인의 사진을 20장 정도 준비한다.

2. 아이들에게 인기투표를 하게 한다.

3. 왜 그 사람에게 표를 던졌는지 물어본다.

4. 나머지 사람이 무엇을 하는 사람인지 알아맞춰 보기를 한다.

5. 아이들이 맞춘 답과 맞는지 사진의 뒤를 보이며 이름을 확인하게 한다.

6. 위인의 한 사람을 뽑게 한 다음 한 일과 닮고 싶은 점을 찾아 이름으로 삼행시를 지어오게 한다.

퍼즐 게임

1. 퍼즐 조각을 쭉 펼쳐놓는다.

2. 아이들에게 퍼즐의 낱말을 한 장씩 돌아가면서 읽어보게 한다.

3. 읽는 동안 무엇을 하는 사람인지 유추해 보게 하고 비슷한 일을 한 사람을 나열하게 한다.(예-독립운동가, 김구, 윤봉길, 안창호, 안중근……)

4. 퍼즐을 연결해서 이야기를 꾸며 보도록 한다.

나는 누구일까요? ( )

1909년 10월 26일 기차역	어려서 골목대장을 함	어려서 신동이라고 불림	부잣집의 맏아들이었다
1905년 나라의 주권을 빼앗기다	가슴속, 권총	16살 때 동학혁명	러시아 군대 사열
두만강, 연추에서 동지들을 모음	1908년 30살에 독립대장을 맡음	러시아로 감	천주교 신자였다. 세례명 '도마'
삼흥학교를 세움	1907년 일본이 고종을 몰아냄	만주 하얼빈에서 활동	일본군과 싸우기로 결심
황해도 해주에서 으앙! 태어남	애국심	감옥	이토 히로부미

연 만들기

　위인전을 읽고 아이들에게 위인의 업적과 어떤 삶을 살아왔는지 살아온 과정을 정확하게 알게 하는 것도 중요하지만 책을 읽고 난 후, 오래도록 아이들의 기억속에 추억으로 남게 해 주는 것도 중요한 활동이다.

　지난 겨울 특강 때의 위인전 수업은 아이들에게 많은 호응을 얻었다.

　그 날 위인전은 『방정환 선생님』을 선택했다. 아이들에게 10명의 위인을 준비해 가서 뽑으라고 했더니 방정환 선생님을 뽑았기 때문이었다. 나는 위인전 외에 『뚱보 방정환』이라는 창작 동화집도 함께 준비해 갔다. 그리고 위인전을 읽어주기 전에 먼저 방정환 선생님이 쓰신 창작집에서 『만년셔츠』를 읽어주기로 하고, 준비해 온 삽화를 모둠별로 나누어주고 색칠을 하도록 하였다. 아이들은 색칠을 하면서 만년셔츠의 제목을 보고 만년동안 입는 셔츠라고 말하면서 벌써 책 속으로 들어가고 있었다. 아마도 만년 동안 입으면 다 떨어져서 너덜너덜해질 거라면서 웬만큼 질긴 천으로 만들지 않으면 안 될 거라면서 모둠의 아이들은 서로의 생각을 주고받았다.

색칠이 다 끝나고 아이들에게 삽화를 이야기 순서대로 맞추어 보라고 했다. 그리고 이야기의 내용을 '만년셔츠'라는 4행시로 지어 보라고 했다.

아이들은 모둠별로 완성한 만년셔츠의 4행시를 앞에 놓고, 책을 읽어주기만을 기다렸다. 초롱초롱한 눈빛의 아이들은 이미 책으로 시선을 모으고 교실 안은 조용했다. 뒤에 참관수업을 하기 위해 모인 자모들도 모두 조용히 기다리고 있었다. 책을 펼쳐 읽기 시작했다. 아이들은 창남이의 행동이 예사롭지 않은 듯, 시무룩해졌다. 그러다 창남이의 어머니가 앞을 보지 못하는 부분을 읽어주자 뒤에 있는 엄마를 돌아보고 울먹한 아이도 있었다. 창남이는 자신의 어두운 현실을 꿋꿋하게 이겨내고 자신의 처지를 비관하는 법이 없는 아이였다. 아마도 아이들은 모두 창남의 씩씩하고 밝게 살아가는 모습이 남다르게 느껴지는 것 같았다.

만년셔츠가 만년 동안 입는 셔츠가 아닌 맨살이었다는 사실이 아이들은 의외였는지 자기들이 써 놓은 4행시를 다시 보더니 멋쩍어했다.

책을 다 읽어주고 생각나는 어휘를 준비해 온 색종이에 모두 쓰게 했다. 아이들은 열심히 색종이에 자기들이 들었던 어휘를 생각나는 대로 적었다. 적어둔 색종이를 옆으로 밀어놓게 하고 이번엔 뒤에 있던 자모들을 모두 자녀들 옆에 앉도록 했다. 그리고 방정환 선생님에 대한 사전지식을 모두 나누어 준 A4 용지를 반을 접어 윗 면에 쓰도록 했다. 그러자 머쓱해 하며 4~5줄을 쓰더니 펜을 놓았다. 그리고 그 사전지식이 정확하냐고 묻자 빙긋이 웃었다. 자모들이 아는 방정환 선생님은 어린이 날을 만든 사람, 어린이를 무척 사랑하는 사람, 그리고 색동회를 만든 사람 정도 였다.

자모들 중 방정환 선생님에 대한 위인전을 제대로 읽은 사람이 없었다. 나는 우스개 소리로 "전부 읽고 오셨으면 제 수업이 재미없었을 뻔 했는 걸요. 다행이네요. 그렇죠?"라고 했다. 그러자 조용했던 강의실 분위기는 화기애애해졌다.

잠시 숨을 고르고, 방정환 선생님에 대한 위인전의 일부분을 읽어주었다. 그리고 나머지 부분은 압축해서 이야기로 해 주었다.

방정환 선생님이 얼마나 뚱뚱했던지, 일본에 있을 때 어느 잡화점에 가서 허리띠를 사러 갔는데 맞는 허리띠가 없어서 못 사고 나왔다는, 또 어느 날 급한 일이 있어서 택시를 탔는데 택시가 움직이질 않아서 약속 시간에 늦었다는 책에 없는 사담도 해 주었다. 그리고 입담이 얼마나 좋으셨는지 감옥에 계실 때 같이 투옥되어 있던 사람들에게 매일 매일 재미있는 이야기를 해 주시다가 방정환 선생님이 풀려나시자 투옥되어 있는 사람들이 "선생님이 이렇게 가시고 나면 그동안 즐거웠던 감옥 생활이 이제 지옥이 되겠지요?"라고 했다는 이야기도 했다. 그리고 얼마나 일에 열정이셨는지 방송국에서 구연을 하시다가 코피를 줄줄 흘리시면서도 끝까지 방송을 진행하셨는데 입고 있던 와이셔츠가 빨갛게 피로 물들었었다는 이야기도 해 주었다. 방정환 선생님이 번역에도 힘을 쓰셔서 많은 외국 창작동화를 선생님께서 번역하셨다는 것도, 독립운동을 하신 손병희 선생님의 사위라는 사실도 그리고 31살에 당뇨와 과로로 31살의 아까운 나이에 돌아가셨다는 것도, 이야기 형식으로 수업을 진행하였다.

위인전을 한 번 훑어 읽어준 뒤, 자모와 아이들에게 생각나는 것을 모두 미리 나누어준 손가락만 한 크기의 색종이에 쓰도록 하였다. 그리고 엄마와 함께 써놓은 색종이를 연 꼬리에 붙이게 했다. 이내 강의실 안은 연을 만드는 작업장이 되었다. 많이 어휘를 쓴 팀은 이내 긴 꼬리의 연이 되어갔다. 꼬리를 다 붙이고 난 뒤 연의 몸통에 방정환 선생님에 대한 생각그물을 엄마와 함께 하도록 했다. 인물란에는 방정환 선생님의 사진을 보여주며 아바타로 그리도록 하였고, 배경, 사건, 닮고 싶은 란에는 엄마와 아이가 각각 다른 색 펜으로 쓰도록 하였다. 완성된 연을 보며 자모와 아이들 모두 재미있어 했다. 아이들은 자기가 만든 연에 상처가 날까 봐 조심스럽게 다루었다.

"선생님. 이 연이 정말 날 수 있을까요?"

연 꼬리가 길어서 걱정이 되었던 모양이었다. 그러면서도 꼭 날 수 있을 거라고 믿고 있는 것처럼 보였다. 아이들뿐만 아니라 함께 수업에 참관한 자모들도 매우 즐거운 수업이었다고 말해 주었다.

"선생님. 우리들도 이런 수업을 받을 수 있었으면 지금쯤 이렇게 가정주부로만 있지 않았을 텐데요. 왜, 우리 부모님들은 우리들에게 이런 교육을 시켜주지 못했을까요?"

그러자 옆에서 듣고 있던 또 다른 자모가 말했다.

"그 땐, 먹고 살기가 급급했잖아요. 어디 아이들에게 이런 관심을 쏟을 시간들이 있었나요? 그래도 우린 요즘 아이들처럼 시간에 쫓기진 않았던 거 같아요. 엄마가 밥 먹어라! 그렇게 찾으러 다닐 때까지 골목길에서 놀지 않았던가요?"

자모들은 아이들과 함께 만든 연을 가지고 밖으로 나오며 모두 입가에 웃음이 걸려 있었다. 색색의 꼬리를 단 연들이 줄줄이 행렬을 했다. 아이들은 모자를 눌러쓰고 장갑을 끼고 연을 날릴 생각에 신나했다. 아이들의 뒤를 따라가는 엄마들의 표정도 한껏 기대에 부푼 얼굴이었다.

다행히 바람이 적당히 불었다. 넓은 운동장에 모여 아이들은 연을 들고 앞으로 뛰어가고, 엄마는 뒤에서 연 꼬리가 땅에 끌리지 않도록 붙들며 뛰는 모습이 너무 보기 좋았다. 아이들도 자모도 모두 행복해 보였다.

그런 모습을 뒤에서 지켜보면서, '이렇게 추억을 만들며 위인전을 읽힌다면 아이들은 모두 위인을 오래도록 가슴에 담아두고 좌절이 있을 때마다 위인의 삶을 떠올리며 용기를 얻지 않을까?' 하고 생각했다.

위인전을 읽고 위인과 관련된 곳 방문하기

우리나라 위인전을 읽고 아이들과 어떤 활동을 하면 좋을까요? 아이들은 책을 읽은 후에 그 위인은 나와 다른 사람일 것이라는 생각을 하기 쉽다. 이럴 때 위인전을 읽은 후 아이들을 데리고 위인이 살았던 집을 방문한다거나, 위인의 동상이 있는 곳을 방문한다거나, 위인이 만들어 놓은 건축물이 있는 곳을 방문한다거나, 위인에 대해 전시해 놓은 박물관을 찾는다거나 하는 수업이 좋다.

아이들은 여행을 통해서 마치 위인의 살았던 과거 속으로 들어가는 환상을 꿈꾸기도 한다. 그래서 아이들에게 꿈과 희망을 갖게 한다. 또한 위인의 삶을 더듬어 가면서 역사에 대한 바른 인식도 할 수 있게 된다. 아이들은 자기만의 세계에 갇혀 있기가 쉽기 때문에 이런 열린교육을 자주 현장 속에서 했으면 하는 바람이다. 아이들이 위인의 업적을 달달 외우게 하는 것은 아이들에게 많은 도움을 주지 못한다.

지난 여름특강 때, 허균과 허난설헌에 대해 수업을 하였다. 마침 방학 때라서 1박 2일로 아이들과 허난설헌 유적지를 방문했다. 위인전을 직접 챙겨오게 하여 기차에서 버스에서 아이들이 서로 돌아가면서 부담 없이 한두 쪽씩 읽게 했더니, 강릉에 도착하기 전에 이미 모두 읽고 아이들은 허난설헌은 어떤 사람인가 궁금해 하는 것 같았다. 허난설헌의 동생이 허균이라는 것과, 홍길동전은 우리나라 최초의 소설이라는 것도 알려주며 홍길동전에 대해 아이들과 이야기하다 보니 버스는 강릉에 도착했다.

우리들은 강원도 문화재 제59호인 허엽의 생가를 방문했다. 아이들은 늘 보는 한옥이었는데도 유심히 살피고 그 안에서 사진을 찍고 아주 자세히 기록을 하고 있었다.

허날설헌 시비공원으로 가면서 아이들은 더위 때문에 힘든 것 같았는데도 누구도 쉬어 가자는 말을 하는 아이는 없었다. 허균문학비를 보면서 아이들은 깨알 같은 글씨로 자료가 될 만한 것들을 공책에 적었다. 이런 활동을 통해서 아이들은 스스로 공부하는 학습태도를 배워가는 것이다. 아이들의 진지한 표정을 보면서 '이런 독후활동을 자주 해야 되겠구나' 생각했다.

그런데 아이들이 허난설헌의 묘는 어디에 있느냐고 물었다. 나는 허난설헌의 묘가 경기도 광주시 초월면 지월리에 있다고 말해 주었다. 그러자 아이들이 그곳도 가보고 싶다고 말했다.

아이들이 이 수업을 통해서 많은 것을 보고 느끼고 생각하는 것 같아서 참 행복했다.

이렇게 위인전 수업을 책을 읽는 것으로 다 했다고 생각하지 말고 이런 활동을 통해 아이들과 호흡을 함께 하면서 성장해 가는 아이들의 모습을 느껴보는 것도 좋을 것 같다.

책은 왜 읽어야 하는가?

책을 왜 읽어야 하느냐는 질문을 성인에게 하면, 거의 비슷한 대답이 나온다. 지식과 정보를 얻기 위해서, 삶을 보다 윤택하게 살기 위해서, 건전한 인격을 형성하기 위해서…… 일반적으로 듣게 되는 대답과는 달리 아이들의 대답은 다양하다. 그래서 나는 아이들 수업을 나가면 "여러분, 책을 왜 읽어야 하나요?"라든가 책을 읽어야 하는 이유를 가르치려고 하지 않는다.

먼저 화이트보드에 포도를 그리고, 아이들에게 나와서 책을 읽으면 무엇이 좋은지 써보라고 한다. 늘 강조하는 것이지만, 자신의 의견을 분명하고 자신감 있게 쓰라고 말해 준다.

아이들이 우르르 몰려나와 포도알을 채우려고 하면, 의견에는 정답이 있나요? 라고 묻는다. 그러면 "아니요!!!"라고 대답을 한 뒤 망설이지 않고 생각한 것을 자신감 있게 적는다.

아래의 내용은 아이들이 책을 읽으면 좋은 이유를 쓴 것이다. 그 내용을 살펴보면 책은 왜 읽어야 하는지 수직적으로 가르치지 않아도 책을 읽어야 하는 이유를 아이들은 너무 잘 알고 있음을 알 수 있다. 이 수업을 통해 아이들에게 책을 읽어야 한다는 걸 가르치기보다 어떤 책을, 어떻게 읽으면 더 재미있고 흥미롭게 읽게 되는지 방법론을 가르치는 것이 더 중요하다는 걸 깨달았다.

책을 읽으면 좋은 점

몰랐던 것을 알게 된다.	새로운 지식을 얻는다.	책 읽으면 즐겁다.	엄마가 예뻐한다.
어른들께 칭찬을 받는다.	친구와 얘깃거리가 생긴다.	내 생각과 같은 점을 발견하게 된다.	나하고 닮은 주인공을 보면 기분이 좋아진다.
나보다 힘든 주인공을 보면 힘이 생긴다.	공부에 도움이 된다.	어휘를 많이 알게 된다.	글을 잘 쓸 수 있다.
마음이 착해진다.	훌륭한 사람이 되고 싶은 생각이 든다.	생각할 것이 많이 생긴다.	작가가 되고 싶은 꿈이 생겼다.
좋은 책을 친구에게 권해 줄 수 있다.	머리가 좋아진다.	동생이 모르는 걸 가르쳐줄 수 있다.	선생님께 칭찬 듣는다.

독후감을 쓰면서 책 내용을 생각한다.	독서감상문 대회에서 상을 타서 좋다.	엄마가 선물을 사준다.	심심하지 않다.
마음이 행복하다.	재미있는 책은 웃음이 난다.	책을 다 읽고 나면 보람 있다.	정신이 살찐다고 해서 좋은 것 같다.
말을 잘 할 수 있다.	애들이 나를 좋아한다.	모르는 걸 애들이 나한테 물어본다.	만물박사가 된다.
책에서 본 걸 따라하게 된다.	불쌍한 사람을 보면 돕고 싶어진다.	왕따를 시키면 안되겠다고 깨달았다.	책이 많이 생긴다.
착하게 자라고 싶다.	솔직한 사람이 된다.	성실하게 살면 성공한다는 걸 배웠다.	상상할 수 있어서 좋다.

아이들을 다 안다고 생각하지 않기로 했다. 아이들은 수직적 교육보다는 수평적 교육을 좋아하며, 가르침을 얻기보다는 함께 말하고 공감하기를 좋아한다는 걸 배웠다. 아이들은 책을 읽고 훌륭한 사람이 되겠다고 말하지 않았다. 그러나 어른들은 "훌륭한 사람이 되기 위해서 책을 많이 읽어야 해!"라고 가르쳐 왔다. 그러니 지금까지의 독서교육이 파행적 교육이 되었던 것이다. 절름발이식 교육을 지금부터라도 개선해야 할 것이다. 아이들의 교육은 아이들의 시선에서 계획되고 실행되어야 할 것이다. 아이들이 원하는 것이 무엇인지, 아이들이 바라는 것이 어떤 교육인지 열린 대화를 통해 아이들의 생각부터 알아보아야 할

것이다. 문제해결을 위해서는 문제점에 부딪혀야 할 것이다. 무엇이 문제가 되는지 모르는 상태에서 교육개선을 한다는 건 구름 위에 집을 짓는 것과 같은 결과를 초래할 것이다.

　책읽기 교육도 아이들의 생각을 먼저 고려한 후에 어떻게 하면 보다 좋은 환경 속에서 책읽기 교육을 할 것인지 방법을 찾아야 할 것이다.

　이제는 책읽기가 왜 중요한지를 가르치던 시대는 지났다. 책읽기를 어떻게 시킬 것인지를 논해야 할 것이며, 책을 행복하게 읽을 수 있도록 환경을 만드는 일이 선행되어야 할 것이다.

책 읽으며 아이들과 함께 추억을 만들어요

"선생님, 우리 아이가 요즘 말을 통 안 들어요. 요즘은 미운 4살이라 더니……."

사실 아이들이 말을 안 듣는 것은 문제될 일이 아니다. 우리도 그런 유아시기가 있었고, 떼를 쓰며 엄마 품에서 자랐다. 아이들이 말을 안 들을 때는 잠시 등을 돌리고 호흡을 하자. 그리고 관심이 필요해서 그런 것이라고 생각하고 아이와 함께 시간을 보내보자.

특강에서 했던 수업을 그 주부에게 해 보게 했는데 아주 좋은 반응이 있었다.

책 선정- 오른발 왼발(아빠와 함께 온 가족이 하는 가족활동이다.)

방법- 1. 밀가루 풀을 넉넉하게 써 놓는다.

2. 플라스틱 그릇 서너 개에 풀을 각각 덜어 놓는다.

3. 각각 다른 색의 물감을 풀어 아이와 함께 섞는다. 느낌이 어떤지 물어본다.

4. 바닥에 켄트지 몇 장을 놓고 아이에게 양말을 벗게 한다.

5. 이 때 아빠는 아이의 손을 잡아준다. 풀이 미끈미끈해서 미끄러질 염려가 있다.

6. 엄마는 책을 읽어준다.

7. 아이를 물감을 풀어놓은 대야에 들어가게 한다. 그리고 오른발, 왼발 아빠와 함께 말을 하면서 하얀 켄트지에 발도장을 찍게 한다.

예:p. 327, 작품9 『오른발 왼발』을 읽고, 함께한 독후활동 참고

"선생님. 아이가 너무 좋아하더라구요. 사실 제가 너무 게을렀어요. 아이들이 저를 못살게 군다고만 생각했지…… 말도 아주 고분고분해졌어요. 이거 잘 말려서 자기 방에다 붙여 달래요. 자주 해 달라고 하면 어쩌죠?"

나는 웃으며 "자주 해 주시면 돼죠 뭐."라고 말했다. 돌아가는 그 주부의 발걸음이 날개를 단 듯 가볍게 보였다. 아이는 아마도 좋은 추억이 되었을 것이다. 가족 모두에게도 잊지 못할 추억으로 오래 기억될 것이다. 이런 활동을 자주 해줌으로써 아이의 인성에 많은 도움이 될 것이다. 아이는 엄마 아빠에게 관심과 사랑을 받고 있다고 느끼기 때문에 사랑을 나눌 줄 아는 아이로 자랄 것이다. 이런 노력 없이 어떻게 아이를 잘 키울 생각을 하겠는가.

아이는 화초와 같다. 관심을 갖고, 물을 주고 사랑을 듬뿍 주어야만 시들지 않고 튼튼하게 뿌리를 내리게 될 것이다. 이제 그림책을 읽어주고 보여주는 책으로 아이들에게 독서활동으로 끝내지 않고 놀이를 통한 독후활동으로 연계한다면 아이들에게 즐겁고 행복한 경험이 될 것이다.

상처받은 아이들을 치료하는 방법으로 독서치료법이 있는데 이것도 이런 다양한 독후활동의 하나이다.

책 먹는 아이들과 책 먹이는 엄마

이 세상에 책은, 밤하늘의 별 만큼이나 많다. 그러나 별빛이 흐리다고 별이 없는 것은 아니듯이 빛을 보지 못한 책이라고 나쁜 책이거나 없어져도 괜찮은 책은 아니다. 오랜 세월을 두고 사라지지 않고 묵묵히 아동도서 자리를 지키고 있는 우리나라 작가의 주옥같은 책을 아이들에게 꾸준히 읽혀야 한다.

정신이 살아있는 우리나라 작가들의 작품을 아이들에게 계속 읽혀야 한다. 아이들은 판단력이 정확하지 못하므로 스스로 찾아서 읽는다는 건 기대하기 힘들다.

아이들에게 꼭 읽었으면 하는 책 중에 우리나라 작가들 것이 많다. 그 중 방정환 선생님이나 마해송 선생님, 그리고 권정생 선생님들의 책을 권하고 싶다. 아이들은 지금과 아주 동떨어진 시대의 배경이 된 책은 꺼려한다. 왜냐하면 보지 않은 세상에 대한, 낯선 언어에 대한, 모르는 세상에 대한 것은 상상하기가 어렵기 때문이다.

아이들은 배경지식으로 책을 읽는다. 배경지식이 없는 것은 마치 시각장애인처럼 더듬거리며 더디게 읽어야 하기 때문에 끝까지 읽지 못하고 포기하고 만다. 그런 책들이 많아지면 아이들은 책 읽는 흥미를 잃어버리게 된다. 이럴 때 아이들을 잘 지도해 주어야 한다. 이것이 엄마의 몫이 되고, 독서지도사들의 몫이 된다.

아이들이 책을 읽으며, 책은 책에 대해 체하지 않게 하려면 즐거운 마음으로 책을 먹을 수 있게 환경을 만들어주어야 한다. 책을 잘 먹지 못하면 탈이 난다. 탈이 나지 않게 하려면 아이가 먹기 좋게 썰어주거나 아이가 즐거운 마음으로 천천히 씹어먹을 수 있도록 먹는 방법을 알려주는 것이 중요하다. 그렇다면 어떻게 아이가 책을 먹을 수 있게 도와주어야 할 것인가.

창작집의 경우 단편모음이기 때문에 한 편씩 읽게 하면 좋다. 장편일 경우에는 조금씩, 아이가 소화해 낼 수 있을 만큼의 분량으로 책을 나누어 읽혀야 한다.

이제 책을 읽을 때 아이들이 어떻게 하면 재미있고, 행복하게 책을 읽을 수 있을지 책 요리를 해 보도록 하자.

아이들과 함께 수업하면서 가장 맛있어 하고 모든 영양분이 골고루 들었던 메뉴로 권한다면 책 만들기이다. 이제 책 만들기를 해 보도록 하자.

첫째, 읽을 책을 정한다.

둘째, 정한 책을 복사한다. 이 때 너무 두꺼우면 안 된다. 1시간 분량으로 수업할 수 있는 것이 좋다.

셋째, 아이와 복사물을 A4용지를 반을 접어서 끈이나 스테이플러로 고정시키고 묶는다.

넷째, 아이와 책 표지를 예쁘게 꾸민다.

다섯째, 책 표지에 제목과 출판사를 새로 꾸며 붙이게 한다.(세상에 하나밖에 없는 책이 되므로 아이는 책에 애착을 갖게 될 것이다.)

여섯째, 책날개마다 번호를 붙인다.

일곱째, 책을 읽히기 전에 엄마나 독서지도사는 아이가 만든 책을 가지고, 책 내용을 파악한 뒤 책 안에 여러 가지 흥미를 가지고 재미있게 읽을 수 있도록 책 속을 꾸며 준다.

이런 과정으로 책을 만든 뒤, 수업은 그 다음 시간부터 하는 것이 좋다. 아이가 책을 만들어 놓고 읽고 싶어 안달이 날 것이다. 그러나 쉽게 읽게 하면 그만큼 흥미가 떨어진다. 그러므로 만든 책을 며칠 뒤에 읽게 하는 것이 좋다.

위와 같이 책 만들기를 통해 아이들은 책을 재미있게 읽게 되고, 읽은 후에 오래도록 간직하고 싶어하고 소중하게 간직하게 된다. 이렇게 직접 아이들과 책을 만들어 보면 책방에서 구입한 책이나 빌린 책으로 책읽기를 한 아이보다 훨씬 행복해 한다.

예:p. 327, 작품10 세상에 하나 밖에 없는 내가 만든 책 참고

책 읽은 후, 감명 깊었던 장면 그려보기

독후활동으로 미술교육을 접합시키기 이전엔, 독서교육은 글로 시작해서 글로 끝나는 수업이라고 생각하는 자모들이 많았다. 문자언어를 시각화하여 아이들에게 즐거움을 줄 수 있는 활동으로 시작한 이 수업모형은 아이들에게 좋은 호응을 얻었다. 아무리 훌륭한 교육계획안이라 할지라도 아이들에게 호응을 얻지 못하면 그것은 죽은 교육이라고 생각한다. 아이들은 솔직하다. 아이들은 표정으로 대답한다. 가만히 책을 읽는 아이들을 관찰해 본 적이 있다. 일 주일에 두세 번씩 도서관에 가야 하는 직업이므로 도서관에서 오랜 시간 책 읽는 사람들 틈에서 책을 보고 오는데 그 때마다 아이들이 몰려있는 아동도서 쪽으로 가며 슬며시 아이들의 책 읽는 모습을 관찰하는 것이 습관처럼 되어 버렸다. 책에 몰입해 있는 시간이 긴 쪽은 어른이지만 책으로 빠져들기까지 걸리는 시간이 짧은 것은 아이들이다. 아이들은 책이 재미없으면 금방 심드렁해지고 머리가 자꾸 기울어 턱을 괴고 간신히 책장을 넘기고 본다. 그러나 자기가 읽고 싶었던 책이거나 재미있는 책은 첫 장을 넘기자마자 이미 책 속으로 빠져들어 간다. 그렇게 책에 몰입해 있는 아이들의 표정을 살펴보면 더없이 행복해진다. 바라보고 있다는 것만으로 행복해진 나는, 몇몇 아이들이 책을 다 읽고 나서 읽은 책을 자꾸 처음부터 책장을 넘기는 것을 보고 직업정신이 발동을 했다. 그래서 옆으로 다가가 앉았다. 그리고 가지고 갔던 스케치북과 크레파스를 꺼내 아이들에게 내밀고, 만지작거리고 있는 책을 보며 말했다.

"무척 재미있었나 보네? 그런데 가지고 갈 수 없어서 속상하지? 그럴 때 이렇게 해 보면 참 좋은데. 자, 여기다 가장 감명 받았던 장면이 어디 였는지 그려가는 거야. 그러면 집에 가져가서 책상 앞에 붙여 놓고, 오래도록 보면서 기억하면 좋겠지?"

아이는 무척 반가워하면서 크레파스를 집어 들었다. 한 삼사십 분쯤 흘렀을까? 아이는 책 속의 장면을 훌륭하게 그려냈다. 그리고 책과는 조금은 다른 듯한 그림이었지만 아이는 너무 행복해 했다.

그림을 한참 바라보고 있던 아이에게 그 그림이 왜 유독 감동을 주었었는지 그림 위에 색종이를 붙여 주며 쓰게 했다.

그 아이가 읽고 있었던 책은 『존 윈치의 책읽기 좋아하는 할머니』였는데 아이가 그린 그림은 과일을 따는 할머니의 얼굴이었다. 할머니의 얼굴은 두 마리의 새가 지켜보는 가운데 할머니가 안경을 코 위에 걸친 채 과일을 따는 그림이었다.

아이가 색종이에 쓴 글은 돌아가신 할머니를 생각하며 쓴 편지였다.

칼라사진:p. 328, 작품II 독후활동, 이렇게 해 봐요 참고

보고 싶은 할머니!

할머니, 거긴 춥지 않아요? 할머니가 추울까 봐 걱정이 돼요.

오늘 도서관에서 〈책읽기 좋아하는 할머니〉를 읽었는데, 할머니 생각이 너무 많이 났어요. 책 속의 할머니 얼굴이 지난여름에 할머니 집에 갔을 때 할머니가 과수원에서 배를 따주던 얼굴을 닮아서 할머니 생각이 많이 났어요.

할머니! 지금도 가끔 할머니가 옛날이야기를 해 주던 생각이 나요.

전 공부 열심히 하고 있으니까 걱정하지 마세요.

할머니. 그럼 담에 또 쓸게요.

할머니 손자 김병찬

아이가 책을 놓지 못하고 만지작거렸던 그 순간이 아이는 책의 소중함을 스스로 체험한 순간이었을 것이다.

아이가 왜 그 책에 푹 빠져 있었는지 그림 그리기 활동을 통해서 알수 있었다. 아이들에게 그림 그리기는 자신의 마음을 표현할 수 있는 좋은 수단이 된다. 이런 독후활동을 통해서 아이들의 마음을 열어주고, 선과 색을 통한 표현을 다양하게 할 수 있도록 독후 환경을 만들어준다면 따뜻하고 온화하게 아이들의 인성이 길러질 것이라 믿는다.

독서지도는 그렇게 책에 대한 소중함을 스스로 깨닫는 경험을 하게하는 것이 더 중요하다. 그리고 소중함을 느꼈을 때 아이들 스스로 독후활동을 할 수 있게 하는 것이 바람직하다.

이 한 권의 그림책이 아이를 행복하게 한다

도시에서 자란 아이들은 고향의 정취가 어떤 것인지, 시골풍경이 어떤 것인지 아무리 설명을 해 주어도 그 맛을 알 수가 없다. 이럴 때 권하고 싶은 책이 있다.

이 작품의 소재는 '똥' 이다. 아이들 지도를 하다 보면 아이들이 제일 좋아하는 소재가 바로 '똥' 이야기이다. 그래서 그런지 이 책을 본 순간 빨리 아이들에게 읽히고 싶어서 서점에 들렸다가 덥석 사가지고 왔다.

책 제목은 『똥 떡』이다. 이춘희 글, 박지훈 그림이다.

책 표지를 보면, 아이들이 책장을 빨리 넘기고 싶은 마음이 들 정도로 엉덩이를 까고 있는 아이의 표정이 너무 인상적이다. 또 주인공인 준호의 손에 쥐고 있는 신문지도 옛 정취를 느낄 수 있어서 참 좋았다. 시골에서나 볼 수 있는 재래식 화장실을 아이들이 본 경험이 없을텐데

이 책을 통해서 간접경험을 하게 하는 것도 좋을 것 같았다. 지금은 시골에 가도 이런 재래식 화장실을 찾아보기란 쉽지 않다. 그러나 어른들은 이 책을 보는 순간 향수에 젖어 옛날을 추억할 수 있을 것이다. 이 책은 아이들도 좋아하지만 어른들도 좋아할 그림책이므로 아이들과 함께 읽으면서 엄마, 아빠의 추억 속에 있는 경험을 바탕으로 한 이야기 꽃을 피울 수 있는 좋은 시간이 될 것이다.

책 표지의 그림은 지붕 위에 슬몃 올라앉은 귀신의 표정은 무섭기보다 웃음을 자아내는 느낌을 준다. 귀신의 모습도 아이들이 생각하고 있는 무서운 귀신의 모습이 아닌 어딘가 도깨비를 닮은 듯한 짖궂은 장난꾸러기 같은 귀신의 형상이다. 그 귀신의 머리카락이 아이의 발밑까지 늘어져 있지만 아이는 그저 해맑게 웃고 있다. 그 장면이 더욱 아이들에게 호기심을 유발 시킨다.

첫 장을 넘기면 구시꼬랭이라는 '국수꼬리' 에 대한 설명도 덧붙여 있고, 우측엔 칼국수를 만드는 할머니의 모습과 아이들이 국수가 끊고 있는 동안 기다리며 앉아 있는 풍경이 우리들의 모습과 닮아 있어서 참 좋았다.

또 한장을 넘기면 아이가 호기심 어린 얼굴로 누군가를 부르는 듯한 표정은 정말 압권입니다. 누굴 부르는 걸까? 책을 보는 아이들을 깊게 끌어들인다.

서두시점은 "끄~응"으로 시작하고 있다. 그런데 더 이 책에서 눈을 못 떼는 것은 오른편의 그림이다. 엄마가 고추를 다듬고 있는데 강아지가 똥을 누는 장면은 주인공 준호와 닮아 있어서 병치되어 있다. 아이들은 준호가 똥 누고 있는 장면은 보다가 강아지에게로 시선이 자연스럽게 옮겨진다.

문장도 아주 매끄럽고 군더더기가 없어 호흡이 짧고 간결하여 아이들이 지루하지 않게 문장을 따라갈 수 있게 쓰여졌다. 또 사건 전개가 빠르게 진행되어 지루하지 않다.

똥통에 빠진 준호가 바둥바둥대는 표정이란 정말 압권이었다.

금세 똥냄새가 진동을 하는 듯 그림이 리얼하다. 준호가 똥통에 빠져서 소리를 지르자 엄마가 뛰어오는데, 강아지도 준호곁으로 뛰어오는 장면은 준호와 멍멍이가 함께 동일선에 대치되어 있음을 증명이라도 하는 듯한 그림이다.

그 다음장면 왼 쪽은 엄마와 멍멍이가 준호의 똥 묻은 옷을 벗겨내는 장면인데 엄마가 코를 막고 있는 표정은 정말 웃음을 자아내게 한다. 그러나 급하지 않고 여유있어 보인다. 그러나 이 그림책의 그림이 빠르게 진행되는 것에 긴장을 주듯 호흡을 늦추는 효과를 노리기 위함으로 보인다.

이 장면에서 아이들은 책장을 넘기지 못하고 준호의 옷에 묻어있는 똥에서 시선을 떼지 못한다. 엄마는 코를 막고 있는데 멍멍이는 걱정스런 표정으로 준호를 올려다 보고 있는 걸 보면서 아이들은 자기와 동일시되어 있는 멍멍이에게 사랑을 흠뻑 느끼게 된다.

그 다음 장면은 목욕을 시키는 장면인데, 그 그림의 오른쪽은 할머니, 준호, 엄마의 모습이 담겨져 있다. 왼쪽 그림은 멍멍이가 고개를 돌리고 냄새가 나고 있다는 것을 은유하고 있다. 벗겨진 한 쪽 신발이 가까이 있어서 멍멍이가 더 그 냄새에 민감해 있다는 것을 알아차린 아이들은 찡그리고 고개를 돌린 멍멍이를 이해하게 된다.

그 다음장은 똥떡을 만들기 위해 불을 집히는 엄마와 문턱에 발을 얹고 그 장면을 보고 있는 멍멍이와 오른쪽 그림은 할머니가 떡을 빚는 모습과 그 앞에서 지켜보는 준호가 그려져 있다.

이제 이 책의 위기라고 할 수 있는(맨 앞 장의 그림인 준호의 호기심 어린 표정) 준호의 놀란 표정과 뒷간의 지붕위에 올라앉은 귀신의 표정은 정말 대조적이다.

이 작품의 절정이라고 할 수 있는 귀신이 나타나 떡을 먹는 장면은 아이들의 불안한 마음을 한꺼번에 쏴~악 씻어 준다. 준호가 똥떡을 집 집마다 나눠주기 위해 '똥~ 떡, 똥~떡!'

소리를 지르며 노을길을 멍멍이와 함께 팔딱팔딱 뛰어가는 장면은 책을 읽는 아이들에게도 콧노래가 나오게 한다.

이제 모든 것이 해결된 지금은 멍멍이와 준호가 동일선상에 있다.

좌측엔 준호와 멍멍이가 뛰어가는 그림과 우측엔 귀신의 웃는 얼굴은 이 작품이 평화롭게 끝나고 있음을 말해 주고 있다.

이 책의 마지막 장을 읽으며 아이들은 이미 그 들판에서 준호와 어깨를 나란히하고 함께 뛰어가고 있을 것이다. 그 뒤로 멍멍이가 쫄랑쫄랑 뒤따르는 상상을 하면서…….

그림책 번역 선생님, 너무 친절하지 마세요

레오리오니의 글과 그림은 특별하다. 작가의 철학이 담겨 있어서 어른도 함께 읽어도 좋을 그림동화책이다. 레오리오니의 『파랑이와 노랑이』의 주제와 이 책의 주제는 같은 맥락선상에 있다. 그것은 정체성을 알아가는 이야기가 서사구조를 이룬다는 것이다.

『파랑이와 노랑이』도 그렇지만 이 작품에서도 정체성을 알아가는 과정에 주인공은 매우 소극적인 자세이다.

『신기한 알』이 책의 표지는 한 박자 그림으로 되어 있다. 그림동화는 일러스트레이션으로 신기한 알 위에 올라앉은 악어와 개구리가 마주하고 있다. 표지를 대하자마자 아이들은 그림책의 내용을 유추해 나갈 것이다. 호기심을 유발하는 그림은 크레파스화기법과 색지를 오려 붙인 콜라쥬 기법을 함께 사용했다.

『아주 신기한 알』이란 제목은 제목의 기능 중 유인적 기능을 가지고 있다.

이 작품을 읽는 동안 아이들은 의인화되어 환상적 공간에 동화되어 마치 개구리 옆에서 악어와 함께 놀고 있는 듯한 착각에 빠질 것이다. 그림동화책을 보는 기쁨과 즐거움이 이런 동화적 장치 때문일 것이다. 아이들은 자기가 개구리의 입장이 되어 보기도 하고 악어가 되어 보기도 하면서 놀이에 푹 빠질 것이다. 그렇다면 과연 약자인 개구리와 강자인 악어가 친구가 될 수 있을까? 이건 매직 속에서만 가능한 일이다. 그래서 아이들이 보는 동화 속 세상은 판타지(상상의 세계)에서만 가능하다. 판타지란, 현실세계와 상상의 세계를 오고가는 통로가 자유롭다. 그래서 환상의 세계에 빠져 현실 세계로 뛰어나오지 못할 까 염려하여 제도적 장치로 환상의 세계와 현실 세계의 경계선에 어른이 의도적으로 문지기를 하고 있다.

달리보면 이 그림동화는 우화적인 기법을 썼다고 볼 수 있다. 판타지 동화는 독특한 구조가 있고 형식이 존재한다. 판타지 동화에서는 주인공의 삶이 고독하거나 고난을 겪게 되어 있는데 이 작품에서는 고난을 겪는 배경이 엄마를 떨어져서 외톨이가 된 것으로 설정되어 있다. 그리하여 엄마를 찾아가는 과정이라고 볼 수 있다.

톨킨은 판타지 동화를 '삶에서 나와 삶으로 들어가는 문학'이라 말한다. 이를 증명이라도 하듯 은정(개구리)이는 닭(악어)를 자기 어머니에게 돌려주고 자신은 다시 먼 길을 다시 돌아와 친구들과 예전의 삶으로 돌아간다. 이렇듯 판타지의 기능은 아이들에게 무한한 상상의 세계를 자유롭게 날아다닐 수 있는 기쁨을 준다. 이 그림책은 이렇게 아이들에게 호기심을 유발시켜 책장을 술술 넘기게 한다. 책장을 넘기면 바로 속지가 나오는데 속지엔 자갈돌이 무수히 많은 모자이크 형식의 펜화로 되어 있다.

그림책의 첫 장을 넘겨보면, 서두시점이 3인칭 관찰자 시점으로 누군가 이야기를 해 주듯 화자가 인물들과 거리를 두고 이야기를 이끌어가고 있다.

"개구리 세 마리가 살았습니다"로 평화롭게 이야기는 시작된다.

"현주, 민호 그리고 항상 다른 곳에 가 있는 은정이는 호기심이 많다." 레오리오니가 작품 속에 이렇게 인물들의 이름을 한국 이름으로 하였을 리는 없다. 번역가가 아이들의 이해를 돕기 위해 한국이름으로 친절하게 바꾸어 놓은 것 같다. 그러나 원작을 고쳐면서까지 한국이름을 할 필요가 있었을까? 작은 우려가 생겼다. 아이들은 원작 그대로 외국 이름으로 하였어도 내용을 이해하는 데 별 어려움이 없었을 것이다. 그림책은 글로만 읽는 것이 아니라 그림으로 함께 읽어가는 것이기 때문에 충분히 재미있게 읽을 것이다.

인물은 이름으로 성별을 유추할 수 있다. 은정이와 현주는 여자이고 민호는 남자이다.

사건의 전개는 이렇게 진행된다.

어느 날 은정이가 이상하게 생긴 돌을 가지고 돌아온다. 은정이에게 무엇인가를 끊임없이 주워서 들고 들어오는 것이 은정이 자신이 만들어낸 삶의 재미이고, 놀이이다.

아이들의 생활을 관찰해 보면 끊임없이 놀이감을 연구하고 호기심과 궁금증을 스스로 풀어가려는 발달적 자아를 가지고 있다. 그래서 어른들이 아이들에게 심부름을 시키면서 당부하는 말이 있다.

"한눈팔지 말고 빨리 빨리 다녀와야 해!"이다. 어른들은 안다. 아이들은 늘 지나다니는 길인데도 새삼 새로운 길을 가듯 그냥 지나치는 일이 없다는 것을.

이 작품에서도 은정이는 아이들이 가지고 있는 성향을 그대로 닮아 있다. 어린이답게 늘 무엇인가 새로운 것을 주워와 새로운 놀이감을 찾는다. 여기에서 모순적인 요소를 발견 한다. 친구들의 반응이다. 같은 또래의 아이들이건만 현주는 은정이처럼 호기심이 있거나 발전적인 성향이 없다. 다 큰 어른처럼 행동하고 어른처럼 말을 한다. 자기가 생각한 것을 은정이에게 믿게 한다든가 위험적 요소에서 빠져 있다. 그리하여 관조자로 은정이 옆에 머물러 있다. 이것은 이 작품에서 어른이 해야 할 소임을 하기 위함이다. 환상의 세계에 빠져 사는 은정이를 현실, 즉 자신의 삶으로 돌아오게 하기 위한 장치로 역할을 다한다. 다시 책 이야기로 돌아가자.

항상 별다른 것을 주워 오지 않던 은정이가 이번엔 진짜 이상한 돌을 주워온 것이다. 며칠이 지나자 그 돌에서 이상하게 생긴 것이 알을 깨고 나온다. 현주는 그것을 보자 "그건 닭이야"라고 말한다. 그러자 한 번도 본 적도 없는 은정이와, 민호는 악어를 닭이라고 믿는다. 그렇게 닭으로 알고 친하게 지내던 개구리와 악어는 어느 날 은정이가 물풀에 걸려 허우적거리는 것을 닭(악어)가 구해 준다. 그 일로 닭과 은정이는 더욱 더 친한 친구가 된다. 그런데 어느 날 어디서 날아 왔는지 새 한 마리가 닭과 은정이에게 말한다.

"네 엄마가 여기저기 얼마나 널 찾고 계신데…… 데려다 줄게."

둘은 새를 따라 햇볕을 쬐며 달빛을 받으며…… 엄마를 찾아간다. 그러다 엄마를 만난 닭이 "엄마"라고 소리를 치자 자고 있던 엄마 악어가 잠에서 깨어나 하는 말이

"어서 오너라. 나의 귀여운 악어야!"

은정이는 돌아와 친구들에게 웃으며 말한다.

" 그런데 엄마 닭이 아기 닭을 뭐라고 불렀는지 아니? 글쎄 나의 귀여운 악어야 하는 거야."

이 책의 결말 부분인 이 문장은 닭이 악어로 닭의 실체를 단숨에 벗어버린다. 이 장면에서 아이들은 개구리가 악어임을 알리고 싶어 답답해하던 것이 단숨에 시원하게 해소된다.

"정말 우스운 이름이구나."

'그래서 세 마리 개구리는 웃고 또 웃었습니다.' 로 끝난다.

악어는 이제 엄마 곁으로 돌아가 자신이 닭이 아니고 악어임을 깨닫게 될 것이다. 이렇게 정체성을 알아가는 과정을 그린 그림책이다.

그러나 개구리들은 언제까지고 자기들의 친구였던 악어를 닭으로 기억하며 살까?

여기에서 또 중요한 것은 호기심 많은 은정이는 이렇게 세상 밖으로 스스로 걸어나가 개구리 세상에 안주하지 않고 또 다른 세상을 알기 위해 끊임없이 추구한다는 사실이다.

아침마다 걸어나가 밤이 되서야 돌아오는 적극적인 삶의 방식을 은정이를 통해 아이들이 배우게 된다.

책이란, 이렇게 아이들에게 세상을 알아갈 수 있도록 또 다른 세상과의 소통이 되고 빛을 받는 창이 되어준다.

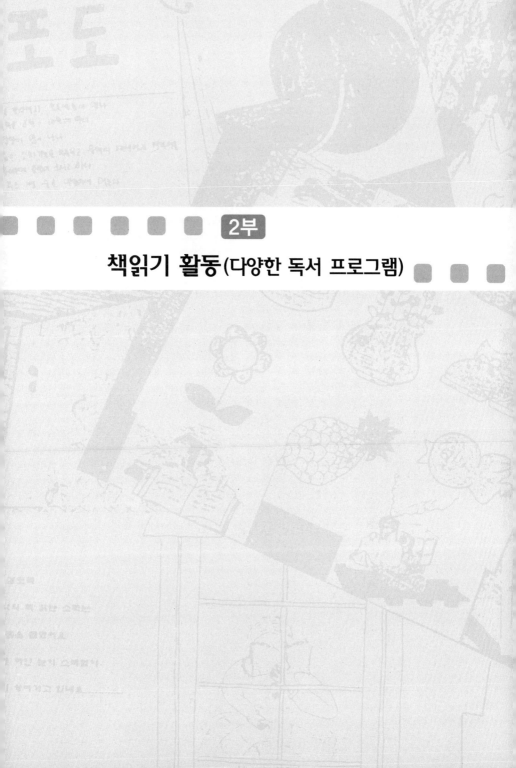

2부

책읽기 활동(다양한 독서 프로그램)

포도

책이 있는 세상

아이들 지도를 한 지 벌써 10년이 되어간다. 독서지도사가 되어 아이들을 옆에서 지켜보며 아이들이 원하는 것은 무엇인지, 아이들이 싫어하는 것은 무엇인지 알 수 있었다. 참 안타까운 것은 아이들과 어른들 사이엔 넘을 수 없는 갭(Gap)이 있다는 것이었다.

그것은 가르치려는 입장과 가르침을 받는 입장은 다를 수밖에 없다는 것에서부터 비롯된다.

아이들과 어른 사이에 흐르는 세월의 강을 훌쩍 뛰어넘을 수 있을까?

그건 책이 해결을 해 줄 수 있다. 책 세상은 나이에 제한을 받지 않는다. 책이 있는 세상에 아이와 어른이 함께 들어 가 어둠의 터널을 지나 서로의 손을 잡고 나올 수만 있다면 그 터널 저편엔 서로를 이해할 수 있게 될 것이다.

그동안 많은 독서지도사들을 배출해 내면서 한 줄기 희망을 보았다. 그건 독서지도사가 되겠다고 나를 찾아온 주부들은 모두 수업을 받기 전과 수업을 받고 난 후, 아주 다른 인생관을 가지고 살아가고 있다는 것이다.

우선 제일 먼저 달라진 모습은, 어린이 책을 함께 읽는 어른이 되어 버렸다는 것이다. 그리고 책을 사랑하고 책을 알게 되었다는 것이다.

책을 읽는다고 책을 아는 것은 아니다. 책을 아는 사람만이 책을 사랑할 줄 아는 사람으로 책과 함께 행복한 인생을 살아갈 수 있다.

책을 안다는 것, 그것은 책을 볼 줄 아는 눈이 생기는 것이다. 그동안 알지 못했던 책 속의 많은 것들을 알게 되어 그 미묘한 행복감에 빠지면 행복해진다.

실제 독서지도사 양성과정을 마친 주부들(경기도 북부여성회관 제자 1기~7기) 양주도서관 제자 및 한글사랑반(1기~6기) 제자들 대부분이 동화를 사랑하는 모임을 만들어 남편들과 함께 동화책 속에 푹 빠져 있다.

그들 모두가 한결같이 하는 말은 "선생님, 이렇게 동화책이 재미있는 줄 몰랐어요. 이젠 소설책을 읽으려고 하면 제대로 읽히지가 않아요. 정말 세상이 달라졌어요. 그렇게 책읽기를 싫어하던 우리 남편도 처음엔 '애들이 읽는 동화책을 뭐 그리 수준 없게 읽느냐'고 하더니 이젠 자기도 같이 읽는 거 있죠? 이게 동화책의 매력인가 봐요."

책을 읽기 시작하면서 TV와 멀어진 사람들. 그리고 가족간의 대화가 많아진 사람들. 그들의 행복한 비명을 들으며 저절로 행복해지는 건 왜일까?

나는 지그시 눈을 감는다. 아직도 내가 해야 할 일이 많은가?

그래도 이 세상엔 아직도 책을 읽고 싶어도 읽지 못하는 많은 사람들이 있다는 걸 아는 나는 마음이 조급해진다. 앞으로 책을 읽고 싶을 때 마음 놓고 책을 읽을 수 있을 때까지 독서지도사의 길을 묵묵히 갈 것을 다짐하면서, 책읽기를 멀리하던 주부들이 어떻게 책 속에 빠져들게 되었는지 그 방법론들을 제시해 본다.

이 방법론 들은 아이들을 지도하는 데도 많은 도움이 될 것으로 믿는다.

책이 눈앞에 있다고 해서 덥석 읽을 수 있는가? 책을 좋아하는 아이, 책 읽는 것이 습관화 된 아이들이 아니고선 좀처럼 쉬운 일은 아닐 것이다.

아래의 제시된 책읽기 전 활동을 살펴보고 한 번 집에서 시도해 보았으면 좋겠다.

책읽기 전 활동

책읽기 전 활동, 하나

아이들이 책과 만나게 되면 어떻게 지도를 해야 할 것인가. 그것이 가장 큰 고민거리가 되었다. 그러나 생각보다 어렵지 않다. 아이들은 호기심과 상상력이 풍부하다는 특성을 가지고 있다. 그 특성을 이용하면 된다. 먼저 책을 읽어주기 전에 책에 대한 호기심을 부풀려 놓으면 아이들은 그 책에 푹 빠져 버린다. 그래서 그 책을 다 읽지 않고는 못 배긴다.

예를 들어 3,4세의 유아들을 대상으로 그림책을 읽어주는 방법부터 이야기하자.

책 - 『곰 사냥을 떠나자』 선택

1단계 – 책의 앞표지와 겉표지를 보여주며 제목만 읽어준다. 그리고 제목이 뜻하는 것이 무엇인지 궁금하게 한다.(어머, 곰 사냥을 떠나자? 곰 잡으러 가는가 보다. 그런데 곰이 어디에 있을까? 곰을 잡을 수 있을까요? 선생님은 무서운데…… 그럼 한 번 그림을 볼까요?)

2단계 – 그림을 슬쩍 슬쩍 넘긴다. 한 장씩 넘기다가 두 장씩 뛰어 넘긴다. 그러면 아이들은 궁금해서 안달을 한다. 그냥 넘긴 그림이 무엇일지 이미 책에 빠져들게 된다.

3단계 – 의성어, 의태어를 흉내낼 수 있도록 반복해서 읽어준다. 이 때 주의할 점은 리듬감을 살려서 읽어야 한다는 것이다. 의태어가 있을 때는 몸동작도 해 주는 것이 좋다.

4단계 – 이제 인물만을 살펴보게 한다. 이 책 속에는 누가 누가 살까요? 그림책의 특성상 서두시점(책이 시작하게 되는 첫 부분)에 인물들을 소개하는데, 『곰 사냥을 떠나자』와 『일곱 마리 눈먼 생쥐』 같은 경우는 처음부터 등장인물이 정해져 있다.

그러나 책의 서두시점에 모든 책이 다 등장인물이 나오는 것은 아니다. 『야, 우리기차에서 내려!』, 지각대장 존』이라는 책은 책장을 넘길 때마다 색다른 동물들이 하나씩 늘어난다. 그럴 때는 "다음 장에는 또 어떤 동물들이 나올까?"라는 식으로 아이들의 호기심을 자극해야 할 것이다.

곰사냥을 떠나는 가족이 몇 명인지 누구 누구가 곰사냥을 떠나

5단계 – 배경이 되는 곳이 어디인지, 책장을 넘겨가며 시선을 모아주자.
(어머 풀밭이네요?, 강이네? 산이네?······ 등으로 아이들에게
배경지식을 심어주면 책을 더 흥미롭게 읽게 한다.)

이렇게 책을 읽기 전 활동을 통해 아이들에게 책에 대한 정보도 줄수 있고 흥미와 재미를 유발시켜 더욱더 책읽기가 즐거운 놀이가 될 것이다.

책읽기 전 활동, 둘

책에 나와 있는 제목을 색종이로 붙인 뒤, 아이들에게 책 제목을 알아맞추게 하는 방법도 좋은 책읽기 전 활동이다.

작가들이 책 제목을 지을 때는 제목의 기능을 생각하고 짓는다. 그래서 제목이 할 수 있는 기능을 최대한 활용 할 수 있도록 하고 있다. 제목의 기능은 크게 3가지로 들 수 있다. 환기적 기능, 유인적 기능, 함축적 기능이다. 그러나 아이들 책은 책 내용을 모두 함축할 수 있는 함축적 기능을 주로 쓴다. 아이들의 이해를 돕기 위해 제목을 책 내용을 함축해서 짓는다. 그것은 그림책의 독자층은 아이들이라는 것은 배려한 것이다.

1단계 – 색종이를 붙인 채 책장을 한 장씩 넘겨가며 아이들에게 무슨 이야기가 숨어 있는지 알아내게 유도한다.

2단계 – 어느 한 부분을 읽어준다. 그러면 아이들은 그 내용의 전과 후를 상상하며 책에 빠져든다. 그 때 선생님이 끼어들기를 해야 한다. "정말, 그럴 까요? 한 번 다음 장을 넘겨 볼까?" 그러나 호흡을 가다듬고 책 표지가 아닌 책 속지에 붙어 있는 색종이를 떼어낸다.

3단계 – 책 표지의 색종이를 가리키며 "제목이 무엇인지 아는 사람?"하고 묻는다. 그러면 조금 전 책 속지에서 본 제목을 기억해내고 신나고 재미있는 표정들이 된다. 그 기억을 끄집어내는 과정에서 아이들은 책과 하나가 되어 있다는 걸 느낄 수 있다.

위의 방법들 외에도 많은 방법들이 있다. 이제 여러분은 아이들이 어떻게 하면 책을 가까이 할 수 있을지 생각해 보아야 할 것이다. 그리고 늘 메모해 가면서 방법론을 창출해 나가야 할 것이다.

나는 주부들 강의를 해오면서 하루에도 몇 번씩 깜짝 깜짝 놀란다. 주부들의 머리에서 나온 다양한 생각들, 입체적 사고력을 바탕으로 한 수업모형들을 보면서 주부여서 더 잘 해낼 수 있는 일이 독서지도사들 이라는 결론을 내린다.

아이들을 직접 키우면서 느끼고 겪은 일들, 즉 경험들이 직,간접적 영향을 주어 주부들의 창의력을 자극하는 것이다.

나는 믿고 있다. 가장 훌륭한 독서지도사는 바로 어머니, 당신들이라 는 것을!!!!

이제 이런 과정을 거치면 책읽기 본 활동으로 들어가야 한다.

책읽기 활동이란? 그저 아이들에게 책 내용을 읽어주기만 하는 것일

까? 그렇지 않다. 이제부터 아이들에게 책읽기를 해 주기 위해 다음의
사항들을 눈여겨 보자.

■ 책 읽어주기

아이들에게 책을 읽어주기 전에 선생님이나 학부모는 알아두어야 할 사항이 있다. 그림책이나 쉬운 동화책이라고 해서 한 번 슬쩍 읽고 난 후, 아이들에게 책을 읽어주는 일은 삼가야 한다. 아이들에게 읽어주기 전에 그 책에 대해 잘 알고 있어야 제대로 읽어줄 수 있을 것이다. 책을 읽어주는 행위는 단순한 행위가 아니다. 아이들과 책을 통해 교감을 하는 숭고하고 아름다운 행위인 것이다. 그렇기 때문에 책을 읽어주려는 사람은 이미 그 책에 푹 빠져 있어야 한다. 그래야 재미있고 실감나게 흥이나서 책을 읽어줄 수 있을 것이다. 읽어주는 사람이 그 책과 친해지지 않았다면 청자인 아이들은 금세 알아차릴 것이다. 절대 아이들을 속이려고 하지 말자. 아이들이라고 무시하지 말자. 감정은 느끼는 것이다. 아이들에게 최선을 다하려는 마음으로 책을 받아들이고 책과 친해졌을 때 그 때, 책을 읽어주자. 그러기 위해서는 그림책도 10번 이상 읽고 입에 익어야, 실감나게 읽어줄 수가 있다.

책을 읽어줄 때 주의해야 할 두 번째 사항은 구연동화를 흉내내지 말라는 것이다. 이상하게 동화책을 내밀고 읽어보라고 하면, 어디서 들어본 듯한 구연동화식으로 음성이 변해 버린다. 그래서 전형적인 구연동화를 듣는 느낌이 된다. 아이들은 이미 그런 구연동화에 식상해 있다. 그래서 평범하고 편한 이웃집 아줌마 같은 음성의 엄마 같은 음성으로 책 읽는 소리를 듣고 싶어한다. 꾸밈이 있는 건 아이들도 금방 싫증낸다. 그래서 자연스럽게 읽어주는 것이 중요한다. 자연스럽게 읽되 리듬감 있게, 읽어주는 것이 듣고 있는 아이들에게 호감이 가고 책과 호흡을 빨리 할 수 있을 것이다.

그림책에 나오는 어휘는 쉽고 간결하고 리듬감이 있는 단어들이기 때문에 입에 금방 익을 것이다. 반복 되는 부분에선 아이들도 따라할 수 있도록 기다려주는 배려도 잊어선 안 된다. 책을 읽으면서도 아이들의 눈을 살피면서 책과 호흡을 함께하고 있는지 호흡을 따라오지 못하는 아이는 없는지 두루두루 살피면서 읽어주어야 한다. 아이들이 책에 빠져들었는지 아닌지 눈빛을 보면 누구나 금방 알 수 있다. 주인공이 곤경에 빠지면 걱정스런 표정이 되고, 주인공이 역경을 딛고 일어나면 표정이 밝아진다. 그렇게 책을 읽어주는 사람과 청자인 아이들과 책이 삼위일체가 될 때 성공적인 책읽기가 되었다고 말할 수 있다.

책 읽은 후 활동

책 읽은 후 활동, 하나

책을 읽어준 것으로 독서지도의 모든 활동이 끝난 것은 아니다. 아이들이 제대로 책과 함께 호흡을 했는지 기억을 하게 해 주는 일도 읽어주는 일만큼 중요하다.

책을 읽어준 후에 아이들이 무엇을 느꼈는지, 또 어떤 부분을 재미있어 했는지, 슬펐던 것은 무엇 때문이었는지, 주인공은 제대로 알고 있는지 무슨 이야기가 벌어졌는지 사건을 제대로 훑어내고 있는지 책을 읽어준 후에는 아이들의 이해력과 판단력, 사고력을 점검할 필요가 있다.

그림책 – 『곰 사냥을 떠나자』를 읽고 난 후 활동

1단계 – 여러분, 곰 사냥을 떠나보니까 즐거웠나요?, 아버지가 손에 들고 간 것은 무엇이었죠?, 한 번 찾아볼까요? 아이들의 기억을 돕기 위해 책장을 넘겨 그림을 보게 한 후 아이들이 찾게 도와준다. 어디 어디를 지나서 갔죠?

2단계 – 바람을 헤치며 가는 소리는 무엇이었죠? 사각사각, 휭휘잉, 덤벙텀벙, 처벅철벅······.

3단계 – 곰 잡으러 갈 때 날씨는 어땠죠? '큰 곰 잡으러 간단다 어머 날씨는 어둡다.' 였나? '큰 곰 잡으러 간단다. 어머 날씨도 좋잖아?' 였나?

4단계 – 곰을 어디서 만났죠? 강이었나? 진흙탕이었나? 눈보라 속이었나? 동굴이었나?

5단계 – 왜 다시는 곰 잡으러 안 갈 거야 그랬을까요? 아이들은 모두 "무서워서요!"라고 대답을 할 것이다. 그러면 미리 준비해 둔 이불을 펼치고 아이들을 그 안으로 들어가 숨게 해 보자. 책 속에서 보았던 장면을 이렇게 연출함으로써 아이들은 책 속으로 빨려 들어가 있는 듯한 느낌을 만끽할 수 있을 것이다. 또한 오래도록 이 책 한 권은 아이들에게 추억거리가 될 것이다. 이렇게 책과 만나 하나가 되었던 아이들은 책을 통해 배운 직, 간접 경험으로 행복한 아이로 자랄 것이다. 책을 읽히는 목적은 이런데 있는 것이다. 어른들은 책을 읽으며 행복한 아이들로 자랄 수 있도록 이러한 책읽기 전 활동과, 책 읽어주는 활동, 그리고 책 읽은 후 활동을 끊임없이 해 주어야 할 것이다.

책 읽은 후 활동, 둘

책을 읽은 후에 아이들에게 무엇인가를 얻어야 한다거나 무엇인가 느끼게 해 주어야 한다는 생각에서 자유로워지자. 그러면 아이들은 좀 더 활발하고 자유롭게 책과 친해 질 것이다. 책을 읽어준 후에 놀이를 통해 아이들에게 책을 추억하게 하는 방법도 있다.

그림책에 나왔던 어휘들을 줄줄이 사탕처럼 퍼즐로 만들어 아이들이 한 눈에 볼 수 있도록 펼쳐 놓은 다음 한 개씩 뽑게 한 후, 뽑은 어휘를 크게 읽어주는 것이다. 그러면 아이들은 어휘를 통해 그림을 상상하며 배경을 되새기게 될 것이다. 이런 활동을 좌뇌에서 우뇌로 가는 활동이라고 말할 수 있다. 문자언어를 인식한 뒤, 영상을 떠올리게 함으로써 상상력을 자극하여 아이들의 두뇌 활동을 돕는 것이다.

아래의 그림을 참고 하면 좋은 경험을 아이들에게 줄 수 있을 것이다.

아래의 퍼즐은 그림책, 곰 사냥을 떠나자 이다.

아이가 위의 퍼즐 중에 '강이잖아'라는 어휘 퍼즐을 뽑아들었다면, 책 내용 중에 '강이잖아'가 있었던 내용을 유추하게 한 뒤 문장을 만들어 보게 한다.

예 - '강이잖아' → 어라, 강이잖아. 어떻게 강을 뚫고 가지?
'곰 잡으러' → 곰 잡으러 간단다. 큰 곰 잡으러 간단다.
'좋구나' → 정말, 날씨도 좋구나.
'안무서워' → 이젠, 하나도 안 무서워.
'덤벙텀벙' → 덤벙 텀벙, 덤벙 텀벙, 덤벙 텀벙
'다시는' → 다시는 곰 잡으러 안 갈 테야.

위의 어휘 퍼즐놀이를 통해서 아이들은 자연스럽고 재미있게 많은 어휘를 정확하게 기억하게 될 것이다. 문자언어는 이렇게 아이들에게 놀이를 통해 영상으로 기억되어야 한다고 생각한다.

훌륭한 아동교육법은 많은 논문을 통해 발표되어 왔고, 앞으로도 우후죽순처럼 논문 및 실험적인 연구결과가 발표가 될 것이다.

그러나 그 많은 교육법들이 다 활용되는 것은 아니다. 이 시대가 원하는 교육법에 맞는 것만이 살아 남을 것이다. 그렇다면 아이들에게 유익한 것이 무엇인지 아이들을 행복하게 하는 교육법이 무엇인지 조금만 더 깊이 생각해 아이들에 맞는 아이들이 좋아하는 아동교육법을 선택하여야 할 것이다. 더 나아가 아이들 스스로 즐겁게 선택할 수 있는 사고를 길러주는 것이 더 중요할 것이다.

어려서부터 집중력이 있는 아이는 성인이 되어서도 기억력이 좋다는 조사결과가 나왔다. 집중력 있는 아이로 키우려면 집중할 수 있도록 환경을 만들어주어야 할 것이다. 그 환경이란, 아이들의 두뇌를 자연스럽게 자극하여 흥미로 이끄는 교육법을 제시해 주는 것이라야 할 것이다.

위의 어휘 퍼즐놀이는 퍼즐을 가지고 노는 동안 손놀림과 두뇌 자극 활동을 통해, 아이들에게 집중력과 기억력 증진에 도움이 되는 좋은 교육이라고 생각한다.

책 읽은 후 활동, 셋

3, 4세에게 책을 읽어주었다면 책 읽은 후 활동을 어떻게 해 줄 것인가. 그 시기에는 인지능력이 한창 발달할 시기이다. 그러므로 놀이를 통해서 책 내용을 기억하게 하는 것이 좋다. 책을 읽어준 후, 할 수 있는 독후활동으로는 다음과 같은 방법들이 있다.

- 그림 속에서 색깔 찾기를 하는 것도 좋은 독후활동이 된다.
- 모양 찾기를 하는 것도 아이의 뇌를 자극해 주는 활동으로 권장한다. 예를 들자면, 둥근 것은 무엇이 있을까, 네모난 것은 무엇이 있을까, 세모난 것은 무엇이 있을까…… 등이 있다. 둥근 것이 무엇일까를 찾게 하면 책에서 해나, 달을 찾는다. 그러면 주머니에서 동전을 꺼내 보이며 둥근 것이 여기도 있네? 라고 책과 현실에서 닮은 점을 찾아주면 아이들의 인지능력 확장에 매우 좋은 독후활동이 될 것이다.
- 주인공 찾아보기를 하는 것도 아이에게 관찰력과 사고력을 향상시키는 좋은 활동이다.(예를 들어 『콩쥐 팥쥐』를 읽고 콩쥐를 찾아볼까?, 신데

렐라를 찾아볼까?……)

• 의성어 의태어 흉내내 보기도 좋은 사고력과, 판단력을 확장시켜주는
좋은 활동이다.

5, 6세에게 책을 읽어주었다면 책 읽은 후 활동(독후활동)은 어떻게
달라 질 것인가. 이 시기에는 무엇이든 열심히 그리고 쓰고 하는 자기
의 생각을 어떻게든 표현하려는 시기이다. 그러므로 상상력을 부추기
는 놀이가 효과적인 독후활동이다.

• 주인공 그려보기, 주인공의 손바닥 그려보기, 주인공의 발자국 그려보
기…… 등
• 책의 한 부분을 복사해 아이에게 색칠하기를 시켜도 좋은 독후활동이
된다.
• 등장인물 이름 써보기도 좋은 독후활동이 된다. 아이의 기억력을 자극
하여 책 내용을 유추해 내는 과정을 통해 집중력을 키워줄 수 있다.

7세~8세에게 독후활동은 어떻게 하면 좋을까? 이시기는 혼자서도
스스로 책읽기를 훌륭하게 해낼 수 있는 시기이다. 그러므로 혼자 책을
읽은 후에 어떻게 독후활동으로 연결 시켜 주느냐가 더 중요하다.

• 책을 읽은 후 주인공에 대해 이야기해 보기를 통해 주인공이 어떤 인물
인지 스스로 판단할 수 있도록 독서지도사나 부모가 도와주는 역할이
필요하다.

- 가장 감명 깊었던 장면을 그림으로 그려보기
- 책을 읽은 후 주인공에게 편지 써보기
- 주인공 이름으로 삼행시 지어보기
- 책 속에 나오는 어휘를 생각나는 대로 모두 적어보기 (이 때에는 독서 지도사나 부모가 포도알이나, 물고기 모형을 만들어 빈 칸에 채울 수 있도록 독후모형을 만들어 놓는 것이 좋다. 또 색종이에 어휘를 쓰게 한 후 종이 목걸이를 만들어보는 것도 좋다. 목걸이가 제일 긴 아이에 겐 사탕이나 스티커 선물을 주어도 좋다.
- 책 제목 다시 지어보기
- 책 표어 만들어보기 등 다양한 독후활동을 펼 수 있다.

9세~11세의 독후활동은 다양하다. 이 시기부터는 자유롭게 하고 싶은 독후활동을 스스로 알아서 할 수 있도록 조언만 해 주면 된다.

- 편지 형식 (위인전을 읽고 많이 편지 형식으로 쓴다.)
- M-M(마인드 맵- 생각그물) 요즘은 생각그물을 학교에서도 하기 때문에 아이들이 독후활동으로 이 방법을 잘 하고 있다. 생각그물은 책 내용을 한 눈에 볼 수 있게 정리해 놓는 방법이다. 이 방법은 영국의 심리학자 토니 부잔이 거미줄을 보고 창안한 것인데 함축적인 어휘의 나열로 아이들에게 좌뇌와 우뇌를 동시에 자극하는 좋은 독후활동이다. 우뇌는 음악을 듣거나 그림을 그리거나, 상상적이고 창의적인 활동을 할 때 자극을 받으며, 좌뇌는 언어와 논리적 사고 그리고 분석적인 활동을 할 때 자극을 받는다. 그러므로 생각그물을 할 때는 아이들의 좌우뇌에

> 활발한 자극이 되어 뇌 발달에 좋은 독후모형이다.

생각그물은 어휘뿐만 아니라, 상징 기호나, 색상을 이용해 영상적 이미지를 이용할 수도 있다. 생각그물은 양뇌의 기능발달에 서로 도움을 줌으로써 아이들의 뇌호흡에도 좋은 영향을 미친다. 그러므로 두뇌의 능력을 최대한 발휘하게 하여 창의적인 독후 모형이다.

생각그물 모형을 어떻게 하는가?

1. 흰 바탕의 종이를 가로로 놓는다. 색깔이 각각 다른 5색 연필을 준비한다.
2. 종이의 한가운데 남자아이는 별을 여자아이에겐 꽃을 알맞은 크기로 그린다. 중심에 책 제목과 관련된 그림을 이미지로 그린다.(중심이미지) 라고 한다.
3. 중심이미지의 위아래의 네 가지가 중심가지가 된다. 이 중심가지에 인물, 배경, 사건, 주제, 느낀 점을 써넣는다.
4. 중심가지에서 부가지로 뻗어나간다. 이 때에 중심가지에서 뻗어나가는 가지는 같은 색깔로 뻗어나가야 한다.

아래의 마인드 맵은 경기도 북부여성회관 제자 김경하 씨의 작품이다.

칼라사진 : p. 328, 작품12 생각그물 참고

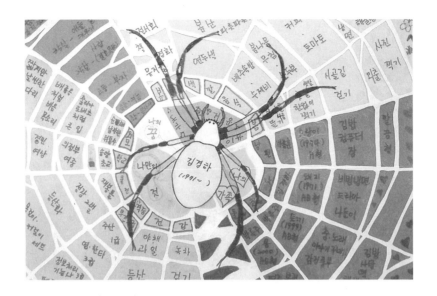

(예 : 인물– 흥부–착하다–가난하다–자식이 많다–성실하다–여린다…… 놀
부–욕심쟁이–부자–돈–자식이 적다–강하다–심술쟁이……)

• 극본 써보기
• NIE(신문활용교육) 기사문 써보기(주인공과 대담)
• 책 선전용 감상문 쓰기
• 주인공을 위한 노래 가사 만들기
• 어휘 나무 만들기(빈 병에 종이 찰흙을 붙여 나무젓가락으로 가지를 만
  들어 어휘를 색종이에 써서 코팅을 한 후 나뭇가지에 매단다.)
• 어휘 왕관 만들기(색종이에 어휘를 써서 왕관에 매단다.)
• 퍼즐 만들기 (문제를 만들어 퍼즐에 맞추어 넣기)
• 책 내용으로 그림 카드 만들기(줄거리를 기승전결 형식의 4개의 그림을
  카드 형식으로 만든다)

위의 독후활동 외에도 다양한 독후활동들이 많다. 이제는 글로 써야 하는 독서감상문 형식에서 벗어나 다각적인 사고와 만들기를 병행한 독후활동이 활발하게 이루어져야 한다.

2004년 정보도서관에서 일반부 독서감상문대회가 있었다. 나는, 경기도 북부여성회관에서 독서지도사 과정 6기생을 지도하고 있었는데, 주부들에게 만들기 형식의 독서감상문을 써서 독서감상문 형식이 다양하다는 것을 시도해 보자고 했고, 독서감상문을 병풍형식과 만들기 형식으로 다양하게 제출하게 했다. 그런데 최우수상과 장려상을 수상하게 되었다. 이제 독서감상문 형식도 틀에 박히게 써선 안 된다. 다양한 형식의 독서감상문으로 책을 읽은 후 활동이 즐거워야 한다. 자신이 잘할 수 있는 것으로 최대한 기쁜 마음으로 독서감상문을 다양하게 독후활동으로 발전시켜야 할 것이다.

이제는 독후활동도 많이 개선되고 있다. 보다 더 점차적으로 발전적인 형태의 독후활동이 활발하게 이루어지길 기대해 본다.

읽기와 듣기의 상관관계

   독서와 읽기는 커다란 차이가 있다. "독서가 무엇입니까?"하는 질문을 하면 거의 모든 사람이 "책 읽는 거요."라고 대답을 한다. 그러나 독서와 읽기는 분명 다른 활동이다. 읽기는 문자언어를 시각적요소를 발휘하여 글로부터 의미를 구성하는 과정이다. 그러나 독서는 그 보다 상위개념이다. 독서란, 낱낱의 단어, 또는 하나의 문장을 읽고 이해하고, 글 전체의 의미를 파악하고 내용을 종합적으로 이해하고 글에 나타난 정보와 독자가 가지고 있는 모든 직, 간접 경험을 바탕으로 책 속의 의미를 재구성하는 것이다.

   한 권의 책을 읽고, 자신의 삶을 들여다보며 책 속의 주인공과 자신의 삶을 대비시켜가며 주인공과 다른 점은 무엇이며 주인공의 삶에서 배울 점은 무엇인지, 주인공이 살아온 삶에 대해 진지하게 자신의 삶과 연결해서 생각하고 책읽기 전과 책 읽은 후의 삶의 방향이 달라졌다면 독서활동을 잘 한 것이 된다. 그러나 한 권의 책을 읽고 아무런 감흥 없이 읽는 활동으로만 끝났다면 그것은 바람직한 독서활동이었다고 할 수 없을 것이다. 그러므로 의미의 이해가 수반되지 않은 문자 읽기는 좋은 독서로 볼 수 없다. 또한 책을 읽는 활동을 하는 동안 글을 바르게 해석하고, 이해하고, 감상하고, 분석함으로써 사고력에 커다란 영향을 미쳐 비판활동까지 할 수 있어야 올바른 독서활동에 이르렀다고 할 수 있을 것이다.

또한 독서에서의 의미구성은 글에 대한 책을 읽는 사람의 해석에 따라 달라지며, 독자의 해석은 글 내용과 관련된 스키마(Schema) 즉 배경지식이나 받아들이는 태도, 가치관에 커다란 영향을 미친다. 그러므로 책을 읽는 독자에 따라 그 의미는 독자 스스로 부여하는 것이라 할 수 있다. 이렇듯 독서는 책을 통한 한 개인의 지적활동이다. 한 권의 책을 100사람이 같이 읽었다고 해도 같은 느낌과, 같은 해석, 같은 감동, 같은 이해, 같은 분석을 거쳐 같은 비판이 나올 수 없을 것이다. 그러므로 독서는 각 개인의 지적활동이다. 그러나 이런 개인의 지적활동이 단시일에 이루어질 수는 없다. 독서 능력을 갖추기 위해서는 그 이전의 언어 발달을 통해 이루어진다. 그 언어 발달은 음성언어를 통하여 이루어지며, 음성을 통한 언어의 습득은 읽기와 듣기 활동을 통해 이루어진다.

독서활동이 제대로 이루어지기 위해서는 올바른 읽기 활동이 선행되어야 하며, 읽기 활동은 또한 듣기 활동과 함께 이루어져야 한다. 바른 읽기 활동을 통해 듣기 활동이 수반되면 어휘 인지능력과, 어휘 이해능력이 탁월하게 확장된다. 책읽기 활동에서 가장 중요한 것은 어휘 인지 능력이라고 할 수 있다. 한 권의 책을 읽을 때 어휘능력이 부족한 사람은 독서에 이르지 못하고 책읽기 활동에 그치고 만다. 그만큼 어휘 이해능력은 독서활동에 직접적인 영향을 미친다.

책읽기 활동과 듣기 활동이 왜 중요한가. 그것은 배경지식 때문이다. 어린이들은 독서할 때 어휘와 개념을 이해하고 받아들이는데 많은 차이를 보인다. 즉, 독서할 때 배경지식이 많은 아이와 그렇지 못한 아이의 어휘 이해능력은 확연하게 차이가 난다. 예를 들자면 『춘향전』이라는 책을 읽은 아이와 책을 읽지 않은 아이를 데리고 남원 광한루에 갔을 때 어떤 아이가 먼저 반응하겠는가. 아마도 책을 읽은 아이는 책 속의 배경 속에 이미 들어가 춘향이를 만난 듯 즐거워하고, 춘향이가 탔었다는 그네를 보며 그 책 속으로 들어가(배경지식) 춘향이가 그네를 탔던 장면을 떠올릴 것이다.

이처럼 독서활동에서 읽기활동이 얼마나 중요한지 지각할 수 있다. 그렇다면 효율적인 읽기 활동이란 어떤 활동인가. 효율적인 읽기 활동이란 문자 언어의 해독이다. 문자 언어를 인식하고 자유로운 뇌활동을 통하여 문자에 대한 바른 인식과 독해가 이루어져야 한다. 그리고 글이 전하고자 하는 내용을 이해하는 능력을 길러야 한다. 글을 읽고 그 안에 내포되어 있는 내용을 읽어내야 한다. 그러므로 전에는 알지 못했던 새로운 내용의 글을 읽으면서 사고하고 반추하는 활동을 통해 왜 이렇게 되었을까? 이것은 무엇을 의미하는 것일까? 어떻게 하면 될까? 무엇을 해야 할까? 이런 의문을 갖고 끊임없이 생각의 물꼬를 터야 할 것이다. 끝으로 글을 이해하고 학습한 내용을 자기의 언어로 요약 정리하여 기억해야 할 것이다. 이렇듯 읽기는 여러 정보 자원들을 활용하여 지식을 통합하고 조정하는 통합적인 지적 활동이다.

아래는 독서지도를 하면서 읽기와 듣기가 얼마나 중요한가, 또한 누구의 입장에서 듣기를 하느냐에 따라 받아들이는 배경지식과 습득한 어휘가 다르다는 것을 실험한 것이다.

1. 책을 읽어주기 전에 A팀과 B팀으로 나눈다. 커다란 카드에 한 면에는 '도둑'이라고 쓰고 다른 한 면에는 '집을 사려는 사람'이라고 쓴 뒤 양 편에서 보지 못하도록 한 뒤, 양 팀을 모두 눈을 감게 한다. 그리고 한 팀만 눈을 뜨게 하고 '도둑'이라는 글자를 보여준다. 그리고 다시 눈을 감게 한다. 이제 남은 한 팀에게 눈을 뜨게 하고 '집을 사려는 사람'이라는 글자를 보여준다. 그리고 다시 눈을 감게 한다.
2. 책 내용을 읽어주기 전에 자기들이 보았던 글자를 기억장치 속에 집어넣고 자신의 임무를 잊지 말라고 당부한다.
3. 책을 읽어준다.
4. 책을 다 읽어준 후, 양 팀에게 모두 눈을 감게 한다. 그리고 준비 해온 포도알 송이가 그려진 프린트 물을 나누어준다. 그리고 5분의 시간을 주고 생각나는 어휘를 모두 쓰게 한다. 포도알이 다 채워지면 양팀의 주장이 포도알에 채워진 어휘를 발표하게 한다.
5. 양 팀 모두 나왔던 어휘가 무엇인지 체크하게 하고, 다르게 쓴 어휘가 어떤 것인지 발표하게 한다.

이 활동을 통해 한 권의 책을 읽어주어도 서로 받아들이는 어휘가 다른다는 것을 알 수 있다. 같은 내용의 책 내용을 들었다고 하여도 어떤 입장에서 듣기를 하였는가에 따라 서로 받아들이는 어휘와 배경지식이 다르다는 것을 알게 된다.

그리고 필요 없는 어휘는 뇌 활동에서 받아들이지 않고 자신이 필요로 하는 어휘가 기억장치 속에 저장되어 있다는 것을 깨닫게 된다.

이런 활동은 서로 상반된 입장의 주인공이 등장하는 책이 좋다. 예를 들자면, 『콩쥐 팥쥐』, 『흥부와 놀부』, 『백설공주』, 『장화 홍련전』 등이 좋다.

아이들은 이렇게 서로 상반된 입장의 주인공이 되어 듣기 활동을 한다면, 자신의 입장에서 지금까지 해온 한 가지 생각으로 책을 읽게 되지 않는다. 이 활동은 다각적 사고력을 확장시키는데 좋은 독서활동이 되어 비판력도 길러주는 읽기와 듣기 활동이다.

도둑의 입장, 집을 사려는 사람의 입장

가을 하늘이 맑은 오후였습니다. 마이클은 로버트의 초대를 받아 그의 집으로 가게 되었습니다. 버스를 타고 시골길을 1시간을 넘게 가서야 초목에서 뛰어 노는 말과, 양을 치는 사람들이 보였습니다. 마이클은 숨을 크게 들이쉬었습니다. 그리고 로버트의 흐뭇하게 웃고 있는 표정을 들여다보았습니다. 로버트는 집에 가서 마이클과 함께 즐거운 시간을 보낼 생각에 기분이 좋았습니다. 십 분쯤 더 버스가 덜커덩거리는 길을 가서야 좁고 길다란 수목이 우거진 길에 두 사람을 내려놓았습니다. 푸르고 푸른

초목이 넓고 넓게 유채화처럼 펼쳐져 있었습니다. 도시에서 살고 있는 마이클에겐 색다른 풍경이었습니다. 그런데 목이 말라 슈퍼마켓을 찾느라 두리번두리번거려도 주위엔 그런 상점은 어디에도 없었습니다. 그래서 마이클은 생각했습니다.

'그래서 그랬구나……. 로버트가 항상 가방 속에 물을 넣어 다녔던 이유가…….'

몇 분을 더 걸어가서야 시야에 이층의 자주색 건물이 눈에 보였습니다. 마이클은 반가운 마음에

"저기가 너희 집이니?"

하고 물었습니다.

"아니야. 저건 M. 브라운 할아버지 집이야. 저 집에는 두 노인이 살고 있는데 아마 할머니께서 노인성치매에 걸리셨다고 하던 걸? 그래서 이곳으로 이사를 오셨다고 하셨어."

로버트는 차분하게 설명을 해 주었습니다.

"저기가 우리 집이야!"

손가락을 반대쪽으로 쭉 뻗으며 로버트가 소리쳤습니다.

그가 가리키는 쪽을 보자 옥수수 밭이 넓게 널려져 있고 그 옆으로 야자수 나무가 쭉 가로수처럼 펼쳐져 있었습니다. 조금 더 가까이에 다다르자 초록 지붕의 이층집이 보였습니다. 흰 장식나무가 예쁘게 조각되어 있는 대문에는 우편함이 빨갛게 페인트칠이 벗겨진 채 얹혀져 있었습니다. 대문을 열고 들어서자 아주 오랫동안 방치되어 둔 개집이 보였고, 오른쪽으로는 쓰지 않는 듯 보이는 우물에 검은 덮개가 덮여 있었습니다.

현관문을 열자 여자 나체처럼 보이는 조각상이 보였습니다. 그 옆으로

금박장식이 된 코끼리 상이 놓여 있었는데 머리엔 아주 비싸 보이는 금덩이를 이고 있었습니다. 거실 바닥은 나무로 되어 있었는데 걸을 때마다 삐거덕거렸고, 그 위에 깔린 융단은 아주 고급스런 무늬가 그려져 있었습니다. 로버트는 이층으로 올라가자고 말하며 음료수를 건넸습니다. 이층 계단으로 발을 옮겨 놓자 버걱버걱 이상 소리가 나서 발이 빠질까 봐 빠르게 뛰어올라갔습니다. 이층엔 서재가 있었는데 로버트는 어려서부터 서재에서 아버지와 숨바꼭질을 하는 것이 제일 큰 행복이었다고 말했습니다. 서재로 들어가자 많은 책들이 즐비하게 꽂혀 있었는데 한 번도 보지 못한 책들도 많았습니다. 그런데 어디선가 새어 들어오는 빛으로 책상에 놓여진 크리스탈 탁상시계가 보석처럼 반짝였습니다. 그 빛이 새어 나오는 곳으로 시선을 돌리자 천장의 모서리였습니다. 모서리 양쪽으로 나무 테두리가 쳐져 있었는데 낡아서 귀퉁이가 떨어져 있었습니다. 로버트가 아버지와 숨바꼭질을 하였다던 벽장문을 열자 곰팡이 냄새가 코를 찔렀습니다.

그래도 그 벽장의 벽지는 꽃무늬로 도배되어 있어서였는지 화사했습니다. 로버트는 아버지와 어머니가 쓰시는 방이라며 하얀 코사지로 만든 장미꽃 다발이 걸린 문을 열었습니다.

방문을 열자, 화장대가 보였습니다. 화장대 위엔 보석함이 놓여져 있었는데 아주 값비싼 것처럼 보였습니다. 화장대 모서리엔 몇 개의 반지와 목걸이가 놓여져 있었습니다. 그 중에 진주 목걸이는 정말 비싸 보였습니다. 벽에 걸린 액자는 아버지가 가장 좋아하는 것인데 스페인 여행을 갔다가 사오셨는데 박물관에 소장되었던 것이었는데 경매를 통해 어렵게 낙찰 받으셨다고 말해 주었습니다. 방문을 닫고 나오려고 하자 어디선가 좋은 냄새가 났습니다. 로버트는 냄새나는 곳을 가리키며 말했습니다.

"이거~ 엄마가 제일 좋아하는 향수야. 꽤 값이 나간대. 엄마는 향수를 모으시는 게 취미래."

로버트는 외교관인 아버지 때문에 엄마는 일 년에 서네 번 이상은 세계 여행을 다니시는데 세계 각국의 향수를 수집하는 게 큰 행복이라고 하신다고 덧붙였습니다.

또 이번 9월에도 보름간 아시아로 여행을 떠나실 계획이라고 말해 주었습니다. 마이클은 로버트에게 그동안 그럼 혼자 지낼려면 외롭겠다고 하자, 부모님의 여행 기간 동안엔 학교 부근의 이모댁에서 지낼 생각이라고 말했습니다. 로버트는 자기 방에 보여줄 것이 있다고 말하고 마이클을 데리고 자기 방으로 향했습니다. 방문을 열자 침대와 큰 책상이 보였고, 그 옆으로 그렇게 갖고 싶었던 콤보형 최신 컴퓨터가 있었습니다.

"마이클, 이번 생일에 아버지가 사주신 거야."

마이클은 로버트가 부러웠습니다.

"마이클. 오늘은 너를 위한 시간이니까. 저녁 늦게까지 이 컴퓨터는 니 꺼야."

마이클은 신이 났습니다. 컴퓨터에 앉아 1시간 쯤 게임을 했을 때였습니다. 갑자기 걱정스런 마음이 되어 로버트에게 물었습니다.

" 로버트. 여기 버스는 막차가 몇 시에 있어?"

"응. 8시에. "

"그럼, 버스는 자주 다니니?"

"아니. 두 시간에 한 대씩 마을에서 운영하는 자체 버스가 있어. 아까 니가 타고 온 거."

마이클 시계를 보았습니다. 벌써 5시가 넘어가고 있었습니다. 마이클은 컴퓨터에 앉아 시무룩해졌습니다. 그리고 시계를 자꾸 들여다보았습니다.

아래는 위의 글을 읽어주고 도둑의 입장과 집을 사려는 사람의 입장에서 듣기 수업을 하였더니 서로 적어낸 어휘가 달랐다. 누구의 입장에서 듣느냐에 따라 들리는 어휘가 다르게 기억된다는 것을 볼 수 있다.

도둑의 입장	집을 사려는 사람의 입장
사파이어, 진주목걸이, 옥수수밭, 야자수 숲 콤보형 컴퓨터, 외교관, 출장, 해외여행, 9월, 보름간, 아시아 여행, 집 비울 예정, 크리스탈 탁상시계, 외진 곳, 화장대 보석함, 비싼 향수, 우물, 개 집, 금박 코끼리 상	한 시간에 한대, 버스, 막차 저녁 8시, 천장의 구멍, 수퍼마켓 없음, 몇 안 되는 이웃, 쓰지 않는 우물, 덜커덩, 좁은 길, 삐그덕 거리는 마루, 개 집, 주위 학교 없음,

책을 읽고 내용을 정리 못하는 아이들을 어떻게 지도해야 하나?

아이들은 책을 읽은 후에 중심내용을 간추리는 능력이 없다. 독서를 많이 하는 아이들은 그렇지 않은데 책을 좋아하지 않은 아이들은 책을 읽고도 무엇을 느꼈는지, 어떻게 받아들였는지 책 내용을 이야기하기를 꺼린다.

이럴 땐 이렇게 해 보면 효과가 크다.

6H원칙에 따라 질문을 해 보면 자연스럽게 읽은 책의 중심 내용을 추려서 스스로 정리를 할 수 있게 된다.

1. **Who** (누가 누가 나왔었지?)라고 자연스럽게 물어본다. 아이가 직접 필기하기를 꺼려한다면 옆에서 대신 필기를 하면서 이야기를 이끌

어가도 좋다.

2. **When** (자~ 언제 일어난 이야기인가 보자. 옛날 옛날에……)

3. **Where** (어디서 일어난 일이지? 그래. 도화동에서 일어난 일이구나……)

4. **What** (무슨 이야기지? 그래서 효성이 지극한 심청이의 효성을 다룬 거구나……)

5. **How** (어떻게 아버지의 눈을 뜨게 했지? 그래…… 그래…… 어떻게 왕비가 되었지?)

6. **Why** (왜, 인당수에 팔려갔을까? 그래. 맞아…… 왜, 왕이 봉사들에게 잔치를 벌였을까?)

위의 내용은 저학년일 경우에 아이들이 책을 읽은 후에 책 내용을 간추리지 못할 때 도움을 줄 수 있는 방법이다. 그렇다면 고학년일 때는 어떤 방법이 있을까?

미국 여류작가 리 와인담의 줄거리를 풀어보기 위한 12단계의 방법인데 고학년 지도에 많은 도움이 되었다.

1. 누가 주인공인가? (많은 인물 중 누가 주인공인지 가려내게 한다.)

2. 대립 인물 혹은 악역은 누구인가? (모든 아동창작동화를 비롯한 아동을 상대로 한 작품 속에는 악역과 선한 역의 주인공이 있다. 그래서 아이들 창작동화에는 1차적 언어로 쓰여지는 것이 바람직하다. 1차적 언어란 이쁘다 밉다, 슬프다 기쁘다, 행복하다 불행하다, 웃는다 운다, 아름답다 추하다…… 등. 인물 역시 나쁜 사람, 좋은 사람, 바보 같은 사

람 훌륭한 사람, 천사 마귀할멈…… 등으로 인물은 대립되어 있다. 그래서 아이들은 쉽게 작품 속에서 대립되는 인물을 찾아낼 수 있다.)

3. 이야기에 등장하는 다른 인물들은 누구인가?

4. 주인공이 무엇을 원하나? 왜?

5. 그가 원하는 것을 얻는 것이 그에게 얼만큼 중요한가?

6. 대립 인물이 어떤 식으로 주인공의 목적 달성을 가로막고 방해하는가? (이것이 등장인물 자신, 혹은 다른 사람이나 상황에 대한 갈등이고 대립의 이유가 되기 때문에 이런 인물에 대한 반추사고를 통해 줄거리를 풀어나가는 데 도움이 된다.)

7. 주인공은 이러한 장애를 대해서 어떻게 대처해 나가고 있는가? (아이들은 책을 통해서 삶을 배운다. 그러므로 주인공에게 닥친 불행을 어떻게 딛고 일어나며 어떻게 대처해 나가고 있는지를 찾아내고 또 올바르게 대처해 나가고 있는가를 생각하면서 주인공이 운명을 어떻게 개척해 나가는가를 보면서 사고력 및 창의력을 향상시킨다. 나라면 그렇게 안 했을텐데…… 나였어도 그 상황에서는 어쩔 수 없이 그렇게 했겠구나…… 생각하면서 사람을 이해하는 법 또한 배운다.)

8. 주인공의 최초의 행동 결과는 무엇인가? (여기에서 복잡한 사건들이 시작된다. 주인공의 투쟁은 더 격렬해진다. 그러므로 책을 읽는 시간 내내 끊임없이 사고하고 반추해 가면서 주인공의 행방을 따라가야 한다.)

9. 이러한 투쟁들이 무엇을 가져오는가? (이것이 위기, 즉 주인공에게는 결정적인 사태이다.)

10. 절정은 무엇인가? (주인공은 그에게 부여된 인물 특성에 따라 어디로 가야 할지를 결정해야 한다.)

11. 주인공은 그의 목적을 성취합니까? 아니면 어떤 다른 것을 위하여 그것을 포기하는가? (이것이 이야기의 결과, 해결 혹은 대단원이 된다.)

12. 주제는 무엇인가? (등장인물들의 행동과 반응을 통해서 드러내려 했던 기본적인 진리가 무엇인가. 주제란? 작가가 하고 싶은 말을 작품 속에 풀어놓은 것이다. 또한 그 책의 중심내용이다. 그것을 찾아내려는 의지를 가지고 작품을 읽다보면 주제를 찾게 된다.)

위의 12단계를 통과하는 동안 아이들은 흥미를 느끼며 책과 친해져 있을 것이다.

아이들이 책을 읽고 줄거리를 모르거나 줄거리 요약하기를 어려워한다면 다음과 같이 책 내용을 어휘로 정리하여 그림과 함께 나열해 보면 많은 도움이 될 것이다.

예: p. 329, 작품13 으뜸헤엄이 마인드 맵 참고

한 권의 책을 읽고 줄거리 요약을 못하는 아이들에게 위와 같이 도식화하여 기억하게 하면 오래도록 책 내용을 즐겁고 행복하게 기억하게 된다.

아이와 엄마가 함께하는 독후활동 이렇게 해 보자

아이의 기분을 좋게 해 주는 독후활동을 하면 한결 마음이 따뜻해지고 밝아지는 걸 볼 수 있습니다. 아이들의 감성은 피부가 얇은 막으로 되어 있다고 생각하면 됩니다. 조금만 강하게 다루어도 쉽게 상처를 입지요. 특히 유아일 때는 더 그렇습니다. 시무룩해 보일 땐 혼자 두지 마세요. 이유를 알아내야 합니다. 아이들은 친구들과 잘 놀다가도 금세 장난감 때문에 싸우기도 하고 삐지기도 하지요. 그러다가 친구가 돌아가 버리면 금방 후회하면서 슬퍼한답니다. 바로 앞을 보지 못하고 현재에 충실하기 때문이지요.

신흥대학 자녀독서지도 특강에서 독후활동의 중요성에 대해 수업을 했는데, 2시간 내내 주부들은 고개를 끄덕이며 강의를 들었다. 그날 수업은 레오리오니의 『으뜸헤엄이』였다.

친구들과 다툴 때 레오리오니의 『으뜸헤엄이』를 읽어주고, 독후활동을 해 주자. 다투었던 아이들이 언제 그랬냐는 마음이 되어 똘똘 뭉쳐 아이들의 세계로 빠져들게 될 것이다.

아이들은 자라면서 많은 시행착오를 겪게 되는데 이럴 때마다 어른이 어떻게 대처해 주는가에 따라 행복을 아는 따뜻한 아이가 되기도 하고, 상처를 받아 타인을 경계하여 잘 어울리지 못하는 아이로 자라게 되기도 한다.

아이교육은 세상의 어떤 일보다도 중요하고 제일 먼저 선행되어야 할 일이다. 이 세상의 모든 교육자들과 독서지도사들이 마음과 뜻을 합친다면, 따뜻한 세상에서 아이들은 따뜻한 마음으로 활기차게 삶의 나래를 펼치게 될 것이다.

꿈을 가진 아이, 꿈을 향해 날개를 푸득이는 아이, 먼 내일엔 꿈을 이룬 어른으로 성장해 있을 것이다. 꿈을 이룬 후에도 거기서 멈추지 않고 꿈꾸는 아이들을 향해 빛을 비추어줄 것이다. 어둠이 없는 세계는 없을 것이다. 선과 악은 같이 존재하겠지만 어둠을 향해 빛을 비춘다면 덜 어두울 것이다. 그래서 질퍽이며 넘어지는 아이들은 없지 않을까? 캄캄한 어둠 속에 비춰주는, 한줄기 빛이 얼마나 밝은지 우리 어른들은 너무도 잘 알고 있다.

아이들의 세상은 아이들만의 환상이 있고 아이들만의 규칙이 있고, 아이들만의 언어가 있다. 어른들은 아이들의 세상 안에서 이루어지는 모든 것을 존중해 주어야 할 것이다. 조금은 어설프고 아슬아슬해서 볼 수 없을 것 같아도 언제까지나 손을 내밀어 잡아줄 수는 없는 것이다. 그럴 땐 차라리 아이들을 믿고 눈을 감아보자.

책 선정 : 『으뜸 헤엄이』-글, 그림 - 레오리오니

책 내용

깊고 푸른 바다 속이 배경이 되어 아이들을 바다 속으로 유인하고 있다. 그 안에 무엇이 있을까? 무엇이 살고 있을까? 아이들의 호기심을 유발하면서 리듬감 있고 씩씩하게 읽어주자.

바다 속에는 큰 물고기와 작은 물고기가 서로 공존하면서 살아가고 있다. 바다 속도 약육강식의 법칙은 존재하듯 큰 물고기에게 잡히지 않기 위해 으뜸 헤엄이와 작은 물고기들은 한 마음이 되어 힘을 합쳐 커다란 물고기의 모양을 만들어 큰 물고기에게 잡혀 먹지 않고 스스로 자신들의 몸을 지키면서 큰 물고기를 몰아내는 이야기이다. 이 책을 읽어주면서 이 세상에는 어른과 아이들이 함께 살아가고 있다는 것을 말해 주면 좋다. 힘센 어른들이 아이들을 힘으로 누르거나 강압적으로 해선 안 된다는 것도 인지시켜주어야 한다. 어른과 아이들이 서로 아름답게 살아갈 수 있는 방법도 이야기를 주고받으면 아이들이 어른에 대해 어떤 생각을 하고 있는지도 알 수 있다. 또한 아이들만의 세계에도 힘센 아이와 약한 아이들이 함께 살아갈 수밖에 없고, 그렇다면 어떻게 서로 충돌 없이 지낼 수 있는지 아이들의 생각을 끌어내보는 것도 좋다. 이 책에서처럼 힘없고 약한 사람들도 서로 격려하며 힘을 합친다면 어떠한 위험에도 굴복하지 않고 당당하게 자기의 위치를 지키며 살아갈 수 있다는 것도 생각하게 해 주자. 아이들에게 충분히 생각할 거리를 준 다음 독후활동으로 들어가자. 이 책은 아이들이 좋아할 수 있도록 종이를 찢어 붙인 듯한 콜라주 기법과 도장을 찍은 듯한 판화기법을 사용했다.

콜라주(collage)는 풀에 다양한 물질을 붙이는 기법을 뜻한다. 원래 프 랑스어 콜(coole)에서 유래되었다. 콜라주 기법을 처음 사용한 화가는 20 세기 초의 입체파 화가인 피카소가 있다. 어떤 정형화된 전형적인 회화 기법을 탈피하여 새로운 회화 기법을 즐기던 피카소에 의해 알려진 콜라 주 기법은 그 이후 다양한 방법과 방식으로 고안되어 왔다. 그 다양한 기 법을 살펴보면 잡지, 우표, 신문, 벽지, 단추, 나뭇잎, 꽃잎, 조개, 헝겊 등 그 외에도 많은 방법이 동원되고 있다.

아이들은 그림그리기도 좋아하지만 콜라주 기법을 활용한 작품 활동 또 한 좋아한다. 그리고 미술기법 중 손으로 할 수 있는 만들기 활동을 통해 오감을 깨우고 자극하여 뇌자극을 하게 되며 좌뇌와 우뇌를 자극하게 된 다. 그 자극이 아이들의 두뇌활동을 활발하게 한다.

다음은 그림책 『으뜸헤엄이』를 읽어주고 아이들과 함께할 수 있는 독후 활동이다.

독후활동

1) 책을 읽어준 후 냉장고 문을 열어 아이들에게 야채를 모두 꺼내게 한 뒤, 어떤 야채가 판화를 찍을 수 있는 것인지 찾아내게 한다. 이런 활 동을 통해 아이들에게 딱딱한 야채와, 부드러운 야채를 인지하게 하는 활동도 함께 할 수 있다.

2) 바닥에 신문지나 화선지를 넓게 깔아준 뒤, 물감이 묻지 않도록 서로의 팔을 걷어주게 한다. 이 활동을 통해서 아이들은 이미 협동심이 무엇인 지 돕는다는 것이 무엇인지 인지하게 된다.

3) 아이들이 고른 야채를 하나씩 물고기 모양으로 깎아준다.

4) 바닥에 깔아 놓은 화선지에 크레파스로 큰 물고기 모양을 그린다.

5) 커다란 물고기의 주위를 푸른 계통의 크레파스로 물결모양을 선을 이용해 각자 그리게 한다. 바다 속이라는 말을 해 주고 "이제부터 환상 속으로 여행을 떠나는 거야. 알았지? 내가 박수를 두 번 치면 모두 으뜸 헤엄이를 만나러 가는 거야. 응? 자, 지금부터 우리는 바다 속으로 여행을 떠나는 거예요?"라고 말을 해 준다. 그런 뒤, 박수를 두 번 크게 친다.

6) 으뜸 헤엄이를 펼쳐놓고 책을 보면서 아이들이 즐겁게 이 놀이를 할 수 있도록 최대한 배려를 해 준다. 이 때 음악도 틀어주면 좋다. 인어공주에 삽입되었던 '언 더더 씨~' 아이들은 더 신나고 흥이 나서 이 놀이에 푹 빠지게 될 것이다.

7) 도장 찍기를 하는 동안 엄마는 살짝 빠져주면 더 좋다. 아이들이 자유롭게 독후활동을 할 수 있도록 환경을 만들어주는 것은 중요하다. 어른이 개입되어 있으면 아이들은 자꾸 어른의 눈치를 살피게 되어 있다.

8) 큰 고기가 완성되면 그림책과 비교해 보면서 다른 점과 같은 점을 찾게 하는 것도 좋다.
"어머! 어쩜 이렇게 색다른 물고기 되었을까? 으뜸헤엄이는 아니지만 우리 이 커다란 물고기의 이름을 지어 줄까?" 아이들에게 이름을 짓게 하는 활동을 통해서 사고력과 창의력이 발달하게 하는 독후활동으로 연계할 수도 있다.

아이들이 도장 찍기를 했는데 책과 다르다고 위축될지도 모르기 때문이다. 아이들은 이 활동을 통해 친구들과 협동해서 한 마음으로 무엇인가 해 냈다는 기쁨을 느끼게 될 것이다.

이렇듯 아이들의 감성을 만져주는 것이 발전적인 독서지도이다. 약한 아이, 강한 아이, 보통아이, 아주 특별한 아이, 잘 웃는 아이, 잘 우는 아이, 엄마 아빠가 모두 있는 아이, 한 쪽 부모가 없는 아이, 양부모 모두 잃은 아이…… 등 우리가 사는 세상엔 이렇듯 다른 여건을 가진 아이들이 모두 섞여서 살아가야 한다.

살기 좋은 세상이란? 눈에 보이는 물질적인 만족을 아이들에게 주기보다, 인성이 제대로 된 아이들이 많이 사는 나라이다. 우리들이 지향해야 할 나라는 어떤 나라일까?

아이들과 함께 이런 독후활동을 하면서 아이들은 어떤 세상에 살고 싶어하는지 또, 아이들이 좋은 세상이라고 생각하는 세상은 어떤 세상인지 대화를 통해 아이들의 마음을 헤아려 주는 것도 독서지도사들이 해야 할 일이라고 생각한다.

다음은 엄마와 아이들이 함께 한 독후활동 그림이다. 다양한 콜라주 기법과 판화 기법이 잘 조화되어 아름다운 작품이 되었다.

예: p. 330, 작품14 다양한 콜라주 작품들 참고

3부

독서감상문 쓰기지도 및 갈래별 글쓰기 지도

독서감상문 쓰기 지도

아이들에게 왜? 독서감상문을 쓰게 하는가?

아이들이 책을 읽은 후 독서감상문을 쓰는 것이 좋은가? 아니면 꼭 쓰게 할 필요는 없는가. 이 문제는 예전에도 심심치 않게 다루어졌고 지금도 여전히 각각 다른 의견들이 나오고 있다. 어쨌든 아이들에게 독서감상문을 쓰게 하는 것이 좋은지 아닌지는 어른들의 시각과 생각이 아닌 아이들 스스로의 판단과 아이들 자신에게 맡겨야 할 것으로 본다.

책을 읽은 후 활동으로 독서감상문을 쓰게 하는 데는 이유가 있다. 그것은 책을 읽은 후 읽은 글의 내용과 감동을 오래 기억하게 하기 위함이 첫째 이유이다. 시간이 지나면 기억에서 지워지는 것은 당연한 일이다. 그러나 아이들의 기억 속에서 오래도록 아름다운 추억으로 기억되어 지길 기대하면서 독서감상문을 쓰게 하는 것이다. 그런데 독서감상문을 쓰게 한 것과 책을 읽은 후 독서 후 활동을 하지 않은 아이들의 뇌 속에 저장되어 있는 것은 확연하게 차이가 난다.

둘째, 줄거리 간추리는 능력을 길러준다. 독서감상문을 쓰지 않고 편하게 읽게 히면 아이들은 책을 읽다가 재미없는 부분이 나오면 이내 포기하고 만다. 그러나 독서감상문을 쓰게 하면 아이는 책을 읽다가 재미없는 부분이 나오더라도 끈기를 가지고 끝까지 읽어 내려간다. 이런 활동을 통해서 아이들에게 지구력도 길러주게 된다.

셋째, 생각과 느낌을 정리하는 능력을 길러준다. 아이들이 책을 읽는 동안 페이지의 중간 중간 빈 백지에 책을 느끼는 감정과 생각을 그 때 그 때 메모를 하면서 정리하는 능력이 생긴다.

넷째, 생각을 깊게 하는 습관을 길러준다. 아이들은 책을 읽는 내내 주인공이 겪은 사건들에게 대해 깊게 사려하고 생각하는 습관이 생긴다. 왜? 이렇게 했을까? 무엇이 주인공을 이렇게 강하게 만들었을까, 이 시기엔 왜 이렇게 가난할 수밖에 없었는가……하는 생각을 끊임없이 하게 된다.

다섯째, 비판력과 창의력을 길러준다. 책을 읽는 동안 아이들은 끊임없이 스스로 반문하게 된다. 작품 속의 인물들이 서로 충돌을 하게 되면 왜, 이렇게 밖에 행동할 수밖에 없는가를 생각하면서 비판력이 길러진다. 21세기는 비판력을 가진 아이들을 필요로 한다. 아이들이 비난이 아닌 비판능력을 갖춘 아이로 자라게 하기 위해서는 독서감상문을 쓰게 하는 활동을 통해서 입장 바꿔서 생각하기, 비틀어 생각해 보기, 낯설게 생각해 보기 등 다양한 사고력을 바탕으로 비판능력과 창의력이 길러질 것이다.

여섯째, 글 쓰는 능력이 길러진다. 아이들은 책을 읽은 후 메모한 것을 정리해 가면서 독서감상문을 쓰게 되는데 이런 활동을 통해서 아이들의 글 쓰는 능력은 날이 갈수록 향상되어 간다. 글쓰기는 어느 한 순간에 이루어지는 것이 절대 아니다. 끊임없이 노력하고 계속적으로 글 쓰는 습관을 갖게 되면 자연스럽게 글 쓰는 능력은 향상되게 되어 있다. 그러나 글쓰기 능력을 향상시키기 위한 것이 목적이 되어서는 안 된다. 독서감상문을 쓰는 동안 즐겁고 행복한 활동으로 이어진다면 자연스럽게 글쓰기가 즐거워질 것이며, 글 쓰는 일이 습관으로 이어질 것이다. 일단 글쓰기는 부담이 없어야 한다. 마음의 부담이 없다면 글쓰기는 반은 성공한 것이다.

일곱째, 본인의 생활과 비교하여 가치관을 형성하며, 정체성을 갖게 한다. 책을 읽는 동안 자신의 생활과 책 속의 주인공 삶을 비교해 가면서 가치관을 형성하게 된다. 또한 자아를 형성하는 동안 자신의 정체성을 확립하는데 많은 도움이 된다.

여덟째, 발전적인 독서를 할 수 있게 하며, 다음 읽을 책으로 연결하는 동기가 된다. 책을 읽는 동안 책 속에 나온 시대를 궁금하게 생각한 부분이 있다면 시대물을 찾아 읽게 되거나 위인전을 읽었을 때 『세종대왕』 속에 등장한 인물인 장영실을 궁금하게 생각하여 다음에 읽을 책을 찾아 읽게 되는 동기가 되어 다독할 수 있는 동기유발이 된다. 또한 책을 읽어야만 하는 동기부여를 찾게 된다. 이런 활동을 통해 아이들에게 발전적인 독서를 할 수 있도록 독서감상문을 재미있고 흥미롭게 쓸 수 있도록, 다양한 독서감상문 형식으로 유도해 주어야 할 것이다.

그렇다면 독서감상문을 쓸 때 주의할 점은 없는가. 다음의 몇 가지 사항을 주의하여 지도하면 좋을 것이다.

첫째, 형식에 얽매이지 않도록 한다. 책을 읽고 독서감상문을 쓸 때 중요하지 않은 부분은 쓰지 않는 것이 좋다. 독서를 하게 된 동기가 꼭 필요하지 않다면 꼭 쓸 필요는 없다. 그리고 저자나 출판사 등은 꼭 쓰지 않아도 된다.

둘째, 독서에 익숙해진 후에 독서감상문을 쓰도록 권한다. 책을 읽는 일이 부담스러운 아이에게는 굳이 독서감상문 쓰기를 강요해서는 안 된다. 독서감상문을 써야 한다는 강박관념 때문에 책읽기 활동이 부담으로 느껴질 수 있기 때문이다.

셋째, 읽은 책마다 모두 쓸 필요는 없다. 아이들에게 책을 읽은 후 읽은 책마다 모두 독서감상문을 쓰게 할 필요는 없다. 독서감상문은 본인이 스스로 읽은 책에 대한 기억을 오래 간직하기 위해 쓰는 것이다. 그런데 모든 책을 다 쓰게 한다면 숙제라는 생각이 들어서 다음 책읽기를 꺼려지게 된다. 그러므로 읽은 책마다 다 쓰게 할 필요는 없다.

넷째, 독서단계에 맞게 지도한다. 8~9세까지는 독서감상문을 쓰게 하기보다, 느낀 점을 말하게 하거나 삼행시 짓기 정도로 가볍게 해 주는 것이 좋다. 독서감상문이란 글로 표현해야 한다는 부담감을 갖기 않도록 해야 한다. 저학년일 경우는 아이들의 수준에 맞게 스스로 선택하여 독후활동을 할 수 있도록 다양한 독서감상문 형식이 프로그램화 되어야 할 것이다.

다섯째, 책 제목을 꼭 써야 한다는 생각을 버리자. 『어린왕자』를 읽고……' 등 책 제목을 꼭 써 넣어야 한다는 생각은 버리고, 책을 읽은 후 느낌을 함축해서 새로운 제목을 짓게 하는 것이 좋다. '어린왕자의 꿈' '영원히 사라지지 않은 별로 돌아간 어린왕자' 등 아이들이 책을 읽고 새로운 제목을 붙이게 하는 것이 바람직하다.

여섯째, 독서감상문을 길게 써야 한다는 생각으로부터 자유롭게 해주자. 아이들에게 독서감상문을 쓰게 하면 길게 써야 한다는 생각에 감상문을 쓰는 자체를 부정적으로 받아들이게 되는 아이들이 있다. 그러므로 아이들에게 어른의 생각에 맞춰서 몇 줄을 써야 한다거나, 몇 줄 이상은 써야 돼……라는 식의 말은 삼가는 것이 좋다. 스스로 감상한 것을 솔직하고 자연스럽게 자신의 능력에 맞게 쓰도록 유도해 주어야 한다.

다양한 독서감상문 형식

편지 쓰기 형식

아이들이 가장 선호하는 독서감상문 형식이다. 편지란? 전할 말이 있어서 지면을 통해 할말을 하는 것이다. 그러므로 수신인과 발신인이 있다는 것이 특징이다. 편지형식은 저학년~고학년에 이르기까지 가장 많이 활용하는 독서감상문 형식이다. 읽어줄 대상이 있어야 하는 특징 때문에 읽는 사람의 입장을 고려하여 쓰는 것이기 때문에 솔직하고 친근감이 느껴지는 형식이다. 그런 이유 때문인지 저학년~고학년 모두 즐겨 쓰는 형식이다. 특히 용기를 주고 싶거나 닮고 싶은 점이 있을 때 이 형식을 선택한다. 아이들은 마치 인물이 창조된 인물이 아닌 실제 인물인 것처럼 아주 자연스럽게 주인공에게 편지를 쓴다.

얼마 전 겨울특강에 『내 짝꿍 최영대』 수업을 했는데 최영대에게 편지형식의 독서감상문을 썼는데 아이들의 솔직하고 정직한 마음이 그대로 드러나 있었다.

아래의 작품은 3학년 전진아의 편지형식 독서감상문이다.

용기를 내, 영대야!

영대야. 나는 중앙초등학교에 다니는 3학년 전진아야.

그동안 잘 있었니? 나는 너의 얼굴을 알지만 너는 나를 모르지? 난 긴 머리를 하고 있고 키는 아주 크지 않지만 반에서 키다리라고 불린단다. 왜냐면 말라서 길어 보이거든.

영대야. 니가 수학여행에 가서 울 때 내 가슴도 무척 아팠단다. 왜냐면, 나도 엄마가 안 계시거든…….

우리 엄마는 작년에 교통사고로 돌아가셨어. 그래서 나도 우리 아빠랑 둘이서 산단다. 그런데 왜 너는 바보처럼 아이들이 너를 놀리는 데도 가만히 참고만 있었니.

옷은 왜 그렇게 더럽게 입고 다닌 거야? 아빠가 바빠서 니 옷을 빨아줄 수가 없다면 니가 빨아서 입으면 되잖아. 우리 아빠도 장사를 하시기 때문에 아침에 내가 옷 챙겨 입고 내가 알아서 밥을 먹어야 해. 그렇지만 난 한 번도 지각하지 않았어.

영대 너는, 왜 그렇게 지저분하게 하고 다니는지 내 옆에 니가 있었다면 내가 말해 주었을 텐데…….

영대야. 그러니까 애들이 널 놀리지. 다음부턴 그렇게 다니지마. 알았지?

그리고 아빠 생각을 해 봐. 니가 그렇게 놀림당하는 거 알면 얼마나 속상하시겠니.

영대야. 그리고 심심하면 나한테 메일 보내. 나도 동생도 없고 언니도 없거든.

알았지? 내 메일 주소는 jinju0109@lycos.co.kr이야.

우리 앞으로 친하게 지내자. 난 취미가 인라인 타는 건데……너는 취미가 뭐야?

너도 인라인 탈 줄 아니? 참, 다음 주가 내 생일이야. 너도 초대하고 싶어. 꼭 와줘. 우리반 아이들도 초대 했어. 너를 소개시켜 주고 싶거든.

그럼, 감기 조심하구 안녕.

의정부에서 전진아가…… 우린 좋은 친구지?

마인드 맵 형식

마인드 맵 (생각그물)은 저학년부터 할 수 있는 좋은 독서감상문 형식이다. 또한 고학년 아이들에게 좋은 형식이다. 마인드 맵은 책 한 권을 읽고 기호와 어휘의 나열로 지면을 꾸미는 활동으로 오래도록 아이들의 기억력 향상에 도움을 주는 좋은 방법이다. 이 방법으로 주부들에게도 독서감상문 수업을 하였는데 모두 재미있어 했다. 독서감상문은 즐겁고 재미있는 활동으로 이어져야 한다. 그래야 끊어지지 않고 오랫동안 유지되기 때문이다. 아이들 및 주부들은 마인드 맵 형식의 독서감상문을 끝내고 나면 매우 흡족하게 생각하고 보람 있어 했다.

마인드 맵을 시작하기 전에 어휘를 끌어내는 학습이 어렵다고 느끼는 아이들에게는 이런 방법을 알려 주면 좋다.

- 원숭이 엉덩이는 빨개→빨가면 사과→사과는 맛있어→맛있으면 바나나
  →바나나는 길어→길으면 기차→기차는 빨라→빨르면 비행기→비행기
  는 높아→높으면 백두산…… 등
- 어머니→사랑→카네이션→빨강→태양→뜨겁다→찐빵→맛있다→갈비→
  포천→열두개울→온천→시원한 음료수→여름→소나기→황순원→소녀→
  성냥팔이→겨울→눈사람→크리스마스→산타 할아버지→빨강 옷→붉은
  악마→월드컵 축구→히딩크→ ……등

예:p. 336, 작품15 브레인 스토밍 참고

독서달력 형식

독서달력은 온 가족이 함께 만들면 좋은 독서감상문 형식이다. 12달
을 몇 장씩 나누어 가지고 서로 읽은 책으로, 가장 감동깊게 읽은 책으
로 달력을 꾸며 보는 것이다.

이 활동을 통해 아빠가 읽은 책, 엄마가 읽은 책이 어떤 책인지 알아
보고, 내 아이들이 읽은 책들이 어떤 종류의 책인지 서로 상호 교감을
할 수 있는 좋은 계기가 된다. 그리고 그 중에서 한 권을 뽑아온 가족이
읽고 토론을 하는 방법을 적극 추천하고 싶다. 토론을 하는 동안 아이
들의 생각도 들여다볼 수 있어서 좋다. 또한 대화가 없었던 가정에 대
화의 꽃이 활짝 피게 하는 좋은 계기가 된다.

책은 사람과 사람을 친화하게 한다. 또 책을 통해 열린 마음은 바른 인성으로 연결된다. 아이들에게 좋은 모습을 보여주고 바른 행동을 하는 것만큼 좋은 학습은 없다. 아리스토텔레스의 말처럼 인간은 태어나면서 모방의 본능이 있다고 한 것처럼, 아이들은 어른들의 행동을 보는 것만으로 학습이 되어 그대로 흉내내게 되어 있다. 가정에서의 책 읽는 습관이 아이들에게도 바른 교육이 될 것이다. 또한 온 가족이 함께 하는 독서달력을 만드는 학습을 통해 평생 계획성 있는 독서활동을 하게 될 것이다.

주차장 형식의 독서감상문

저학년 아이들에게 글쓰기를 강요하는 독서감상문 형식은 바람직하지 않다. 책을 읽고 줄거리를 요약하고 느낀 점만을 쓰게 하는 좋은 방법이다. 가장 감명 받았던 부분을 그림으로 그리게 함으로써 아이들에게 독서감상문을 부담 없이 쓰게 하는 좋은 방법이 될 것이다.

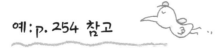

예 : p. 254 참고

퍼즐 형식의 독서감상문

책을 읽고 생각나는 모든 어휘를 색종이에 쓰게 한다. 그리고 그 어휘를 가지고 놀이를 하면서 아이들이 즐거운 독서감상문을 즐기게 하는 유아 및 저학년을 위한 독서감상문 형식이다. 이 놀이를 통해 아이들은 책 내용이 영상으로 기억장치에서 펼쳐지는 경험을 하게 될 것이다. 어휘 하나하나를 보면서 그 앞뒤의 상황이 줄줄이 이어지는 경험을 하게 된다. 책을 읽고 놀이로 이어지는 이 방법이야 말로 좋은 독서감상문 형식이다.

책 – 『곰 사냥을 떠나자』

어휘 : 덥수룩한–을 뽑아 들면 아이들은 "곰이요. 덥수룩한 털."

덤벙텀벙–을 뽑아 들면 아이들은 "강을 건널 때 나는 소리예요."

사각서걱–을 뽑아 들면 아이들은 "풀을 헤치며 가는 소리요."

어머!–를 뽑아 들면 아이들은 "어머, 곰이잖아."

곰–을 뽑아 들면 아이들은 합창을 하듯 "곰 잡으러 간단다. 큰 곰 잡으러 간단다"라고 외친다.

책 – 『어린왕자』(생텍쥐페리)

1. 『어린왕자』를 읽고 판에다 퍼즐을 모두 쏟아부은 뒤, 그림의 순서대로 맞추게 한다. 그리고 그 순서에 맞게 책 내용을 유추하게 한다.
2. 그림의 뒷면에 문제가 있는데, 마음에 드는 그림을 한 장씩 뽑게 한 후 뒤집어서 문제를 읽게 하고 자신이 생각한 것을 이야기하게 한다.

만들기 형식의 독서감상문

책을 읽고 만들기를 함께하면 아이들이 매우 즐거워한다. 찰흙으로 주인공의 모습을 직접 만들어 보게 하면 오래오래 그 추억을 떠올리며 행복한 아이로 자랄 수 있게 될 것이다. 『곰 사냥을 떠나자』를 수업한 후에 찰흙으로 곰을 만들게 하였더니 조막만한 손으로 어찌나 행복해 하던지 그 모습을 지켜보는 동안 독서지도사가 되길 정말 잘했구나……를 마음속으로 100번은 더 외친 것 같다. 또 『손 큰 할머니의 만두』를 수업하고 밀가루 반죽을 해 가서 아이들에게 만두를 직접 만들어 보게 했더니 수업이 끝나고 가면서 모두 한 마디씩 했다.

"선생님. 이거 진짜 먹어도 돼요? 진짜 먹을 수 있어요?" 라고 하면서 신나게 집으로 돌아갔다. 그 날 아이들은 정말 수업시간에 만든 만두를 끓여 먹었을까? 그 생각을 하면서 나도 행복했다. 독서감상문은 이렇게 아이들이 즐겁고 행복하게 즐길 수 있는 모형으로 연결이 되어야 한다. 그러기 위해서는 독서지도사 및 학부모들이 보다 많은 노력을 필요로 한다.

교육이란 힘들이지 않고 저절로 되지 않는다. 힘들이고 공들이고 노력한 만큼 되돌아오는 것이다.

예:p. 339, 작품17 책 읽고 아이와 함께 즐거운 독후활동 참고

독서 감상화 형식

아이들이 글씨 쓰기를 부담스러워할 때 이런 방법도 좋다. 책을 읽고 느낀 것을 그림으로 그리게 하는 것이다. 독서감상문은 책을 읽고 느낀 점을 오래 기억하게 하는 것이 목적인만큼 글이 아닌 영상으로 기억되어 오래오래 책 내용을 감상하게 될 것이다.

이 방법은 기승전결 식으로 4장으로 그리게 하면 더욱 좋다. 다음에 기억할 때 책 내용을 입체감 있게 추억할 수 있는 좋은 독서감상문 형식이다.

예: p. 342, 작품18 이렇게 해 봐요, 오래 기억할 수 있어요! 참고

퀴즈 형식의 독서감상문

책 내용을 간추리지 못하는 저학년을 위한 독서감상문 형식이다. 퀴즈를 통해 아이들이 재미있게 배경지식을 바탕으로 문제를 풀어감으로써 책 내용을 자연스럽게 기억하게 된다.

이 때 주의할 점은 문제는 너무 어렵게 내지 말아야 한다. 문제가 어려우면 아이들은 공부라는 생각으로 기울기 때문에 흥미를 잃어 버리게 된다. 문제를 낼 때, 아이들이 생각할 거리를 만들어 줄 수 있는 문제를 내는 것 또한 중요하다. 그저 재미만을 추구하는 문제는 아이들의 기억 속에 오래 남지 않는다.

책 - 『어린왕자』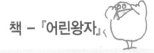

문제- 1. 어린왕자가 다른 별에 어떻게 갈 수 있었을까요?

2. 어린왕자가 장미에게 약속한 것은 무엇일까요?

3. 어린왕자가 마지막으로 간 별은 어디인가요?

4. 어린왕자가 비행사에게 그려 달라고 한 것은 무엇이었나요?

5. 어린왕자가 사라진 곳은 어디인가요?

6. 어린왕자와 내가 닮은 점은 무엇인지 두 가지 이상 써 볼까요?

막대 형식의 독서감상문(책 내용을 요약하기에 좋은 감상문 형식)

생각나는 어휘를 모두 적어보세요.	등장인물의 이름을 모두 적어보세요.(주인공의 별명을 붙여보면 더 재미있어요.)	화나는 장면이 있었다면……(나라면 어떻게 하였을까?)	주인공에게 하고 싶은 말을 적어보세요.

동시 형식의 독서감상문 형식

극본 형식의 독서감상문

책을 읽은 후에 극본으로 써보면 아주 실감나는 독서감상문 활동이
될 수 있다. 『콩쥐, 팥쥐』를 읽은 후 나오는 사람들을 모두 나열해 놓은
후 빠져도 되는 인물을 추려낸 후 책 내용을 바탕으로 극복는 써서 연
극을 해 보는 것도 좋은 경험이 된다.

이 연극을 통해 아이들은 서로의 입장을 이해하게 되기도 하고 잘못된 부분을 수정해 나가기도 한다. 이 활동은 저학년 및 고학년 모두에게 좋다.

소책자 형식의 독서감상문

이 방법은 아이들이 책을 읽고 A4 용지를 6등분하여 소책자를 만들어 보는 방법이다.

책 표지를 예쁘게 꾸미는 동안 아이들은 스스로 만든 책에 대한 만족과 소중함을 느끼게 된다. 두 권 이상 만들게 되면 전집처럼 만들고 싶다는 생각을 하게 되므로 집에 전집이 있을 경우엔 이 방법을 활용하면 좋다.

인터뷰 형식의 독서감상문

아이들은 위인전을 읽게 되면 너무 먼 옛날의 일이라는 생각에 책을 금방 손에서 놓게 된다. 시대적 배경이 스키마로 저장되어 있지 않기 때문에 낯설게 된다. 이럴 때 이 방법을 활용하면 좋다. 인터뷰를 하기 위해 아이들은 스스로 질문지를 만들어야 하므로 자신의 눈높이에서 질문을 생각하게 되고, 무엇이 궁금한지 스스로 자문을 하게 된다.

질문지를 만들어 답을 스스로 구하는 활동을 통해 낯설었던 인물이 자신과 동시대를 살았던, 또는 살고 있는 듯한 느낌을 받는다. 그러므로 인물들과 쉽게 친해질 수 있게 된다.

일기 쓰기 지도

일기란? 넓은 의미로는 하루에 있었던 일을 기록해 놓은 글이다. 기록을 한다는 것은 오랜 시간이 흘러도 기억을 하고 싶다는 의미가 담겨 있다. 오랜 시간이 흘러도 기억을 하고 싶다는 것은 솔직한 자신의 삶을 투영함으로써 자취를 돌아보며 남기고 싶은 깊은 뜻을 내포하고 있다.

오래전부터 학교에서 일기를 쓰도록 숙제를 낸 뒤, 아이들의 일기를 담임선생님께서 검사를 한 뒤 빨간펜으로 첨삭을 하고 있다. 그런데 아이들이 선생님의 첨삭을 좋아하는가? 깊이 생각해 보아야 할 문제이다.

나에게 독서지도를 받는 아이들은 일기장이 두 개다. 독서지도 수업 과정 중에 일기쓰기 지도가 있는데 한 달에 두 번 일기장을 가지고 와서 친구들에게 자기가 읽어주고 싶은 날을 뽑아 큰 소리로 낭독하게 하는데, 갑자기 한 아이가 벌떡 일어났다.

"선생님. 우리 선생님 땜에 일기 쓰기 싫어요!"

"아니…… 왜?"

"이거 봐요. 여기다 뭐라고 쓴 줄 아세요?"

아이들은 모두 그 아이가 들고 있는 일기장으로 시선을 모았다. 아이는 일기를 들고 내가 볼 수 있게 글씨가 쓰여진 부분을 펼쳐들고 내밀었다.

2004년 4월 7일 아침부터 비가 내리더니 아직까지 멈추지 않고 계속 내린다.

제목 : 미운 내 동생

내 동생은 참 미운 짓만 골라한다. 내가 게임을 좀 하려고 하면 내 옆으로 기어와서 층얼층얼 짜증나게 한다. 그래서 나는 발로 톡 쳤다. 김치를 담그려고 마늘을 찧던 엄마가 보고 있었는지 소리를 버럭 질렀다.

"야, 동생을 그렇게 발로 차면 어떡해!"

엄마 목소리가 얼마나 컸는지 내 귀청은 먹먹했다. 순간 뒤에서 동생이 '으앙!' 울음을 터트렸다. 엄마는 얼른 내 방으로 뛰어와서 동생을 안고 나가면서 내 머리통을 툭 쥐어박았다. 엄마가 나간 뒤에도 내 머리에선 마늘 냄새가 진동을 했다.

갑자기 동생이 더 미웠다.

'짜식, 괜히 내 옆에 와서 알짱거리더니 나만 혼났잖아.'

열린 방문 틈으로 엄마가 동생을 업고 김치통을 씻는 게 보였다. 엄마 등에 업힌 동생과 눈이 마주쳤다. 나는 미운 생각에 눈을 흘겼다.

엄마는 거짓말쟁이다. 나한테 동생 생기면 좋을 거라고 해 놓구선…….

요즘은 나만 미워한다. 차라리 동생이 없었으면 좋겠다.

첨삭 : 동생한테 그러면 안 돼. 훌륭한 사람이 될 수 없어. 동생을 사랑
해야지. 영민이 그렇게 안 봤는데…….

위의 첨삭은 실제 담임선생님께서 쓰신 것이다. 빨간 글씨로 쓰여진 첨삭이 단 두 줄 밖에는 되지 않았는데도 내 눈에 그 첨삭만 보였다. 일기장을 다 읽고 어떻게 해야 좋을지 잠시 생각을 하고 있는데 아이가 일기장을 뺏더니 의기소침해져서 일기장을 덮어버렸다.

"일기장은 솔직하게 써야 한다고 선생님이 말씀하셨잖아요."

아이는 상처를 많이 받은 것 같았다. 나라도 그렇게 상처를 받았을 것 같았다. 일기를 아이들이 자유롭게 쓰게 하기 위해서는 어떤 내용을 담아내더라도 선생님이 참견을 해선 안 된다. 그러니까 아이들이 일기를 학교에 내는 일기와 자기의 일상을 기록하는 일기를 따로 쓸 수밖에 없는 것이다. 이 얼마나 아이들에게 부담이 되는 일인가.

일기는 마음의 운동장이다. 자신의 마음에 있는 소리를 다 담아 내는 장소가 되어야 한다. 일기를 쓰는 동안 아이는 조금의 거리낌도 없이 맘껏 소리를 지르며 맘껏 노래를 부르며, 맘껏 뛰어놀 수 있어야 할 것이다. 그렇지 못하다면 일기를 쓰는 의미를 상실하는 것이다. 일기는 자기의 기록이다. 자기 스스로 자신이 커가면서 느낀 것을 솔직하게 적어놓는 비밀 장소이기도 하고 토론의 장소이기도 하고, 스트레스를 푸는 장소이기도 하고, 희망을 꿈꾸며 미래를 설계하는 청사진이 되기도 하고, 누군가에게 못다 한 이야기를 털어 놓을 수 있는 대나무 숲이 되

기도 하고, 속상한 일을 스스로에게 말하고 위로 받는 장소이기도 한 것이다. 일기는 솔직해야 한다. 일기는 누구에게 보여주기 위해 쓰여져서는 안 된다. 그렇게 되면 일기가 아닌 수필집이나 창작소설이 될 것이다. 꾸며서 쓰는 일기, 그것이 무슨 의미가 있을 것인가. 그러나 학교에서는 아이들에게 그것을 강요하고 있다. 숙제로 내야만 하는 일기가 아이들에게 어떤 도움이 될 것인가.

일기를 써서 낸 아이들에게 올바르지 못한 첨삭 또한 문제가 심각하다. 선생님들이 써주는 첨삭 몇 줄이 아이들에게 희망과 꿈을 줄 수도 있지만, 상처가 될 수도 있다는 것을 생각할 때 쉽게 첨삭을 할 수 없을 것이다. 희망을 주는 일보다 상처를 주는 일 중 무엇이 더 조심스러울까. 그것은 상처를 받을지도 모르는 아이에게 첨삭을 할 때이다. 첨삭은 충고를 쓰는 난이 아니다. 첨삭은 아이들에게 부담을 주는 글도 아니다. 첨삭은 아이들에게 가르침을 주기 위한 지침서가 아니다. 그러므로 첨삭을 굳이 해야 한다면 많이 생각하고 아이게게 상처가 될 말은 없는지 조심스럽게 펜을 움직여야 할 것이다. 차라리 첨삭이 자신 없다면 첨삭을 하지 않길 바란다. 일기를 숙제로 내주어야 한다면, 일기숙제는 아이들과 선생님과의 약속이라고 명시해 주면 좋겠다. 강제성을 띤 약속이 아닌 자유로운 약속이 될 수 있어야 한다.

영민이가 내게 일기장을 내민 것을 조심스럽게 읽고, 그 위에 예쁜 색깔의 색종이를 붙였다. 그리고 아주 정성스럽게 펜을 들었다.

영민아! 무척 속상했겠구나. 사실 선생님도 그런 경험 있어. 영민이처럼 엄마 몰래 쥐어박기도 하고 숙제를 할 때 공책을 찢길까 봐 방문을 잠그고 한 적도 있단다. 그런데 쥐어박고 나면 왜 그렇게 마음이 아프던지……. 영민이도 그랬지? 선생님도 다 알아. 영민이가 동생을 얼마나 사랑하는지. 영민이는 혼자서 다 알아서 하는데, 영민이 동생은 아직 혼자서 할 수 없기 때문에 엄마의 보호가 필요하단다. 영민이도 알지? 엄마가 영민이를 얼마나 든든하게 생각하시는지. 영민이 오늘 무척 많이 속상했겠다. 자, 파이팅!

일기는 자신의 일상을 솔직하게 쓸 수 있어야 하며, 보다 자연스럽고 정직한 글쓰기가 되어야 한다. 또 일기를 자세하게 쓰는 것을 통하여 주위의 모든 것을 관찰하는 습관과 깊이 생각하는 사고력이 길러진다. 일기는 습관이다. 이 습관을 오랫동안 꾸준히 하다보면 글쓰기 실력도 향상된다. 또한 일기 쓰기를 통하여 솔직한 자기표현을 풍부하게 할 수 있게 된다. 또한 자연스럽게 일기 쓰기가 정착될 수 있다면 부모님이나 선생님과의 대화의 장이 될 수 있다. 이 대화의 장을 통해 바른 인성교육을 할 수 있을 것이다.

아이들에게 일기쓰기는 숙제가 아니고 밥 먹는 일과 같은, 자신의 생활이며, 습관이라는 인식을 자연스럽게 심어주어야 한다. 즉 일기를 숙제라는 생각이나 의무감에서 쓰도록 해서는 안 된다는 것이다. 일기는 자기가 스스로 자율적으로 쓸 수 있도록 환경을 만들어주어야 한다. 그러기 위해서는 어떤 내용도 다 허용할 수 있어야 한다.

그리고 일기는 꼭 잠자기 전에 써야 한다는 잘못된 상식을 버려야 한다. 언제 어디서든 쓰고 싶을 때 쓰도록 해야 한다. 또 일기를 부모님의 관점에서 보려고 하지 말자. 아이들이 마음껏 자기들의 이야기를 솔직하고 꾸미지 않고 쓸 수 있도록 있었던 일을 사실 그대로 솔직하게 쓰도록 유도해야 한다. 억지로 생각이나 느낌을 많이 쓰라고 하지 말고, 사실을 사실적으로 쓸 수 있도록 아이들의 일기장을 존중해 주어야 한다.

일기쓰는 목적은 일기를 즐겁게 쓰고 자신의 일을 있는 그대로 기록함으로써 자기 자신을 돌아보고 자기의 표현을 살려서 사실적 글쓰기가 되도록 하는데 그 목적이 있다.

또한 일기는 반성문이 아니다. 다시는 그런 실수를 하지 않겠습니다. 친구들과 사이좋게 지내겠습니다. 거짓말을 하지 않겠습니다. 동생과 싸우지 않겠습니다. 착한 아들이 되겠습니다. 이런 반성문 형식의 일기는 아이들을 자꾸 뒤를 돌아보게 하므로 일기를 쓰는 일이 즐겁지 않게 되고 아이들을 위축시켜 작게 만든다.

일기는 한 일, 본 일, 들은 일, 겪은 일, 생각한 일, 경험한 일, 느낀 일…… 등을 솔직하고 자세하게, 사실을 사실적으로 기록하는 글이다.

아래의 일기와 첨삭을 살펴보자

2002년 10월 22일 비도 내리고 해도 떴다.

어제 엄마가 위인전집을 들여 놓으셨다. 방에서 게임을 하고 있는데 엄마가 들어오셔서 말했다.

"넌, 비싼 책을 사줘도 읽을 생각을 안하니? 엄마 어릴 땐 책이 보고 싶어도 돈이 없어서 못 사봤는데. "

엄마는 참 이상하다. 그렇게 읽고 싶으셨으면 실컷 읽으시지 왜 나보고 읽으라고 하는지 모르겠다. 난 게임이 더 좋은데…….

현철아! 훌륭한 사람이 되려면 책을 많이 읽어야지. 선생님하고 약속!!!! 그리고 엄마 말씀 잘 듣는 착한 아들이 되자. 응?

위의 일기장 첨삭은 실제 담임선생님께서 하신 것이다. 위의 첨삭을 보고 아이는 어떤 생각을 할까?

여러분이 직접 선생님이 되어 첨삭을 해 보세요. 첨삭을 잘 하기 위해서는 아이의 입장에서 생각해 보면 아이의 마음을 헤아려 쓸 수 있답니다. 아이들이 싫어하는 첨삭은 충고하는 식이나 가르치려는 식의 첨삭이랍니다. 또 너무 칭찬을 해 주는 것도 싫어한답니다.

자, 한 번 첨삭을 해 보세요.

이제 독서지도사들이 한 첨삭을 볼까요?

선생님도 어렸을 때 엄마가 책을 많이 읽으라고 할 땐 정말 싫었었지……그런데 언제 책을 많이 읽게 되었는지 아니? 아인슈타인의 전기문을 읽고 나서부터야.

아인슈타인의 아이큐가 얼마나 될까? 궁금하지? 현철아. 아인슈타인이 죽기 전에 자기의 뇌를 기증했는데 일반인과 얼만큼 달랐는지 아니? 궁금하지?

그럼 한 번 찾아봐. 그리고 다음 수업에 선생님이랑 답을 맞춰볼까?

너무 많은 책이 생기니까 부담이 되었겠구나. 선생님이라도 그랬을 거 같아. 참, 현철아. 선생님이 읽고 싶었던 위인전이 있었는데 아직 못 읽었거든. 혹시 '마틴 루터 킹 목사'에 대한 책 있니? 진짜 읽고 싶었었는데, 선생님 빌려주지 않을래? 루터 킹 목사, 어떻게 생겼을까? 빨리 보고 싶다. 그럼 다음에 잊지 말고 꼭 빌려줘!

현철아. 선생님 비밀 하나 알려줄까? 사실 지난 번 수업에 선생님이 실수한 거 같은데 아직 확인을 못했거든. 그거 몰랐지? 위인전 수업때말야. 김구 선생님과 함께 독립운동을 한 사람을 윤봉길 열사라고 했는데 혹시 안중근 열사 아니니? 잘 됐다. 우리 현철이가 확인하고 선생님한테 알려줄래? 틀렸으면 선생님 창피하니까 살짝 말해줘야 해?

이젠, 현철이가 있어서 다행이다. 잘 모르는 거 있으면 물어볼 수 있어서……괜찮지?

첨삭이 너무 도덕적이거나 수직적으로 아이들의 위에 있다고 생각이 되면 아이들은 공감을 느끼지 못한다. 선생님이 자연스럽게 자신의 어린시절 얘기를 해 주면서 책을 읽을 수 있도록 유도를 해 준다면 읽기 싫은 책도 호기심에 읽게 될 것이다.

이와 반대로 '책을 많이 읽어야 훌륭한 사람이 되지' 라든가 '읽기 싫어도 어머님을 생각해서 읽어야 착한 아들이지' 하는 식의 첨삭은 아이의 마음을 더 부담스럽게 할 것이다. 아이들은 너무 잘 알고 있다. 위인이 되기 위해서는 어떻게 살아야 하고 어떻게 해야 한다는 것을! 그래서 위인전을 읽고 싶어하지 않는다. 자신과 다른 삶을 살았을 것 같기 때문이다. 그리고 모든 위인전이 역경을 딛고 운명을 개척해야만 훌륭한 사람이 되었다고 대부분이 쓰여 있기 때문에 그렇게 힘든 삶을 살 자신이 없기 때문에, 위인전을 기피하게 된다.

첨삭은 선생님의 경험담을 들려주는 것이 좋다. 예를 들자면 선생님도 어렸을 땐 그랬어……라고. 그래야 아이들은 선생님과 벽이 없음을 느끼고 마음을 털어놓게 된다. 그런 경험담을 애기해 주면서 "그럴 때 선생님은 이렇게 했단다."라고 선생님이 어려운 일을 어떻게 헤쳤는지 자신의 얘기를 솔직하게 해 주는 것이 좋은 첨삭이 된다.

일기장 이대로 좋은가?

일기 수업을 하다보면 마음이 씁쓸해진다. 일기장 때문이다. 나는 1970년대 초등학교를 다녔다. 그런데 2005년이 된 지금도 변하지 않은 정형화 되어 있는 일기장을 아이들이 쓰고 있다. 문방구에서 파는 것을 사서 쓰기 때문이다. 아이러니가 아닐 수 없다. 내가 일기를 쓰던 1970년대와 달라진 것이 있다면 종이의 질뿐이다. 그리고 표지가 예쁜 그림으로 꾸며져 있고, 인쇄술이 좋아져서 반들반들 거리는 종이의 질뿐이다.

35년이 지난 지금도 같은 형식의 일기장을 쓰고 있는 아이들을 보면 교육개혁이라는 말이 무색해진다. 이런 작은 노력도 안 하면서 교육개혁이라니…….

일기장을 살펴보면, 년, 월, 일…… 요일, 날짜, 날씨(해, 구름, 비, 눈) 그 안에 동그라미를 쳐서 날씨를 고르게 되어 있다. 그리고 그 아래에 일어난 시각, 오늘의 해야 할 일이 있다. 일어난 시각이 초등생에게 왜 필요한가. 깊게 생각해 보아야 할 문제이다. 그리고 그 아래로 본문을 쓰는 칸이 있다. 15줄~20줄의 줄이 있고, 아랫부분은 오늘의 착한 일, 오늘의 반성할 일이 있다. 반성문도 아닌데 오늘의 반성할 일이라니……대부분 아이들은 위, 아래의 칸을 쓰지 않는다. 그런데도 교육부, 공책을 만드는 곳, 자모회…… 등 어느 단체에서도 이의를 제기하기 않는다. 아니 변화가 없다는 것은 그렇게 볼 수밖에 없다.

그래서 나는 독서지도사 과정 수업에 '세상에 단 하나밖에 없는 일기장'을 넣어, 주부들이 자녀들을 위해 직접 일기장을 만들어주는 수업을 한다.

이 수업을 시작한 지 5년이 넘는 동안 '세상에 단 하나밖에 없는 일기장'은 몇 몇 학교에서 사랑을 듬뿍 받게 되었다.

계란으로 바위치기 식이겠지만 나는 이 노력을 끊임없이 할 생각이다. 왜냐면 아이들이 좋아하기 때문이다. 이 일기장에 일기를 쓰는 동안 즐겁게 행복하게 글쓰기를 한다는 이야기를 들을 때마다 내 마음은 풍선처럼 하늘을 날아갈 것처럼 가벼워진다.

앞으로도 이 노력만큼은 내가 아닌 다른 독서지도사들도 끊임없이 해야 할 것으로 생각한다.

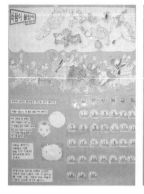

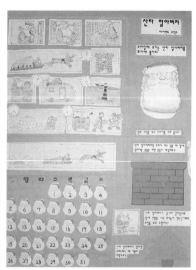

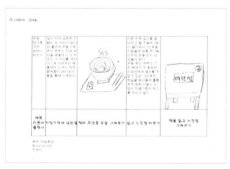

동시 암송 어떻게 지도할까요?

아이들에게 동시는 노래와 같은 것이다. 신이 나면 흥얼흥얼 입속에서 노래가 흘러나오듯 아이들이 자라면서 보고 들은 것, 느낀 것, 생각한 것들이 아름다운 글이 되어 나온다. 그것이 동시이다. 동시란? 아이들이 쓰는 짧은 글을 말한다. 리듬이 있는 노래 같은 시를 동시라고 한다. 그렇다면 우리는 노래를 어떨 때 부르는가를 생각해 보자. 그렇다. 즐거울 때 우리는 누가 시키지 않아도 콧노래가 흥얼흥얼 나온다. 동시는 이런 것이다. 아이들이 즐겁게 생활을 하다보면 노래를 흥얼거리듯이 마음의 소리를 글로 표현해 내게 되어 있는데 이것이 동시가 된다.

아이들이 동시를 잘 쓰게 하려면 어른들이 칭찬을 아끼지 않고 해 주는 것이 중요하다. 글쓰기에 자신이 없는 아이도, 어른들의 칭찬 한마디에 용기를 얻어 하나의 시어가 한 줄의 시행이 되고 두 행이 되고 두

행이 일 연이 되고 일 연은 이 연이 되고 이 연이 삼 연이 되어 완성된 동시가 되는 것이다.

그러나 동시를 쓰기 전에 우선 동시에 대해 아이들에게 알릴 필요가 있다. 동시가 무엇인지 알리는 활동으로 잘 알려진 시인의 시를 많이 읽어주면 좋다. 동시가 몸에 배게 되면 아이들은 자연스럽게 동시와 친하게 되고 자연스럽게 동시를 쓰게 된다.

아이들이 동시와 친해지게 하기 위한 방법으로 동시를 암송하게 하면 좋다. 그런데 수직적인 방법으로 주입식 방법을 택하기보다, 놀이를 통한 동시 암송 방법이 좋다.

그 첫 번째 방법으로 퍼즐을 이용한 동시 암송이 좋다. 방법은 다음과 같다.

1. 동시를 퍼즐로 준비한다.
2. A팀, B팀을 나누어 어느 팀이 먼저 암송을 하는지 서로 경쟁을 하게 한다. 이 때에 퍼즐을 맞추기 전에 한 장의 완성된 시를 주고 팀원이 각자 나누어 시를 암송하게 한다.
3. 각자 외운 시를 퍼즐로 맞추게 하는 것이다.
4. 먼저 맞춘 팀이 이기는 것이다. 그런데 이긴 팀에게 사탕을 나누어주어 두 번째 게임을 잘 할 수 있도록 유도한다.

이 수업을 끝내고 나면 서로 협동으로 동시를 맞추는 활동을 한 후라 그런지 동시 수업을 하기 전보다 서로 훨씬 친하게 유대관계를 맺고 있는 것이 느껴진다.

이렇게 놀이를 통해 동시를 암송하게 하면 아이들은 동시의 운율을 자연스럽게 받아들이게 되고 리듬감을 익히게 된다. 또한 동시 암송 수업을 통해 아름다운 시어를 몸에 익히게 된다. 자연스럽게 시어를 익히면서 자신의 것으로 승화시켜 시를 쓸 수 있는 능력을 기르게 된다.

많은 시를 암송하고 있는 아이가 시를 전혀 외우지 못하는 아이보다 동시를 잘 쓴다는 것을 알 수 있다. 동시는 생활처럼 암송을 하는 습관을 아이들에게 들여주자. 그러면 어느 순간 동시를 잘 쓸 수 있다.

두 번째 방법은 율동으로 동시를 암송하게 하면 좋다.

선생님이 동시에 맞는 율동을 만들어 아이들에게 율동을 하면서 동시를 암송하게 하면 율동만 보여도 시어가 생각나서 줄줄줄 동시를 암송하게 된다. 이것은 율동을 통해 재미와 흥미를 느껴 기억세포가 활발하게 움직이므로 동시를 저절로 받아들이게 되는 것이다.

세 번째 방법은 동시를 한두 번 읽어 준뒤, 아이들에게 그 **시**가 쓰여진 배경을 이야기로 해 주는 방법이다. 그리고 다시 한두 번, 시를 낭송해 준 뒤, 아이들에게 시화를 그리게 한다. 이상하게 서로 보고 그리지 않았는데도 아이들은 비슷한 그림을 그린다.

이 활동을 통해 아이들은 그 시를 더 가깝게 받아들이게 된다.

예 – 강소천 님의 「새 하얀 밤」

새 하얀 밤 – 강소천

눈빛도 희고

달빛도 희고

마을도 그림같고
집도 그림같고

눈빛도 화안하고
달빛도 화안하고

누가 이런 그림 속에
나를 그려 놓았나?

여러분! 선생님께서 이 시를 어떻게 쓰게 되었는지 아세요?

어느 날 밤, 잠이 안와서 밖을 내다 보셨대요. 그런데 눈이 와서 온 세상이 하얗게 덮였더래요. 그래서 밖으로 나와서 하늘을 올려다보니 보름달이 훤하게 비추고 있었대요. 저 멀리 마을을 보니 온통 눈으로 덮혀서 마을이 그림처럼 보이고, 집집마다 하얗게 눈이 쌓인 지붕이 달빛에 환하게 비추더래요. 얼마나 아름다웠겠어요? 그렇죠?

그래서 눈을 감았다 뜨니까 달빛이 선생님 머리 위에서 훤하게 비춰주고 있었겠죠? 얼마나 아름다웠을까…… 상상해 봐요. 그래서 선생님도 마치 그림 속에 들어와 있는 것 같은 착각이 들었대요. 온통 그림 같은 세상이었겠죠. 그래서 누가 이런 그림 속에 나를 그려 놓았나? 하고……. 참, 아름다운 시죠. 자, 여러분, 책상 위에 놓여진 도화지에 선생님 이야기를 생각하면서 그림으로 그려볼까요?

이런 이미지 그리기 수업은 아이들에게 시와 더욱 친숙하게 해 주는 좋은 활동이다.

다음은 「가을마당」이라는 시를 칠판에 써 준뒤 몇 번 반복해서 암송하게 한 뒤, 숙제로 이미지를 그려오게 하였는데 다음과 같이 마치 서로 보고 그린 듯하게 이미지화를 그려왔다.

가을마당 - 강윤제

볼 때 마다
하늘은
성큼성큼 키커간다.

고추잠자리
이리저리
어지러운 무늬

지붕위에선
둥근박이 배꼽까지 다 내놓고
온 종일 해바라기 한다.

마당에는 멍석이 있고
그 위에는 고추들이 누워있는데
아직은 꼬부랑 고추들이 더많다

그래서

멍석 귀퉁이지만

삽사리도 마음놓고 낮잠을 잔다

칼라사진 : p. 343, 작품I9 동시 이미지 참고

동시 수업 어떻게 유도할까요?

선진국에서는 초등학교 때 유명시를 많이 암송하게 한다. 그 이유는 시에 들어있는 함축적인 언어와 언어가 담고 있는 외연과 내포를 통해 다차원적 사고를 하게 하여 보다 폭넓은 자연과 인간을 가르치기 위함 이다. 또한 시에 녹아있는 아름다운 사상을 통해 아이들의 정신세계를 맑고 밝게 하기 위함이다.

특히 영국의 초등교육은 시암송에서부터 시작된다고 보아도 좋을 만 큼 아이들에게 시를 암송하게 한다. 이런 교육적 효과가 몇 세대 전부 터 이어져 오고있는 것이다.

영국의 대 문호 셰익스피어의 작품들이 쏟아져 나온 것은 우연이 아 님을 증명하기라도 하는 듯 영국엔 세기에 남을 만한 문필가와 문학작 품들이 많이 배출되어 왔다.

교육의 효과는 이렇게 크다. 우리는 열린교육, 눈높이교육, 토론 문화, 비판 문화를 외치고 있지만 과연 그 허와 실은 어떤가!

우리나라에서 아직까지 노벨문학상을 타지 못한 이유를 한 번 정도는 깊게 생각해 보아야 하지 않을까?

그러나 지금부터라도 늦지 않았다. 우리의 아이들을 어떻게 지도하는가에 따라서 우리나라 문학의 발전은 크게 달라질 것이다.

자, 이제 아이들의 동시쓰기 지도 어떻게 할까에 대해 이야기해 보자.

동시 쓰기 지도를 하기 전에 아이들에게 물었다. 왜 동시 쓰기가 싫은가요? 그러자 아이들이 한결같이 "너무 어려워요." 라고 말했다.

아이들이 어려워하는 이유를 하나씩, 칠판에 적어보았다. 아이들이 제일 부정적으로 받아들인 것은 주제 때문이었다. 예를 들자면 동시를 써오라고 한 뒤, 주제는 자유.

자유라는 말에 아이들이 좋아할 것으로 알았는데 의외였다. 무엇을 써야 할지 난감하다는 것이었다. 그리고 아이들의 머릿속에는 동시는 운율과 리듬이 있어야 한다고 학교에서 배운 지식 때문이었다. 처음부터 막연히 운율이 있고 리듬이 있는 어휘를 골라서 연결을 해야 한다고 생각하니 머리가 복잡해지지 않을 수 있겠는가. 그 순간부터 아이들은 동시를 재미있게 지을 생각을 하는 것이 아니고, 노동을 한다는 생각이 들었을 것이다.

머릿속에서 이미 노동이라고 받아들여지면서 한 줄의 시어도 쓸 수 없었을 것이다.

나는 우선 아이들의 머리를 가볍게 해 주고 싶었다. 그래서 많은 이야기를 해 주기로 했다. 김소월에 대한 이야기를 비롯해서 시인들의 이야기를 해 주었다. 시를 억지로 쓰려고 하면 안 된다는 것을 인지시켜 주어야 했다. 시를 쓰는 행위는 즐거운 것이라고 아이들에게 느끼게 해 주고 싶었다. 아이들이 한 줄의 시라도 쓸 수 있으려면 아이들을 옭아매고 있는 부담감부터 털어내 주어야 했다.

그래서 선택한 것이 제 또래 아이들의 동시를 읽어주는 것이었다.

초등학생들이 쓴 시를 읽어주자 아이들의 얼굴이 점점 밝아지더니 표정들이 환해졌다.

"그게 시에요? 그 정도면 나도 쓸 수 있어요."

모두 자신감에 넘쳐 연필을 들기 시작했다. 잠시 시간이 지나자 사각사각 연필 움직이는 소리가 마치 벌레가 나뭇잎을 갉아먹는 소리처럼 흥겹고 간지럽게 들렸다.

몇 분이 지나가 한 아이가 자기가 쓴 시를 낭송했고, 줄을 이어 아이들은 신나게 자기들이 쓴 동시를 발표하기 시작했다. 아이들에게 시를 쓰는 행위가 즐겁다고 인식만 하게 하였어도 좀 더 자유롭게 시를 썼을 것이다.

처음엔 읽어준 동시를 모방한 듯한 시를 쓰다가 다음엔 스스로 창작한 시를 쓰게 되었다.

욕심쟁이 목련 – 3학년 김민지

욕심쟁이 목련은

그 많은 손에

아이스크림 들고서
슬쩍슬쩍 눈치만 보다가
톡,
하나 떨어뜨리고

새침데기 영주는
나무 밑에 앉았다가
이게 웬 떡…… 주워 들고
한 입 베어 물고
아……
맛있다아 맛있어어……

욕심쟁이 목련은
그 많은 손에
아이스크림 들고서
팔이 아파도 누가 먹을까
내려놓지 못하고
저는 하나도 못 먹고 말지요

나비 – 김소정

팔랑팔랑 나비는
여행 중이죠

언니 머리에 앉으면

머리핀 되고

엄마 가슴에 앉으면

부롯지 되고

내 머리에 앉으면

꿈이 되지요.

아이들이 동시를 왜 꺼려하는가? 그것은 어른들의 교육이 잘못 되었었기 때문이다. 지도하는 입장에서 주입식 교수 학습법에 의해 맹목적으로 암기하게 했기 때문이다.

초등학교에 들어가면 1학년 때부터 동시를 암송하게 하는 학교가 있다. 그것도 일 주일에 다섯 편 이상 외우게 한 뒤, 외워 온 아이들에겐 상이라고 쓰여진 스티커를 준다고 한다. 이렇게 동시를 암기하게 하고 있으니 동시를 감상할 수 있겠는가.

동시는 아이들에게 놀이이고 생활 속의 이야기가 중심이 되어야 한다. 또한 동시수업은 이해위주의 교육이 아니라, 감상위주의 교육이 되어야 할 것이다.

동시 수업을 잘만 하면, 아이들에게 언어감각을 익힐 수 있게 하므로 좋은 수업이 된다.

그러나 억지로 시키는 동시수업은 절대 삼가해야 한다. 앞으로는 어떻게 이해시킬 것인가가 아니라, 어떻게 하면 재미있고 흥미롭게 아이들이 동시와 놀 수 있을까를 생각해 보아야 할 것이다.

아이들이 동시 쓰기를 어려워하는 두 번째 이유가 무엇을 써야 할지 모르겠다는 것이다.

말 그대로 글감 정하기가 어렵다는 것이었다.

그래서 브레인스토밍을 하게 했다. 하나의 어휘를 칠판에 적어주고 생각나는 모든 어휘를 나와서 적어보게 했다. 그랬더니 아이들이 우르르 몰려나와 칠판에 어휘를 적어나갔다고, 순식간에 칠판은 깨알을 뿌려놓은 듯 글씨로 꽉 찼다.

• 하늘-구름-뭉개-솜털-아기 엉덩이-뽀송뽀송-솜이불-푹신푹신-소파-널뛰기-그네-춘향이-치마저고리-구정-설-세배-돈-친척-만남-인사-집-엄마-사랑-눈물-촛농-촛불-흔들흔들-바람-나무-풍선-동생-칭얼칭얼-매-상처-약-병원-의사-까운-나이팅게일-희생-죽음-눈물-주르르-빗물-우산-처벅철벅-장화-고양이-영웅-부자-로또- 추첨-구슬-행운-네잎클로버-나폴레옹-장군-불가능-양주-아버지-노래-노래방-마이크-가수-GOD-5명-독수리 5형제-지구-별-어린왕자-모래-사막-사라짐-바람-회오리-소용돌이-빠짐-인어공주-왕자 …… 등

• 하늘-비행기-노래-깃발-사람-머리-구름-비-눈-우산-나무-풍선-바람-가오리 연-타이어-차-기차-악수-헬리콥터-바람개비-동생-기저귀-우유-장간감-엄마-자장가-선물-공룡-사탕-책-쓰레기통-돈-구슬-딱지 …… 등

수업 시간에 두 아이가 한 것이다. 그런데 처음에 시작한 어휘가 '하늘'이었는데 아주 다른 어휘들이 연결되어 있다. 그것은 아이가 각각

경험한 것이 다르고 접했던 배경지식이 다르기 때문에 이런 결과가 나온 것이다. 브레인스토밍은 이렇게 같은 어휘로 시작되지만 아이마다 다른 어휘나열을 하게 됨을 인식할 수 있게 된다.

또한 놀라운 것은, 아이들의 머릿속에서 나온 어휘들이 생각도 못할 정도로 빠르게 많이 쏟아져 나왔다. 아이들에게 가장 마음에 드는 어휘를 5개 이상 선택해서 노트에 쓰게 했다.

선택한 어휘를 가지고 짧은 글을 짓도록 했다. 그리고 짧은 글을 5행으로 다시 나누게 하고 5행으로 나눈 것을 다시 10행으로 분열을 시키도록 했다. 그러자 모두 시처럼 보이는 동시가 되었다. 아이들은 자기들이 쓴 동시가 웃겼는지 서로 바꿔 보며 키득키득 웃기 시작했다. 나는 아이들이 쓴 시를 한 명씩 가지고 나와서 발표를 하게 했다. 그리고 어색한 부분이 어디 어디인지 듣고 있었던 아이들에게 한 가지씩 의견을 말하도록 했다.

발표한 아이는 친구들의 의견을 자리로 돌아가 받아들일 것인지 생각하고 동시를 수정하도록 했다. 자기 자신은 잘못된 부분을 보지 못한 것을, 다른 사람들이 발견하여 의견을 이야기해 줌에 대한 고마움에 대한 것도 이해할 수 있도록 설명했다. 이런 절차를 걸쳐서 아이들의 동시는 완성되어 갔다. 그런데 5학년 영철이라는 아이가 발표를 하자 아이들이 서로 눈치만 살폈다.

다음의 시를 한 번 살펴보자.

부부싸움 – 송영철

우당탕탕 우지찍끈

비도 안 오는데 천둥이 친다

울 아빠 엄마보고 이년아라고 하고

울 엄마 아빠보고 뭐라구! 한다

우당탕탕 콰당탕탕

동생은 내 뒤에 꼭 꼭 숨어서 숨바꼭질한다

우당탕탕 우지찍끈

밤이 됐는데도 그칠 줄 모른다

울 아빠 엄마보고 씨발 년이 하고

울 엄마 아빠보고 나쁜 놈아 한다

꺼억 꺼억 꺽꺽 꺼억 꺼억 꺽꺽

낮에 본 최영대가 자꾸 생각난다.

시는 시냇물처럼 흐르는 대로 마음을 그대로 글로 표현하는 것이라고, 솔직하게 써야하는 것이지 거짓으로 쓰면 안 된다고 가르쳤는데 이 시를 보고 난, 잠시 생각하고 아이들이 웅성대자 순간 당황스러웠다. 그러나 시를 쓴 아이가 상처를 입을까 봐 아이의 입장에서 생각해 보았다. 그리고 아이들을 정돈시켰다.

"여러분. 이 시를 보니까, 현장감이 느껴지죠? 시는 아름답게만 쓰는 건 절대 아니에요. 아름답고 함축적인 언어로 쓰여진 시를 서정시라고 하면 이런 현장감이 묻어 있는 시는 단편 서사시라고 한답니다. 단편 서사시는 소설처럼 현실의 객관적 사실을 구체적으로 사건을 다룬 것입니다. 우리도 여러 가지 음식을 먹듯이 시를 쓸 때도 여러 형식으로 써보아야 한답니다."

아이들은 영철이에게 쪽지를 써서 주었다. 그 쪽지에 아이들의 어떤 의견이 있었는지 보지는 못했지만, 영철이는 자신의 시에 대한 아이들의 의견을 받아들이는 것 같았다.

아이들은 솔직하다. 그리고 현실 안에서 살아간다. 어른들이 아이들 앞에서 행동을 할 땐 한 번 정도 생각하고 행동을 해야 하지 않을까?

이야기 꾸미기

아이들이 가장 재미있어 하는 수업이다. 이야기를 꾸며 가며 자신의 마음속에 있었던 생각과 상상을 모두 지면 위에 눈처럼 하얗게 소복소복 쌓아 놓는다.

글을 쓰기 싫어하는 아이들도 이 시간이 되면 호기심에 어린 눈으로 '오늘은 어떤 주제를 가지고 선생님이 오셨을까?' 하는 생각으로 기대에 차 있다.

아이들의 희망이 무엇인지 알아보면 어린이 중 28%가 작가가 되고 싶다고 적는다. 작가라는 꿈은 여자아이들이 더 많이 가지고 있다. 이상하게 내 수업을 듣는 아이들 중 남자아이들보다 여자아이들이 글쓰기를 더 잘한다.

그런데 상반되는 것은 책읽기를 꾸준히 열심히 하는 것은 남자아이들이다. 여자아이들은 책을 읽을 때도 소심하다. 재미있다고 누군가 추천해 주거나, 친구가 읽는 것을 보고 호기심을 느껴 책을 만지작거리다가 이것이다 싶은 확신이 서지 않으면 책을 들고 나오지 않는다. 책을 고르는 습관을 보더라도 B형과 O형은 책을 한 번 휙 둘러보고 이것저것 만지작거리다가 집어나온다. 그런데 A형의 아이들은 책 주위를 서성이다가 제목을 훑어본 뒤 찾는 책이 없으면 슬그머니 나온다. 그런데 B형이나, O형은 사서 선생님의 도움을 청한다.

글쓰기에서도 남자아이들은 과감하게 이것저것 이야기를 꾸미고 여러 형태의 글을 쓴다. 그런데 여자아이들은 한 가지 생각을 하면 끝가지 머리를 싸매듯 끙끙거려서라도 끝을 맺고야 자리에서 일어선다. 그러나 남자아이들은 글이 되지 않을 땐 그냥 중간쯤 이야기를 끌어가다가 툭 털고 일어선다. 지구력을 볼 땐 여자아이들이 훨씬 더 강한 것 같다.

이야기 꾸미기 수업은 기초과정과 중급과정, 그리고 고급과정으로 나누어 수업을 한다.

글쓰기에 흥미를 느끼지 못하는 아이들이나, 글쓰기에 부담을 느끼는 아이들을 지도할 때는 책을 한 권 읽어주고 독후활동으로 글쓰기로 연계를 한다.

예를 들자면 백설공주처럼 끝이 빤하게 보이는 것이 좋다. '행복 하게 살았답니다.' 로 끝나는 책을 가지고 아이들에게 의문을 가지게 한다. '왕자를 만나지 않았다면 백설공주는 어떻게 되었을까? 여기부터 한 번 써보자,' 라든가. '백설공주가 난장이들과 함께 계속 산다면 왕자를 만난 것보다 행복하지 않을까?, 아니면 더 행복할까?' 이런 방법으로 아이들에게 생각할 수 있도록 유도해 준다. 그러면 차츰 재미를 느끈 아이들이 아주 짧게 서사적으로 글을 쓴다. 그런데 아이들 대부분이 백설공주가 행복하게 끝을 맺는다. 이야기 꾸미기를 통해서 본 아이들 세계는 어떤 상황에서도 행복을 추구한다는 것이다.

다음으로 토끼와 거북이를 가지고 어떤 상황을 주고 아이들에게 새로운 토끼와 거북이를 쓰게 했다. 그랬더니 의외로 아이들이 재미있게 이야기 꾸미기를 했다.

토끼가 거북이나라에 가서 함께 잘 사는 결론을 내린다든지, 토끼가 거북이를 위해서 인라인에 줄을 묶어 산을 오르게 한다는 이야기로 끝을 맺기도 했다.

이렇게 글쓰기를 싫어하는 아이들도 이야기 꾸미기를 통해서 자기의 수준에 맞는 글을 쓰게 되었다.

아이들이 이야기 꾸미기를 어려워한다면 다음의 방법을 써보도록 하자.

예 – 피리 부는 나무꾼의 만화를 활용해 보자.

1. 미리 준비한 유인물을 나누어준다.
2. 인물과 배경을 설명해 준다. 그리고 상황을 만들어주자. 사건을 만들어 낼 수 있도록 선생님은 여기까지 도와주어야 한다.
   - 배경– 옛날 옛날에……
   - 인물– 병든 어머니, 효자 나무꾼, 호랑이 6마리
   - 상황– 호랑이에게 잡히지 않으려고 나무꾼이 나무에 올라가서 내려 오지 못하는 상황

이야기 꾸미기 수업을 하기 전에 분명하게 말해 줄 것은, 모든 이야기는 기승전결이 있어야 한다는 것을 인지시켜야 한다.

창작동화에서 기승전결이란? 이야기의 발단-전개-위기-절정-결말의 5단 구성이라는 것을 분명하게 인지시켜야 한다.

또한 모든 동화에는 인물, 배경, 사건, 주제가 있다는 것도 인지하고 있어야 한다.

주제란? 작가가 글을 통해서 읽는이로 하여금 무엇을 말하고 싶었는지를 알게 하는 것이라는 것도 인지하고 있어야 글을 쓰는 동안 아이들이, 자기가 지금 무엇을 말하고 싶어서 글을 쓰는 것인지 알고 있어야 한다.

위에서 밝힌 것처럼 동화가 어떻게 쓰여지는지를 확실하게 알아야 한다. 그래야 책을 읽으면서도 아이들이 책 내용과 주제를 쉽고 빠르게 이해하고, 감상할 수 있다.

예:p. 344, 작품20 이야기 꾸미기 참고

패러디 동화 쓰기

패러디 동화 쓰기란? 기존에 있는 동화를 새롭게 다시 써보는 것이다. 창작 동화의 그림만 활용하여 이야기를 새롭게 꾸며 보는 것이다. 여기에서 중요한 것은 창작동화는 서사적 글쓰기 방법이기 때문에 시간의 흐름대로 이야기가 전개된다. 그러나 패러디 동화 쓰기에서는 사건이 순행이 아닌 역행할 수도 있게 된다. 소설기법에서는 플롯이라고 하는데, 이것을 잘 풀기 위해서는 첫 그림을 잘 선택하여야 한다. 이렇게 낯설게 하기 방법으로 그림의 순서를 바꾸면, 시점이 바뀌고 주인공이 바뀐다. 그리고 그림에 나타난 인물의 표정을 보고 사건의 흐름을 자연스럽게 이끌어 가도록 지도하였다.

패러디 동화 쓰기에서 가장 먼저 생각할 것은 그림을 선택하는 것이다. 우선 주위에서 흔히 볼 수 있는 전래동화가 좋다. 이야기의 흐름을 어느 정도 잘 알고 있는 작품이 좋다. 읽어보지 않았어도 배경지식에 의해 누군가에게 이야기를 시작해서 끝까지 이야기할 수 있는 작품이면 더욱 좋다.

나는 주부들과 아이들 수업에 같은 제목의 책을 쓰기로 했다. 책 제목은 『심청전』이었다.

집집마다 하나씩은 꼭 있을 법한 책이기 때문이다. 그런데 나의 **예상**대로 준비해 온 그림은 각자 달랐다. 출판사마다 『심청전』의 그림이 달랐기 때문이었다.

우선 글을 쓰기 전에 무엇을 쓸 것인가 생각하게 했다. 곧 주제가 되는 것을 미리 생각을 하고 쓰도록 지도하였다. 효에 대해 쓸 것인지, 만남에 대해 쓸 것인지, 은혜에 대해 쓸 것인지, 인연에 대해 쓸 것인지를 먼저 작품 구상을 하게 했다. 그리고 그것을 작품 속에서 어떻게 말할 것인지, 말하는 방법도 누군가 이야기를 하듯이(3인칭 시점) 끌어갈 것인지, 아니면 주인공이 직접 겪은 일처럼(1인칭 시점) 이야기를 끌어갈 것인지, 아니면 신이 내려다 본 것처럼(전지적 작가 시점) 모든 사람의 마음을 들여다볼 수 있도록 쓸 것인지. 그것을 정하도록 지도하였다. 그리고 인물을 정하고, 인물이 해야 할 임무를 다할 수 있도록 성격을 인물 옆에 써 넣도록 했다. 배경은 자유롭게 정하게 했다. 사건은 그림의 순서에 맞게 상황설정을 해서 이야기를 풀어가도록 했다.

아래의 그림과 글은 존 위치의 작품 『책읽기를 좋아하는 할머니』를 학생들이 패러디한 것이다.

예: p. 345, 작품2 책 읽는 할머니의 행복한 오후 참고

NIE(신문활용교육) 어떻게 지도할 것인가?

　많은 아이들은 정보를 얻기 위해 인터넷을 이용한다. 인터넷이 없었을 땐 아이들은 백과사전이나 도서관에서 자료를 수집했다. 그러나 지금은 학교에서 숙제를 내주면 컴퓨터로 달려가 전원부터 켠다. 많은 아이들은 이미 컴퓨터의 노예가 되어 버렸다. 어떻게 하면 아이들에게 컴퓨터의 주인이 되게 할 수 있을까? 의식 없는 아이들은 컴퓨터의 노예가 될 수밖에 없다.

　옛날, 아랫사람을 부리는 주인들은 아랫사람을 부리기 위해서 먼저 일어나고 아랫사람이 잠든 후에야 잠을 청했다고 한다. 주인의 자리를 지키기 위해서는 모든 것을 아랫사람보다 더 잘 알고 있어야 하기 때문이었다. 그건 자신감이다. 컴퓨터에서 얻는 정보를 예전엔 신문에서 얻었다. 20세기까지만 해도 가장 정확한 정보지라고 믿었던 것이 신문이었다. 신문? 아이들은 어떻게 생각하고 있을까?

아이들에게 신문활용교육을 하기 전에 먼저 아이들이 신문에 대한 선입견이 있는지 알아보기 위해 설문조사를 했다. 그리고 신문을 보는 사람이 있는 지 물었다. 그런데 아이들의 90%가 신문에 대해 부정적인 시각으로 바라보고 있었다. 그 이유가 무엇 때문일까 생각하다가 아이들에게 물었다.

"아빠가 요즘엔 신문 볼 거 없댔어요. 이것도 신문이라구…… 참! 그러시던 걸요?"

아이들이 "맞아요! 맞아요!" 함께 동조를 했다. 그런데 "엄마, 아빠 중 누가 신문을 더 많이 보시나요?"라고 질문을 하자 어떤 대답을 아이들이 했을까?

"울 엄마는 신문 안 보세요. 전번에 아빠가 신문 안 읽을려면 당장 끊어! 그러셨어요. 엄만 신문 읽는 게 싫은가 봐요. 맨날 8시 30분만 되면 아빠하고 텔레비전 채널 땜에 다투세요. 엄마는 드라마 본다구 그러구, 아빤 영양가 없이 무슨~ 맨날 징징짜고 그러는 거 뭐하러 보냐구 뉴스를 안 보니까 그렇게 정보가 어둡지 하시던 걸요?"

아이들은 모두 수긍하는 듯했다. 엄마들은 왜 신문을 읽기를 싫어하는 것일까? 여성 전부가 주부 전부가 다 그렇다는 것은 아니다. 그런데 주부를 지도하다 보니까 그럴 수밖에 없구나…… 를 인정하게 되었다. 그래서 신문활용교육을 하면서 이런 숙제를 낸 적이 있다.

2주간만 신문을 열심히 읽어서 가장 재미있는 코너를 정해서 스크랩을 해 오도록 했다. 신문의 선전도 좋고, 책 광고문도 좋고, 만화도 좋고, 예쁘고 날씬한 여성의 모습도 좋고, 일기예보도 좋고, 그림도 좋다고 했다. 그리고 첫날은 특별한 숙제를 내 주었다.

"오늘부터 3일간은 아이들이 학교에서 하교할 시간이면 거실에 신문을 모두 펼쳐놓고 아이들이 오기를 기다리세요. 그리고 아이들이 문을 열고 들어오면 가위로 신문을 오려서 스크랩을 하세요. 아이들이 밥 달라고 하면, 엄마 신문 읽느라고 바쁘니까 조금만 기다려…… 라고 말하고 삼사십 분쯤 신문하고 씨름을 하세요. 알았죠? 그리고 아이들 반응을 10줄 이상 써 오세요. 그리고 두 번째 숙제는 남편이 올 시간이면 식탁에 스크랩한 자료들을 모두 펼쳐놓고 빨간펜으로 중요한 부분이라고 생각하는 곳에 줄을 그어 놓으세요. 한 눈에 쏘옥 들어올 수 있도록! 참, 주식에 관한 것도 좋아요. 남편들이 제일 먼저 보는 건 경제란과 정치란이 거든요. 아셨죠?"

다음 수업에 모두들 밝은 얼굴이 되어 할 말이 많은 것처럼 강의실 안은 웅성웅성했다.

"선생님. 아이들이 뭐라고 그런 줄 아세요? 엄마가 웬일로 신문을 보느냐고 그러더라구요. 둘째는 배고파 죽겠다면서 밥부터 주고 신문 보면 안되느냐구요. 가만히 생각해 보니까 내가 왜 그동안 신문을 못 읽고 살았느냐면, 다 식구들 챙겨주느라고 나를 위해서 시간을 쓸 생각도 못한 거였어요. 사실 신문보다 TV 보는 게 더 좋았기도 하구요. 참, 남편 반응은 어땠는지 아세요? 글쎄 갑자기 변하면 죽는다나요? 밥이나 차려, 이따가 뉴스 보면 다 나오는 데……."

2주 후에 수강생들은 스크랩 해 놓은 것을 가지고 와서 신문을 보는 눈이 어떻게 달라졌는지 발표를 했다. 그 중에 남편들의 반응이 의외였다.

"선생님. 이젠 집에 들어오자마자 하는 말이 뭔 줄 아세요? 오늘, 신문 스크랩 해 놓은 거 좀 보자고 하는 거 있죠? 주가 변동을 선생님 말씀처럼 보기 좋게 그려 놨거든요."

공통적인 변화는 신문을 아주 재미있게 보게 되었다는 것이다. 그리고 시사문제에 자신감 있어 하는 당당한 모습이 보였다. 사설은 정말 읽기 싫었었는데 이젠 사설을 읽고 무슨 말인지 이해를 할 수 있게 되었다고도 했다.

사설지도는 5W 1H 방법으로 중심내용을 요약하는 것부터 지도했다. 주부들은 색색의 연필로 신문에 줄을 쳐 가며 한 눈에 쏙 들어오도록 빨간 펜으로 문장을 어휘로 써 놓았다.

이 수업을 하기 전에는 정치는 남자들의 관심사인 줄만 알았다고 했다.

3주째부터는 아이들과 함께 하는 과제물을 내 주었다. 본격적인 NIE 수업으로 들어갈 수 있게 되었다.

신문활용교육 (Newspaper In Education)

신문활용교육이란? 신문의 모든 것을 재미있고 흥미롭게 가르치고, 또 신문으로 가르치자는 교육적 시도에서 시작되었다. 이 NIE는 미국에서 실시되어 많은 교육적 효과를 보았으며 다른 나라에서도 많이 보급해 학교교육 및 사설 학원교육에서도 실용하고 있다. 또한 신문사에서도 적극적으로 아이들 교육에 관심을 갖고 NIE를 하고 있다. 몇몇 신문사에서는 애독자들에게 인터넷 신문을 꾸며 갈 수 있도록 적극적으로, 장을 열어주고 있다.

NIE교육은 신문과 인터넷을 연계한 21세기 교육의 새로운 대안이며 이 교육을 통해 창의성과 종합적인 사고력을 높여줄 수 있다.

NIE는 왜 필요한가?

아이들의 상상력에 무한히 활용되는 교육자료인 신문과 친해지게 하기 위해서 NIE는 필요하다. 또한 다양한 시사 정보를 활용하기 위해 NIE는 필요하다. 많은 사람들이 신문자료를 활용하여 자신의 삶의 가치를 판단내리고 신문을 통해 같은 세상에 사는 사람들에 대해 다양한 정보를 얻는다. 혼자 살아가는 세상이 아니기 때문에 나를 비롯해 다른 사람들은 어떻게 살아가고 있는지 알아야 할 필요가 있다. 또한 아이들에게도 자기들이 살아가야 할 사회와 세상에 대한 정보를 스스로 알아가게 하기 위해 NIE는 필요하다. 아이들의 교육에 왜 NIE가 필요한지 좀 더 자세히 살펴보도록 하자.

신문을 통해 아이들의 인성 및 도덕학습을 하게 한다. 또 아이들과 사회면을 함께 읽으면서 세상의 이치에 맞게 살아가는 것이 어떤 것인지 생각하게 한다.

또한 국제사회에 발맞추기 위해 국제 이해교육 및 평화교육을 전개하는데 신문을 활용한 교육은 계속되어야 할 것이다. 아이들의 교육에 있어서 신문을 활용한 사고력 신장은 물론 비판력과 통찰력을 신장시키는데 NIE는 필요하다. 또한 효율적인 논술 지도를 통하여 풍부한 지성과 바람직한 인격형성을 이루게 될 것이다.

21세기는 정보화 시대이다. NIE를 통해 정확한 정보를 받아 자신의 지식으로 만들기 우해서는 신문의 역할은 매우 크다. 아이들에게 신문을 알게 하는 것은 매우 중요하다. 신문은 정치, 경제, 사회, 문화, 예술, 광고 등 다양한 사회현상및 최신 정보가 담겨 있으므로 학생들에게 새로운 지식과 폭넓은 사고력과 풍부한 정서를 갖출 수 있게 하므로 NIE는 필요하다.

신문을 어떻게 아이들 교육에 활용할 것인가?

저학년을 위한 신문활용교육

저학년은 신문을 읽게 하고 신문을 이해하게 하고 신문으로 학습에 활용하게 하기엔 이 교육은 아이들의 수준과 능력에 따라 다양하게 다루어져야 한다. 그러므로 놀이를 통해 신문과 친해지게 하는 것이 먼저 선행되어야 한다.

1. 사진이나 그림을 보고 떠오르는 단어를 모두 나열하게 하기
2. 만화의 순서 맞추고 말 주머니 새로 꾸며 넣어 보기
3. 광고 보고 생각나는 사람 이름 적고, 편지 써보기
4. 오늘의 운세에 나오는 동물 그림 이용하여 게임판 만들어 보기
5. 기사에 나오는 나라 이름 찾고 지도에 표시해 보기
6. 표정 있는 사진보고 이야기 꾸미기
7. 신문 속의 광고 사진 오려서 사물 그림책 만들어 보기
8. 신문에서 모르는 낱말 찾아 오려서, 소책자 사전 만들어 보기
9. 광고에 나오는 음료 병에 상표 이름 다시 짓고 상표 만들어 붙이기

10. 신문에서 동물과 식물을 모두 오려서 켄트지에 꽃동산 만들어 보기

11. 신문에서 자동차 그림 오려붙이고 자동차의 엔진 그려보기

고학년을 위한 신문활용교육

고학년에겐 신문을 제대로 볼 줄 아는 눈을 길러주어야 한다. 그리고 비판능력도 길러주어야 하므로 신문에서 잘못된 부분을 찾아보게 하거나, 잘못된 것을 어떻게 바로 잡을 것인지 사고력과 판단력 및 비판능력까지 길러주는 것이 중요하다. 논리적인 글쓰기 지도까지 병행하면 좋다.

1. 기사를 읽고 중심내용 요약해 보기(5W1H 원칙을 적용하면 쉽고 정확하게 요약을 할 수 있다.)

2. 기사를 놓고 나라면 어떻게 그 기사를 쓸 것인지 가상 기사를 써보게 하기

3. 기사 내용에 맞는 머릿기사 만들어 보기

4. 광고 만들어 보기

5. 기자가 되어 아버지, 어머니, 선생님 등 관심 있는 분의 인터뷰해 보기

6. 사진 오려 기사에 있는 상황과 전혀 다른 내용의 기사 써보기

7. 일기예보 보고 전 날과 다른 점 비교해 보기

8. 한글로 된 외래어 찾아 공책에 붙이고, 영어로 바꾸어 보기

9. 독자 투고란에 투고해 보기

10. 광고 카피 써보기(예: 여자는 남자 하기 나름이에요. 여러분~ 부자~ 되세요. 아빠 힘내세요. 등)

11. 사설 읽고 내용 요약하기

12. 독서신문 만들어 보기

13. 가족신문 만들어 보기

14. 나만의 신문 만들어 보기

설명문, 묘사문, 서사문

글을 실제로 쓰는 데는 구체적인 서술 방식이 있다. 그 서술 방식은 글을 쓰는 목적과 방법에 따라 네 가지로 구분할 수 있다. 설명, 논증, 묘사, 서사 등이다.

하지만, 이 네 가지 서술 양식 중 서술하는 방식과 목적에 따라 설명적인 글, 논증적인 글, 묘사적인 글, 서사적인 글로 분리할 수 있다.

설명적인 글에는 여러 가지 설명문들이 있으며, 논증적인 글에는 리포트, 논문, 논설문등이 있으며, 묘사적인 글에는 시, 소설, 수필 등 문학적 작품들이 있고, 서사적인 글에는 서사시, 소설, 신문기사, 수사일지 등이 있다.

설명문은 어떤 사물에 대한 정보, 지식, 개념, 원리 등을 자세하고 이해를 돕는 글이다. 독자가 알고자 하는 것을 자세하고 알기 쉽게 써야 한다. 그러므로 신문이나, 잡지, 해설기사, 요리 책, 또한 어떤 제품을 설명하는 데 쓰인다. 방법론을 주로 명시한 전자렌지 사용법이나, 라면 끓이는 법, 카메라 사용법 등 읽는 사람의 이해를 돕기위해서 많이 쓰인다. 그러나 설명문에는 필자의 주관적인 생각은 절대 개입시키면 안 된다. 객관적인 글쓰기여야 한다.

설명문은 읽는 이를 '이해' 시키는 데 그 목적이 있다. 그러므로 사물이나 사건을 알기 쉽게 또는 이해하기 쉽도록 써야 한다.

설명문 쓰기엔 꼭 지켜져야 할 3원칙이 있는데, 객관화, 정확성, 평이함이 그것이다. 즉 객관적으로 사실을 있는 그대로 전달하기 위해 써야 하며, 정확한 내용을 논리적으로 써야 한다. 또한 누구나 알 수 있도록 누구나 이해할 수 있도록 쉽고 간결하게 써야 한다.

설명문을 쓰기 위해서는 아래의 여러 방법들을 알아야 한다. 설명문은 설명을 잘 해야 한다. 그 설명을 잘 하기 위해서 설명을 하는 방법들에는 정의, 분석, 비교와 대조, 분류와 구분, 예증 등이 있다.

정의는 어떤 대상이나 말의 뜻을 다른 말로 바꾸어 설명하는 방법이다. 즉 '세종대왕은 누구인가?' 를 이 방법으로 설명하기 위해서는, 작자와 독자와의 사이에 공통적으로 알고 있는 사전지식이 있어야 한다. 그 사전지식을 바탕으로 알기 쉽고 정확하게 정의해야 한다.

비교와 대조는 둘 또는 그 이상의 사물이나 대상들을 서로 관련성이나 공통점을 설명하는 방법이다. 비교는 유사점을 대조는 차이점을 설명하는 방법이다. 또 비교와 대조는 합리적이고 설득력이 있어야 한다.

분류와 구분은 사물의 차이점 또는 공통점에 따라 구별하는 방법이다. 분류는 여러 대상을 그것들이 가지고 있는 공통성에 따라 나누는 것이고, 구분은 하나의 개념이나 대상을 그 성분들에 따라 나누는 것이다.

예증은 실제의 것을 예를 들어 추상적인 내용을 구체적으로 설명하는 방법이다.

묘사문은 묘사(description)적인 글쓰기를 말한다. 즉 사물의 모양이나 색깔, 향기, 소리, 맛 등을 그림그리듯이 그려내는 서술 방법이다. 묘사적 글쓰기는 객관적으로 그 겉모양을 살피고 관찰하여 써야 한다. 묘사적 글쓰기는 자세하고 구체적어야 하며 감각적으로 써야 한다. 묘사는 설명적 묘사와 암시적 묘사, 그리고 객관적 묘사와 주관적 묘사로 구분된다. 또한 묘사는 글쓴이의 의도나 목적에 따라 설명적 묘사와 문학적 묘사로 구분한다.

설명적 묘사는 사물에 대한 정보를 정확하게 설명하는 방법이고, 암시적 묘사는 사물의 인상을 암시할 목적으로 사용되는 방법이다.

설명적 묘사는 어떤 대상에 대한 정보나 지식을 전달하기 위해 묘사를 하는 방법으로 글을 쓸 때 전체를 세분화하여 설명하는 방법을 취하기 때문에 글쓴이의 주관적인 생각을 배제하고 눈에 보이는 대상이나 상황, 모양, 크기, 색깔, 특성 등을 객관적인 태도로 자세하게 묘사하는 것이다. 아이들이 과학 실험 및 관찰 보고서를 쓰는 방법이 이 방법이다.

문학적 묘사는 소설이나, 시, 수필 등에서 작가들이 사용하는 방법으로 작품 속에서 어떤 사물이나 배경 설명 및, 주인공의 행동묘사 등을 눈 앞에서 보이듯이 그려서 독자를 유혹하여 작품 속으로 끌어들이는 묘사방법이다.

문학적 묘사 방법에는 암시적 묘사, 주관적 묘사, 예술적 묘사, 심미적 묘사 등이 있다.

서사문은 사건과 행동이 시간적으로 일어나는 과정을 기술하는 방법이다. 서사문은 시간의 순서에 따라 나타내는 것이 특징이다. 소설이나 수필, 시, 수사일지에서 볼 수 있으며, 아이들의 일기 속에서 자주 볼 수 있다.

서사문쓰기에서 중요한 것은 행동이나 사건의 시간을 명확하게 제시하여야 한다는 것이다. 또한 간결하고 자세하게 시간의 변화에 따라 서술하여야 한다.

4부

글쓰기 지도 어떻게 하면 잘할 수 있을까?

글 잘 쓰기 위해서는 무엇이 필요할까?

글을 쓰기 위해서는 먼저 선행되어야 할 것이 있다. 우선 책상에 10분 이상 앉아 있는 연습을 하는 것이다. 요즘 아이들을 지도하다 보면 가장 심각한 문제에 당면하게 되는데 그것 중 제일 심각한 것은, 책상에 앉아서 10분 이상 혼자 시간을 보내지 못한다는 것이다. 아이들에게 글쓰기 지도를 부탁받으면 우선 먼저 하는 일은 책상에 앉아 책 한 권을 놓고 10분 이상을 견디게 하는 것부터 시작한다. 이것 역시 훈련이 필요하다. 요즘 아이들은 컴퓨터 앞에 앉으면 3시간은 보통이요, 4, 5시간은 우습게 앉아 있는 것을 볼 수 있다. 그런데 왜 책상에 앉아 10분을 못 견디는 것일까? 그것은 정적- 즉 조용한 분위기에서 자기 자신을 느껴보는 시간을 가져보지 않았기 때문이다. 조용한 공간에서 혼자 있으면 뭔가 불안해지고 짜증이 나고 무섭기까지 하다고 호소하는 어린 친구들을 보고 있자면 안타까운 마음이 든다. 이렇듯 지구력이 없는 아이들에게 먼저 실행해야 하는 과제는 책 한 권을 앞에 놓고 읽지 않고 책장만 넘기더라도 10분 이상 책상에 앉아 있게 하는 것이다. 그렇게 책상에 앉아 10분을 견딘 아이에게 작은 메모지를 건네주고 그 메모지에 아는 사람의 이름을 모두 적게 해 보자. 생각하는 동안 또 10분이 훌쩍 지나가게 된다. 그리고 아는 사람이 나와 무슨 관계가 있는지 생각하여 적게 하자. 이렇게 순차적으로 책상에 앉아 있는 훈련을 하면 자연스럽게 사색하는 학습과 글을 쓰는 학습은 자연스럽게 이루어질 것이다.

글쓰기는 메모하는 습관에서부터 시작된다

글쓰기는 메모하는 습관에서부터 시작된다. 메모를 하기 위해선 먼저 메모장이 필요하다.

나는, 새해가 되면 제일 먼저 하는 중요한 일이 있다. 그것은 다이어리를 사는 일이다. 문방구에 들려서 이것저것 다이어리를 고르다보면 세상에 어쩌면 이렇게 예쁜 것들이 있지? 할 만큼 탐이 나는 것들이 너무 많아서 10개쯤……. 욕심을 내다가 고르고 고르고 한 선택 끝에 하나만 들고 나온다.

새해의 첫 달은 이렇게 세상에 하나밖에 없는 나만의 다이어리를 장만하는 일과 메모장을 마련하는 일이 제일 우선한다.

그런데 올해는 남편이 회사에서 나온 다이어리를 주어서 그것을 예쁘게 포장해서 나만의 향기가 나는 다이어리로 탄생시켰다. 그리고 아이스크림 전문점에서 무료로 준 재활용수첩이 올해의 나만의 메모장이 되었다. 우선 이렇게 메모장을 마련한 뒤에 첫 장에 무엇을 어떻게 쓰는가가 더 중요하다.

우선 습관이 되지 않은 사람이라면 손바닥만한 메모장에 무엇을 어떻게 채워야 할지 난감해진다. 그럴 때 하는 적절한 방법이 있다.

메모장의 첫 장에 M-M(생각그물)으로 자신의 살아온 삶을 간단하게 적어 보는 것이다. 그렇게 채워진 첫 장은 소중한 메모장이 될 것이다. 거기에 자신의 모습이 담긴 사진을 붙여보는 것도 좋다.

그리고 메모장을 마련한 뒤엔 시장에 가거나 어디를 가더라도 가방 속에 넣어 다녀야 한다는 것이다. 그래서 새롭게 본 것이나, 그동안 보지 못한 것들이 있으면 사물의 이름부터 적어오는 습관을 들여 보자. 예를 들어 생선가게에 갔는데 한 번도 보지 못했던 생선이 있다면 굳이 물어서라도 그 이름을 알아오는 것이다. 이렇게 메모장에 무언가를 적어가는 기쁨을 맛보게 된다면 시간이 지난 만큼 글쓰기 위한 재료는 그 메모장에 가득 보물처럼 들어 있을 것이다. 누구나 아는 것이 아닌, 나만의 지식을 갖고 있다는 것은 매우 중요하다. 어느 날 그 메모장을 펼쳤을 때 생선이름을 보면서 시장에 서서 생선이름을 물었던 기억을 떠올리며 이미 당신은 자기만의 추억을 갖게 되는 것이다.

이렇듯 기록하는 학습부터 시작한다면 글쓰기는 이미 50보는 걸어온 것이다. 그렇게 가다보면 정상에 올라 '야호!!!!' 하고 환희에 찬 소리를 지르고 있는 자기의 모습과 만나고 있을 것이다.

글쓰기, 짧은 글부터 시작하자

누군가 내 장편소설을 읽고

"어떻게 이렇게 긴 소설을 쓸 수가 있죠?"

라고 물었다. 내 대답은 간단했다.

"처음엔 한 장부터 시작했지요. 한 장이 다 채워지니까 두 번째 장도 쉽게 채워지던 걸요?"

그렇다. 누구나 처음부터 긴 장편의 글을 쓸 수는 없다.

먼저, 정말로 글을 쓰고 싶다면, 자기 자신에게 약속을 하고 그 약속을 지키는 일부터 하라고 권하고 싶다. 자기 자신과의 약속은 지키지 않아도 창피하거나 비난을 받지 않는다. 그래서 쉽게 약속을 깨뜨리고 그 깨트린 약속에 대해 책임감을 느끼지 못한다. 그렇게 자기 자신에게 너그러워지면 그 어떤 일도 이룰 수가 없다. 성공한 사람과 실패한 사람의 차이는 여기에 있는 것이다.

나는 나 자신과의 싸움에서 철저하게 이겼기에 여기에 서 있다고 감히 말할 수 있다. 그리고 철저하게 나 자신과의 약속은 어떤 일이 있어도 지켰음을 자랑스럽게 생각한다.

여러분 중…… 성공하고 싶다면 우선 자기 자신과의 약속부터 지키는 사람이 되라고 이야기하고 싶다.

먼저 글을 잘 쓰기 위해서 해야 할 일은, 잘 쓰기 이전에 선행되어야 할 과제가 있다. 그것은 '매일 매일, 공책 1장은 꼭 채우겠다'. '어떤 말도 되지 않는 글이라도 다 채우겠다' 라고 자기 자신과 약속을 해라.

그리고 약속을 지키기 위해 하루에 한 장은 무슨 일이 있더라도 내용을 채워라. 말도 되지 않는다고 생각이 되더라도 어차피 그것은 나만 읽을 것이기에 상관없지 않은가. 그러나 어느 날 세월이 지나고 나면 그것이 정말 글을 쓰고 싶을 때 펼쳐보면, 값진 보배로 자신 앞에 펼쳐져 있을 것이다.

나도 어떤 날은 하도 쓸 것이 없어서, 지난 밤 꿈 꾼 것을 누군가에게 이야기 하듯이 쓴 적도 있다. 그런 훈련이 지금의 나를 만들었다고 확신할 수 있다. 지금 당장 오늘부터 매일매일 한 장의 공책을 채우는 일부터 시작하라. 그러면 분명 어느 날 몰라보게 달라진 자신의 글을 발견하게 될 것이다.

일기만큼 좋은 글쓰기 훈련은 없다. 일기는 마음의 운동장이다. 작가에게 소설은 허구의 세계, 작가가 만들어 놓은 자기만의 공간이라면, 일기는 또 다른 자기만의 공간인 것이다. 그 곳에선 자유롭게 어떤 말이든 다 털어 놓을 수 있는 것이다.

아래의 글처럼 남편에게 하고 싶은 말이 있을 때 전하고 싶은 마음이 있을 때 해 보면 좋을 것이다.

아래는 일기의 한 부분이다.

당신은 나를 애처롭게 바라보았지요. 저녁을 손수 지으며…… 그 수고도 나를 위한 것이라는 걸 알기에 나는 조용히 침실로 들어가 아주 짧은 단잠을 청했습니다.

전철에서 꾸벅꾸벅 내 정신은 졸고 있었지만 몸은 그럴 수 없었습니다. 당신의 문자메시지 때문이었지요. "오늘 첫 수업 잘했지?" 당신의 노파심은 수업을 못했을까 봐가 아닌, 그 2차원적 언어 였음을 21년의 세월이 만들어준 암시적 언어였음을 알기에 당신의 걱정을 덜어주고자 아주 짧은 답글을 날렸습니다. '당근 먹었지요' 당신…… 지긋이 웃고 있었겠지요? 이것도 오랜 시간 함께 산 세월이 멀리 떨어져 있는 당신 표정, 당신의 느낌까지도 그대로 전해 주어서 저린~ 그 무엇을 느낄 수 있었지요.

당신은 벌써 버스를 타고 나를 향해 달려오고 있었을 거예요. 마음이 먼저…… 그 때 한강을 막 건너고 있었는데 그렇게 빨리 지나가는 전철 안에서 강물 색깔이 변해 있는 게 보이다니 참, 사람의 눈이 어디까지 보고 느끼고 감정까지 획획 흔들어 댈 수 있는지 호기 어린 맘으로 나를 그대로 방치해 두고 있었답니다. 이미 건너온 강 이쪽에서 고개를 돌려 유람선을 보고 있자니 마음이 그 강에서 부유하고 있었답니다. 제자에게서 걸려온 떨리는 음성 때문이었지요. 곤경에 처한 음성이라는 걸, 아니 많이 지친 음성이라는 걸 느낄 수 있었기 때문이었지요. 누군가에게 필요할 때 손 내밀어주고 등을 보듬어 줄 수 있는 거리에 있다는 건 행복이라고 걱정하고 있는 나에게 당신은 또 이렇게 말했겠지요. 듣지 않아도 이미 내 귀에서 마음으로 들어 온 당신의 말들이 숨고르기를 하고 있었습니다. 그래요. 누군가의 창이 되어 줄 수 있는 건 기쁨이겠지요. 아직은 당당하게 서서 그늘이 보이는 쪽으로 고개를 돌릴 수 있는 여유도 내가 햇빛에 나와 있기 때문이겠지요. 그거 아세요? 당신이 지금은 작열하는 태양 빛에 눈을 못 뜨는 내 이마위에 손을 얹어 챙을 만들어주고 있지만 어느 날, 내가 당신의 얼굴위에 조막막한 손을 있는 힘껏 활짝 펴서 당신이 눈을 뜰 수 있도록 챙을 만들어 줄 수 있도록 키재기를 하듯 손가락을 부채처럼 깃을 펴고 흔드는 훈련을 하고 있다는 것을…… 그게 사랑이겠지요.

아웃백에서 점심을 하고 있는데 다시 날아 온 당신의 메시지는 나를 또 감동시켰습니다. 그래요. 내가 무너질 수 없는 건 당신이 그렇게 나를 향해 해바라기 하고 있기 때문입니다. 퉁퉁 부은 발가락이 구두 지붕을 밀어 올려서 도저히 걸을 수 없어서 잠시 쉬고자 찾은 그 곳도 내 작은 몸하나 누일 수 있는 휴식의 장은 될 수 없었습니다. 시끄러운 소음들이 내 귓구멍을 막은 탓도 있겠지만 오늘따라 음악소리도 친절에도 감동을 느낄 수 없었답니다. 다시는 여기 오지 않을거야…… 맘 속의 말을 알을 낳으며 그 자리를 떠나 왔지요. 흔들리는 버스에서 또 당신의 전화를 받았습니다. "집에 도착했어…… 얼른 와." 이미 나는 당신을 향해 달려 가고 있었지만 수원의 도로 사정 때문에 더디게 가는 버스에서 내 맘은 내려서 이미 뛰고 있었답니다.

그래요. 당신은 감자를 채 썰어 다지고 있었지요. 김치를 잘게 썰어서 도마위에서 토닥토닥…… 칼질을 하고 있었지요. 반가운 당신의 따뜻한 눈빛 때문에 난 그 자리에서 쓰러지고 싶었답니다.

아, 이제 한숨자고 일어난 나는 이슬먹은 풀잎처럼 싱싱한데,…… 당신은 소파에 누워 출장에서 지친 몸과 마음, 그리고 남은 여정을 풀고 있습니다. 당신의 코고는 소리가 아름답습니다. 나도 조금 전 당신이 느낄 수 있도록 코를 골았던가요…….

글을 쓰기 위한 자기만의 공간을 만들자

내가 결혼하면서 남편에게 바라는 소원이 한 가지 있었다. 그것은 값진 보물을 갖는 것도 아니요, 세상에서 가장 큰 집을 갖는 것도 아니었다. 단지 아주 작은 책상 하나와 그 책상을 놓을 수 있는 나만의 공간이었다. 남편은 단칸방에서 시작하는 신혼살림에도 불구하고, 다락에 방을 만들어주었다.

지금도 남편이 만들어준 다락방을 잊을 수가 없어, 가끔 추억에 잠긴다. 아주 작은 다락방, 그 방에 들어가 앉으면 세상에 부러울 것이 없었다. 그 다락방이 내게 있어 첫 서재가 된 셈이다. 지금 생각해 보면 그 다락방이 없었다면 나는 지금 작가로 살아갈 수 없었을지도 모른다.

새벽녘 그 다락방에 앉으면 쪽창을 통해 보이는 풍경은 이 세상의 것이 아닌 4차원 세상 같았다. 그래서 많은 꿈을 꿀 수 있었다. 막연하게 무엇이 되고 싶기도 하고, 친정부모 떨어져 멀리 지방까지 내려와 사는 자신의 모습을 돌이켜보며 부모님께 못했던 것들을 종이에 줄줄 적어 내려가다보면 새벽이 밝아 버린 적도 있었다. 어느 날 부부싸움을 하고 그 다락방에 올라갔더니 비가 부슬부슬 처량하게 내리고(아마 그 날 내 기분이 우울해서 그렇게 느껴졌을 것이다.)기차가 지나가는데 이미 내 마음은 그 기차를 타고 친정엄마에게로 달려가고 있었다. 그 순간 떠남 의 미학을 생각하면서 다시 돌아와 앉은 자신의 모습을 인식한 채 다시 잘 살아보자고 다짐했었기에 지금의 내가 있지 않았나 생각한다.

글을 쓰기 위해서는 우선 자기만의 공간을 갖는 것은 매우 중요하다. 아주 거대한 도서관이나, 보기 좋게 꾸며놓은 서재가 아니어도 좋다. 잠시 앉아 짧은 글 몇 줄을 쓸 수 있을지라도 '나만의 서재' 즉 자기만 의 공간을 갖도록 하자. 그리고 그 공간에서 편안하게 작가가 된 듯 자 연스럽게 사색에 잠기며 폼을 잡고 글을 써보자. 이미 당신은 작가가 되어 앉아 있는 자신의 모습을 발견하게 될 것이다.

주위를 유심히 살펴보자. 글감은 거기에 다 있다

아이들이 글쓰기를 어려워하는 이유 중 하나가 글감을 잡지 못해서이다. 글감이란? 글의 소재가 되는 것이다. 아이들이 가장 많이 쓰는 글의 종류는 생활문이다. 생활문은 말 그대로 생활을 하는 동안 일어난 일, 본 일, 들은 일, 한 일 등을 가지고 글을 쓰는 것이다. 그런데 아이들에게 더 글쓰는 데 부정적인 생각을 심어주는 것은, 아이들에게 무작정 종이와 연필을 주며 주제는 '사랑'이니 지금부터 글을 쓰도록……하는데 그렇게 하면 누구도 글을 쓰지 못할 것이다.

이럴 때 아이들에게 먼저 하는 방법이 있다.

'사랑'이 주제인데, 사랑하면 여러 가지가 있는데 어떤 사랑이 있는지 적어 볼까? 그러자 아이들은 아주 신나게 공책을 빼곡하게 적어갔다. 그 시간이 지나면 아이들에게 "그 중에서 쓰고 싶은 것이 '엄마의 사랑'이라면 '엄마'라는 어휘를 생각하면 떠오르는 단어들을 모두 적어 보세요."라고 말해 준다. 그러면 다시 아이들이 카네이션-어버이 날-선물-고마움-눈물…… 그 어휘들을 떠올리며 글을 쓰게 하면 아주 자유롭게 글을 써 내려간다.

노력 없이 얻어지는 것은 없다. 글도 역시 마찬가지이다. 나는 작가가 되기 위해 15년 이상을 누가 알아주지 않아도 혼자서 끙끙거리며 날밤을 새웠다. 어찌나 그 세월들이 고통스러웠는지 그만두고 싶은 순간들이 수 천 번은 넘을 것이다. 그러나 그 고비를 넘겨서야 글을 쓸 수 있다는 자신감과 글을 왜 쓰고 싶은지, 왜 써야만 하는지 깨달았다. 누구나 어려서부터 작가가 되고 싶다는 꿈은 한 번씩은 꾼다. 중학교 시절 내 주위의 많은 친구들도 작가를 꿈꾸며 수업시간에 노트에 혼자만의 소설을 쓰던 친구도 있었다. 지금도 서애경이라는 '유별난 친구'라고 기억을 하고 있는 것을 보면…….

그러나 누구나 작가가 되진 못한다. 그렇다. 안 되는 것이 아니라, 못되는 것이다.

자신과의 싸움을 이겨내지 못한 사람은 결코 작가가 될 수 없다. 그러나 지금 작가가 되기 위해서 글을 써야 한다는 것을 이야기하는 시간은 아니기에 그만 원점으로 돌아가 다시 생각한다.

작가가 아닌 사람들도 글을 잘 쓰고 싶어 한다는 것이다. 늘 문예창작 수업을 나가면 으레 듣게 되는 질문이 고정적으로 몇 개 있는데 나열해 보면 이렇다.

작가가 되려면 어떻게 해야 돼요? 언제 글을 쓰시나요? 글쓰기가 왜 이렇게 어렵죠? 좀 쉽게 쓸 수 있는 법은 없나요? 등등이다 쉽게 쓸 수 있는 법이란 없다. 그러나 글을 재미있게 힘들이지 않고 쓸 수 있는 방법은 있다. 그것은 먼저 관찰력을 기르는 것이다. 우선 관찰력부터 훈련을 한 뒤, 서서히 글을 써도 늦지 않다는 것이다.

주위에 어떤 것들이 있는지 사물을 살펴보는 일부터 시작한다면, 세상을 알아가는 일이 자연스럽게 이루어질 것이다.

우리는 관계 속에서 살아간다. 사물과 유기적인 관계를 맺으면서 생활하고 있는 우리는 그 사물부터 제대로 알지 않고는 결코 글을 자유자재로 쓸 수 없을 것이다.

글의 배경이 되고 소재가 되는 것이 바로 우리 주위의 사물이기 때문이다. 또한 자기가 살아가는 주위 환경을 잘 안다고 하는 사람들도 실상 눈을 감고 몇 분을 생각하게 한 뒤, 집 주위를 그려보라고 하면 정확하게 그려내는 사람들이 별로 없다. 그것은 일상적인 삶을 가볍게 여기기 때문이다.

주위를 관찰하는 학습부터 선행된다면 글쓰기는 자연스럽게 이루어질 것이다. 내 주위에 무엇이 있는지 그동안 그냥 지나쳤던 것부터 하나하나 관찰하는 습관을 기르자.

글쓰기를 잘 하려면……

글쓰기를 잘 하려면 어떻게 하면 될까?

글쓰기의 정도正道란 없다. 노력하는 방법밖에는 없다. 글쓰기의 천재란 없다. 많은 시간을 투자 하다보면 어느 날 글이 자연스럽게 쓰여지는 걸 경험하게 된다.

그렇다면 글을 쓰기 위해 어떤 노력을 해야 할까?

우선 글쓰기로 들어가기 전에 자신의 생활습관부터 돌아보자. 그리고 순차적으로 글을 쓰기 위한 여러 가지 환경을 만들어가자.

1) 자기의 생활을 세심한 관찰력으로 보는 습관을 가지는 것이다.

2) 자기가 겪었던 일을 메모하는 습관

3) 생활 속의 글감을 어휘로 적는 습관

4) 있는 사실을 있는 그대로, 느낌도 정직하게 느끼는 그대로 적어놓는 습관

5) 지나가다 본 것을 나열해서 적어놓는 습관

6) 지나가다 들을 것을 의성어로 적어보는 습관

7) 주위의 모든 사람들이 대화하는 내용을 귀담아 듣고 필기해 놓는 습관

8) 걸어가며 간판을 눈여겨보고 메모해 놓은 습관

9) 계절마다 특징을 눈여겨보고 느껴보고 오감을 모두 자신의 언어로 적어보려는 습관

10) 하루에 한 번씩 자신을 돌이켜보는 습관

11) 한 줄이라도 일기 쓰는 습관

위의 것들만 실행에 옮겨도 좋은 글을 쓸 수 있는 해답을 얻을 것이다.

좋은 글이란?

좋은 글이란? 사람의 마음을 움직이는 글이다. 아무리 몇 세기를 거쳐 훌륭한 작품이라고 평가를 받은 글일지라도 읽는 사람이 감흥을 느끼지 못하거나 아무런 느낌을 받을 수 없다면 좋은 글이라 할 수 없다. 짧은 글이라도 사람의 마음을 감동으로 이끌어낼 수 있다. 시詩는 함축된 언어로 된 짧은 글이다. 그러나 그 짧은 글 안에는 세상사와 우주가 담겨있다. 좋은 글이란, 길고 짧음의 차이가 아니다

짧은 글이라도 사람의 마음을 움직일 수 있다.

사람의 마음을 움직일 수 있으려면 자신이 경험한 것을 토대로 솔직하게 쓰는 것이다. 그것이 우선이 되어야 한다.

자, 그럼 좋은 글로 가는 첫걸음부터 옮겨볼까요?

1) 솔직하게 써야 합니다. 꾸밈이 없는 글을 말합니다. 예쁘게 치장하려는 마음에서부터 가식적인 글로 빠지기 쉽습니다. 그 유혹을 물리쳐야 좋은 글이 됩니다.

2) 자신이 경험한 것을 느낀 그대로 드러내서 써야 합니다.

3) 글의 중심생각(주제)가 잘 드러나야 합니다.

4) 글의 짜임새(구성)이 있어야 합니다.

5) 글의 문단과 문단이 잘 연결되고 내용이 일관되고 통일되어야 합니다.

6) 읽는 이를 생각해서 이해하기 쉽도록 써야 합니다.

7) 읽는 이가 공감할 수 있도록 써야 합니다.

8) 맞게 써야 합니다.

위의 내용을 생각하면서 쓴다면 좋은 글을 쓸 수 있을 것이다.

처음부터 긴 글-완성 된 글을 쓰려고 하지 말자. 짧은 글부터 시작해 보자. 우선 시작이 중요하다.

지금 시작해 보세요. 메모도 좋은 글이 될 수 있습니다. 문장으로 메모를 하는 습관을 길러보세요.

나만의 의성어, 의태어를 찾자

세상에는 다양한 소리들이 서로 얽히고 얽혀서 무슨 소리인지 알 수 없을 때가 있다. 그럴 때면 가슴이 답답해진다.

아이들 수업을 할 때였는데, 갑자기 한 아이가 벌떡 일어나서 질문을 했다.

"선생님. 비둘기 소리가 왜, 구우 구구······예요?"

그러자 아이들이 책상을 치며 박장대소하며 웃고 소릴 질러댔다. 그러자 또 한 아이가 질문을 한 아이를 쳐다보며 말했다.

"짜샤~ 그럼 뭐라구 그러냐? 넌 유치원두 안 다녔냐? 병아리는 삐약 삐약, 오리는 꽥꽥, 고양이는 야옹~ 이잖아. 짜식 그걸 질문이라구 하구 있어······."

아이는 금세 울 것 같은 얼굴로 나를 쳐다보았다. 그러자 나는 하던 공부를 멈추고 아이들을 데리고 밖으로 나왔다. 그리고 눈을 감고 들리는 소리를 모두 적게 했다.

그런데 마침 까치가 날아가며 소리를 내길래 아이들에게 눈을 감은 채 들리는 대로 적도록 하였다. 그런데 아이들이 적어낸 종이엔 하나도 같은 울음소리가 없었다. 꾸욱 꾸우욱, 끼리끽~, 꺼어어억~ 쓰르릭 삑~ 후루루 뚜잉……등 이상하고 야릇한 소리로 적어냈다. 어쩌면 우리 아이들은 관념적인 의성어나 의태어에 길들여진 것은 아닐까.

그리고 그 소리가 맞다고 믿고 있기에 다른 소리를 받아들일 마음의 공간이 없는 것은 아닐지 심각하게 생각해 보아야 한다.

그런 일이 있은 후, 한 달에 한 번은 꼭 자연의 소리를 들을 수 있는 수업계획안을 짜서 아이들을 데리고 가까운 시골로 나간다.

우리는 아직도 틀에 박힌 교육을 아이들에게 시키고 있는 것은 아닌지 지금이라도 잘못된 교육을 바로 잡아야 할 것이다.

돌만 지나면 아기들은 세상의 말을 배우느라 귀를 열고 엄마의 입을 통해 말을 배우기 시작한다. 그런데 예를 들어 길에 구급차나, 소방차가 지나가면 엄마들은 하나같이 의성어로 '삐요삐요' 지나간다 라든가, 비행기가 지나가면 '쑈옹~' 이라든지, 과자를 보고 '까까' 사탕을 보고 '아탕' 이라고 가르친다.

그걸 아기들은 그대로 따라하게 된다. 이 얼마나 위험한 교육인가. 세상의 말을 처음 배우는 시기가 얼마나 중요한데 이렇게 생각 없이 아기들에게 잘못된 음성언어를 흘려내는지 그리고 그것을 당연하게 생각하고 있는지.

이제라도 바로 잡아야 할 것은 하나씩 바로잡아 가야 할 것이다.

내가 대학원에서 문예창작 수업을 받을 때 가장 유익했던 수업은 작가란 자기만의 언어를 가지고 있어야 한다는 것이었다. 그래서 늘 새로운 소리를 찾아 자기만의 언어로 기록하고 자기만의 언어로 탄생시켜 새로움을 창조해 나가야 성공하는 작가가 될 수 있음을 각인시켜 주신 교수님들의 가르침이었다.

아이들 교육도 마찬가지이다. 특히 글쓰기를 지도할 때 어른들의 고정관념 속에 박힌 언어나 소리를 아이들에게 그대로 전수해서는 안 될 것이다.

아이들에게 새로운 소리를 찾아내게 하는 수업, 또 새로운 의태어를 발견하는 것부터 가르쳐야 할 것이다.

글은 솔직한 것이 가장 좋은 글이라고 배웠고, 또 가르친다. 그렇다면 솔직하게 강아지가 짖는 소리가 '멍멍!'으로 들리지 않고, '웍웍!'이나 그 밖의 또다른 소리로, 들린다면 들리는 대로, 그렇게 스스로 소리를 찾아내게 해야 할 것이다.

"아니 강아지가 어떻게 웍웍!하고 짖니?"라며 관념적인 의성어로 강요해선 안 될 것이다.

글이란, 표현이다. 새로운 세상을 향해 달려가고, 또 새로운 세계와의 만남을 솔직하고 느낀 것을 느낀 대로 표현해야 한다.

보고 들은 것을 본 대로 들은 대로 솔직하게 쓰도록 가르치자.

관찰력을 확장시키자

글쓰기 지도에서 가장 중요한 것은 관찰력 확장이다. 그런데 그 관찰력 확장을 위해 어떤 수업을 하면 좋은가.

아이들에게 글쓰기를 시키기 전에 먼저, 아이들을 데리고 동네어귀를 돌며 상가의 간판을 모두 메모지에 적게 하는 것으로 시작했다. 아이들은 평소엔 버스를 타고 다니느라 보지 못했던 간판의 이름을 적으면서 서로 웃으며 신기해하는 표정이 되었다. 그렇게 아이들과 동네를 돌아본 뒤, 빈 백지를 주고 가장 기억에 남는 간판의 이름부터 쭉~ 적게 하였다. 그런데 아이들이 빼곡하게 백지를 다 메우는데 30분도 걸리지 않았다.

그리고 간판의 이름을 보고 그 가게가 어떤 가게였는지 연상하여 글을 쓰게 하였다. 그런데 대부분의 아이들이 정확하게 적어냈다.

그런 활동을 일주일에 한 번씩은 꼭 하게 하였는데, 이렇게 관찰력 확장 수업을 하기 전과 후가 확연하게 달라진 것이다. 아이들은 집에서 독서교실까지 걸어오는 동안 그동안 보지 못했던 것까지도 찾아내어 적어냈다.

이렇듯 일상에서 그냥 지나쳐 버릴 수 있는 사소한 것까지 관심을 가지고 관찰할 수 있도록 관찰력 확장 수업이야말로 글쓰기의 기초 훈련이 아닐까 생각한다.

이제 넓은 공간에서 좁은 공간으로 옮겨가서 아이들의 기억장치를 자극시키는 좋은 수업이 있다. 우리 집 거실풍경을 써보게 하는 것이다.

글쓰기의 성공은 서사적인 글쓰기로 시작해서 묘사적인 글쓰기로 끝난 것이라고 말한 작가가 있었다. 나도 그 작가의 말을 전적으로 동감한다. 글쓰기란 눈으로 보고 듣고 느낀 것을 생각하여 문자언어로 자기의 세계를 표현하는 것이다. 일차적으로 사물을 잘 관찰해야만 묘사적 글쓰기는 시작할 수 있다. 그리고 얼마나 잘 본 것을 그림 그리듯이 표현했느냐에 따라 글쓰기의 성공을 가늠할 수 있다. 아래의 방법은 정말 글쓰기를 싫어하는 아이를 지도하다가 성공한 방법이다.

'우리 집 거실 풍경 묘사해 보기'였는데 아이가 의외로 눈으로 보고 있는 것처럼 쉽게 줄줄 써 내려 갔다. 다 쓴 뒤 한 장도 넘게 써 내려간 장문의 글을 보고 자신도 신기해하며 화사한 얼굴이 되었다. 나는 돌아가는 아이에게 디카로 거실 풍경을 찍어서 메일로 보내도록 하였는데, 메일을 받아보고 정말 깜짝 놀랐다. 아이가 쓴 글과 사진이 너무도 그림처럼 일치했기 때문이다. 아이의 기억 속에 그렇게 그림처럼 기억되어진 것은 습관처럼 거실에서 생활을 많이 했기 때문이라는 걸 그 아이의 일기를 보면서 알게 되었다. 아이는 숙제를 할 때도 밥을 먹을 때도 동생과 뛰어놀 때도 컴퓨터를 할 때도 거실에서 했던 것이다. 그 아이의 집은 거실환경위주로 생활을 하고 있었다. 글이란, 이렇듯 자신의 생활과 밀접해 있다. 글쓰기를 잘 하기 위해서는 자신의 생활공간을 지나치지 말고 잘 관찰하는 것부터 시작하는 것이 좋다. 어느 날, 글을 써보자……하고 책상에 앉아 머리를 쥐어짜는 바보 같은 고문을 스스로 하지 말자. 재미있게 자신의 일상에서부터 찾아보자.

이번엔 주부들의 글쓰기 교실에서 효과를 본 묘사적 글쓰기이다. 우선 A팀과 B팀을 나누어 서로 누구를 묘사하는지 말하지 않게 한 뒤, 그림을 그리듯이 누군가를 묘사해서 글을 쓰도록 한 뒤 발표를 하게 했는데 글쓰기에 자신 없어 하던 주부들이 흥미를 느끼며 쉽고 재미있게 글쓰기에 몰입할 수 있었다.

아래의 글은 주부반에서 아주 짧은 시간에 앞사람을 묘사해서 쓴 글들이다.

(A)

그녀는 긴 생머리에 머리핀을 뒤로 살짝 꽂았다. 화장끼 없는 얼굴에 눈썹이 그린 듯이 새카맣다. 살짝 미소를 지을 때 소녀적 얼굴을 그릴 수 있다. 브라운 계열의 몸에 살짝 붙는 듯한 남방을 입었다. 조용한 듯하면서도 자신의 의사는 서슴없이 자신감 있게 말하는 편이다. 앞에서 볼 때 뒤편 중앙에서 오른쪽으로 치우친 곳에 앉아 있다.

(B)

그녀는 약간 풀린 듯한 파마머리에 검은 뿔테안경을 끼고 있다. 갈색 비슷한 색깔의 패딩점퍼를 입고 있는데 무척 따뜻해 보인다.

(C)

살짝 웃는 모습이 귀여워 보이며, 화장기 없는 맨얼굴이 맑고 투명하다. 약간 상기된 듯한 양볼이 그녀의 모습을 어려 보이게 하는 것 같다. 강의실이 약간 더운 탓일지도 모르겠다……. 내 볼도 빨갛게 상기되었을 것 같다. 그녀의 온화한 미소를 보면 더욱 가까워지고 싶은 생각이 든다. 많은 대화를 하며 인생얘기를 하고 싶은 마음이 들기까지 한다.

(D)

그녀의 집은 어디쯤일까? 아이는 두 명? 아님 세 명? 우리 집 아이들보다는 클 것 같고……. 또래친구면 좋을 텐데……. 앞으로 남은 기간동안 더욱 친해져야겠다. 무언가 골똘히 생각하며 심취해 있는 모습이 아름다워 보인다.

(E)

그녀는 참 단아한 인상을 갖었다. 머리는 깔끔한 커트를 하고 있고 그녀의 눈빛은 항상 웃고 있다. 코는 크지도 작지도 않게 얼굴 중앙에서 조화를 이루고 있다. 입은 붉고 매력적이며 치아가 참 고르다. 그녀는 키가 크지도 그렇다고 작지도 않은 아담한 키에 아담한 품체를 가졌다. 그에 맞게 그녀는 항상 안정적인 몸짓으로 차분한 모습이다. 그녀는 오늘 황색

옷으로 통일감을 이루었다. 그녀의 나이는 추측할 길이 없다. 자신을 잘 내비치려 하지 않으려는 듯 감추고 있기 때문일까? 아직 그녀를 잘 알지 못한 이유일까? 그러나 그녀의 작품 속에서 그녀의 세밀함을 볼 수 있었다. 그녀는 그녀답게 아담한 도서관 한 채를 지어 내었다. 그녀는 탤런트 김지호 닮았다. 그리고 그리운 나의 벗을 떠올리게 한다.

(F)

그녀는 항상 두 다리를 모으고 있고 두 발도 붙이고 있고 허리도 구부리거나 움직임도 별로 없이 바른 자세를 항상 유지한다. 그녀의 진지함이 느껴진다. 지금 생각을 깊이 하는 듯이 손을 이마에 대고 있다. 그녀는 항상 깊이 생각하나 보다.

(G)

그녀는 항상 맨 앞줄 가장 끝자락에 앉아 있다. 얼굴은 창백해 보일 정도로 희며 그래서 때론 아파보이기까지 한다. 약간 각이 진 얼굴엔 이지적인 안경을 끼고 있다. 그녀의 흰 얼굴과 어울려 차가워 보이기까지 한다. 머리는 어깨에서 어른 한 뼘 정도 내려오는 길이이며 반쯤 갈라 뒤로 질끈 묶었다. 앞머리가 약간 내려와 넓은 이마를 살짝 가리고 있다. 얼굴엔 화장기가 없으며 멋을 내는 스타일은 아닌 듯 보인다. 그래서인지 더욱 그녀의 화장한 얼굴이 궁금하다. 얇은 입술은 굳게 닫혀있으며 가끔 선생님의 말에 웃으며 손으로 가려서 보이지 않는다. 마르고 흰 오른손에는 흰색 몸통을 가진 펜이 쥐어져 있고 왼손 검지엔 금반지를 끼고 있다.

(H)

손가락을 살짝 살짝 움직일 때마다 금반지가 반짝거린다. 가끔 무언가를 골몰하며 오른손의 펜을 까딱거린다. 아차! 그녀와 눈을 마주쳤다. 얼른 시선을 내 노트로 돌렸다. 어지럽게 갈겨 쓴 글씨가 눈에 띈다. 다시 고개를 들어 그녀를 보니 무언가를 열심히 적고 있다. 갈색 점퍼를 추워서인지 목까지 잠그고 있다. 바지는 검정색 계통이며 그래서 마른 체위가 더 작아 보인다. 차가워 보이는 그녀의 안경 너머로 동그랗고 부드러운 그녀의 눈이 보인다. 아마도 그녀는 외모와는 달리 인정 많고 마음이 따뜻한 사람인가 보다.

(I)

나에겐 소화하기 힘든 가운데 가르마가 그녀에게는 잘 어울린다. 눈썹은 가지런하며 턱은 약간 나온 듯하지만 부드러운 입가에 눈길을 머물게 한다. 황갈색의 아무 무늬 없는 니트 목티에 같은 계통의 바지를 입었다. 약간 더운지 팔을 걷어올려 하얀 손가락이 가늘고 길어 보인다. 빨간 펜을 턱에 살짝살짝 치며 선생님의 수업에 열중하는 모습은 보기 좋다. 수수하게 화장을 한 모습에 아무 액세서리 없는 그녀의 얼굴은 미소만으로 무척 여성스러우며 빛나 보인다. 그런 모습이 날 편안하게 한다.

(J)

그녀는 항상 맨 앞줄 가장 끝자락에 앉아 있다. 얼굴은 창백해 보일 정도로 희며 그래서 때론 아파보이기까지 한다. 약간 각이진 얼굴엔 이지적인 안경을 끼고 있다. 그녀의 흰 얼굴과 어울려 차가워 보이기까지 한다.

머리는 어깨에서 어른 한 뼘 정도 내려오는 길이이며 반쯤 갈라 뒤로 질끈 묶었다. 앞머리가 약간 내려와 넓은 이마를 살짝 가리고 있다. 얼굴엔 화장기가 없으며 멋을 내는 스타일은 아닌 듯 보인다. 그래서인지 더욱 그녀의 화장한 얼굴이 궁금하다. 얇은 입술은 굳게 닫혀있으며 가끔 선생님의 말에 웃으며 손으로 가려서 보이지 않는다. 마르고 흰 오른손에는 흰색 몸통을 가진 펜이 쥐어져 있고 왼손 검지엔 금반지를 끼고 있다.

이처럼 글쓰기란 대체로 사물을 관찰하는 것에서부터 시작된다. 또한 작은 것도 디테일하게 관찰하는 훈련에서부터 비롯되다는 것을 알 수 있다.

이 외에도 글쓰기과정에 꼭 필요한 부분이 퇴고 하는 과정이다. 글을 쓰는 것도 중요하지만 자기가 쓴 글을 다듬고 고쳐서 더 이상 고칠 곳이 없다고 생각한 후에 내가 아닌 타자에게 보여주어야 할 것이다.

아리스토텔레스는 『시학(Poeties)』에서 "작품의 마지막은 더 이상 뺄 것도, 보탤 것도 없어야 한다."라고 했다.

또한 작품을 다 쓴 뒤 더 이상 누구도 자신의 작품에 대해 끌을 댈 수 없을 만큼 다듬고 다듬은 후에야 세상에 내 보내야 한다고 했듯이 작가는 장인이어야 한다. 글을 쓰는 행위도 중요하지만 글을 쓴 후 퇴고하는 과정도 중요함을 일축했다. 그렇다면 퇴고란 무엇인가? 그저 몇 글자 맞춤법이 맞지 않는 것을 고치는 일이나, 어법에 어긋나 있는 것을 바로 잡아주거나, 문장부호가 잘못된 것을 고치는 것으로 퇴고과정을 마쳤다고 할 수 있는가.

퇴고란, 글을 쓰는 입장에서 하는 것이 아니라, 글을 읽을 사람의 입장에서 하는 것이 옳다. 글을 쓰는 입장은 주관적 입장으로 퇴고를 하기 때문에 자기 글에 대해 객관적일 수 없으므로 독자, 즉 글을 읽어줄 사람의 입장에서 글을 대하는 것이 객관적으로 글을 볼 수 있게 된다.

퇴고의 과정에도 원칙이 있다. 이것을 퇴고의 3원칙이라고 하는데 첨가, 보충의 원칙, 삭제의 원칙, 재구성의 원칙이 그것이다.

첨가, 보충의 원칙이란, 혹시 빠트린 내용은 없는가 살펴보고 첨가하여 넣는 방법이 그것이다. 또한 불안정안 어휘나 문장은 보완을 해야 하는 원칙이다.

삭제의 원칙은, 필요없는 군더더기가 없는지 꼼꼼하게 읽고 또 읽고 하여 필요없다고 판단되는 문장은 과감하게 삭제하여야 한다. 글은 간결해야 하는 원칙을 염두해 두고 퇴고를 한다면 완벽한 글이 될 것이다.

재구성의 원칙이란, 글의 순서를 위 아래를 바꾸어 보고 글을 내용을 다시 읽어 보는 것이다. 강조하고 싶은 내용이 잘 배치되어 있는지, 또 위치는 적절하게 자리를 잡고 있는지 독자의 입장에서 철저하게 위의 퇴고 3원칙을 지켜서 퇴고를 한다면 좋은 글을 완성할 수 있을 것이다.

지금까지 글을 쓰기 위해 어떤 노력을 해야 하는지 살펴보았다. 마지막으로 글을 쓰기 위한 마음자세에 대해 말한다면, 글을 쓰기 전에 왜 글을 쓰는지, 왜 글을 써야만 하는지, 글을 쓰는 목적이나 의도를 분명히 돌아 본 후 글쓰기를 시작하는 것이 좋다.

예를들어 누군가에게 하고 싶은 말을 전하기 위해 글을 쓰고 싶다면 편지글 형식의 글을 선택하여 글을 쓰는 것이 전달하고 싶은 내용을 정확하게 모두 전달할 수 있을 것이다.

또 자기의 의견을 전달하고 싶다면 논설문 형식의 글을 쓰는 것이 좋으며, 자기 내면의 갈등이나 고민을 말하고 싶을 땐, 일기 형식의 글을 쓰는 것이 바람직하다. 이렇듯 글을 쓰는 목적에 따라 글쓰는 형식이 달라진다.

지금까지 글쓰기 방법론 및 퇴고 과정까지 글쓰기의 전반적인 모든 것을 살펴보았다.

글이란? 글쓰기란? 무엇인가. 자기의 표현이다. 자기 자신을 잘 표현하기 위해서는 많은 시간 무엇을 위해 노력할 것인지 생각해 본다면 좋을 글을 쓰게 될 것이라고 믿는다.

예:p. 346, 작품22 신문활용교육 참고

사진으로 보는 독후활동

앞면은 사물의 그림을 붙이고, 뒷면은 어휘를 써서 아이가 사물의 이름을 하나씩 익혀가게 할 수 있는 좋은 그림책이 된다.

이 그림책은 초등학교에 들어가서도 활용할 수 있다. 설명문 쓰기 지도를 할 때 매우 유용하게 쓰인다.

경기도 북부여성회관 제자의 사물 그림책

예 : **배** – 바다를 가로질러 다닐 수 있다. 사람들이나 물건을 실어서 목적지까지 실어 나른다. 바다의 운송수단이다. 여객선이나 화물선 등 사용목적에 따라 여러 가지가 있다.

작품 2 우리 도서관

이런 만들기 놀이를 통해서 아이들에게 책을 읽고 싶다는 동기부여를 심어주는 것도 좋은 독서지도 활동이다. 마치 도서관을 그대로 옮겨놓은 듯한 소형 도서관은 아이들에게 꿈과 행복을 줄 것이다.

이 도서관모형을 가지고 아이들과 함께 역할극 놀이를 하며 도서관에서 지켜야 할 일들을 스스로 깨닫게 하는 것도 좋을 것이다. 더욱이 도서관에 가기 싫어하는 아이들에게 도서관에 가고 싶다

경기도 북부여성회관 7기 제자 김선미 씨 작품

는 충동을 일으키는 좋은 수업이 될 것이다.

작품 3 행복나무

그림은 양주시립도서관 초등학교 2~5학년(40명) 겨울방학 특강에서 행복나무를 수업한 것이다. 이 수업을 통해서 아이들의 표정은 수업을 하기 전과 후가 아주 확연하게 달라져 있었다. 소극적인 아이는 적극적인 아이로, 소심한 아이는 자신감 있는 아이로, 발표를 시키면 주춤거리던 아이는 발표도 아주 잘하는 발표력 있는 아이로,…… 수업이 끝나면 모두 활짝 웃는 얼굴로 돌아갔다.)

 **사진 4** **나만의 사전**

신흥대학 평생교육원 자녀독서지도 제자들 작품

 작품 5 **아이들의 생각**

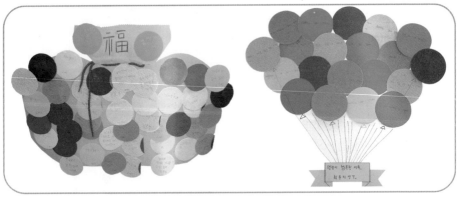

경기도 북부여성회관 7기 제자들 작품

구정(음력설날)이 좋은 이유? 아이들의 자유로운 생각이 모두 담겨 있었다.

작품 6 독서감상화

최영대 배지 달아주기 결과물

『내 짝꿍 최영대』를 읽은 후 활동으로 한 독서감상화이다.
경기도 북부여성회관 7기생이 자녀와 함께 한 작품이다.

작품 7 책과 만나는 아이들 생각

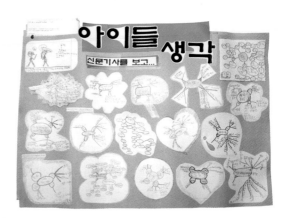

사진 8 전기문 수업, 이렇게 해 봐요.

인기투표를 아이들에게 하게 했더니 세종대왕이 32표를 얻어서 1위를 하였다.

이름만 알고 얼굴을 모르는 반쪽짜리 위인전 수업을 받았던 아이들은 이 수업을 통해서 오래도록 위인의 얼굴과 위인의 삶, 그리고 위인의 업적은 기억하게 된다.

위인전을 재미있게 읽게 하기 위해선 독서지도사들이 끊임없이 노력해야 할 것이다.

작품 9 『오른발 왼발』을 읽고, 함께 한 독후활동

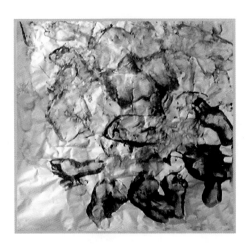

 작품 10 세상에 하나밖에 없는 내가 만든 책.

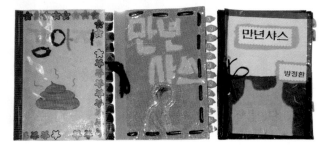

작품 11 독후활동, 이렇게 해 봐요.

존위치 작가의 『책읽기 좋아하는 할머니』

 작품 12 생각그물

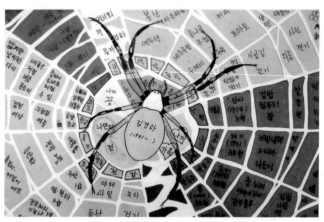

경기도 북부여성회관 제자 김경하 씨의 작품

작품 13 으뜸헤엄이(마인드 맵)

제자 김경하 씨의 작품

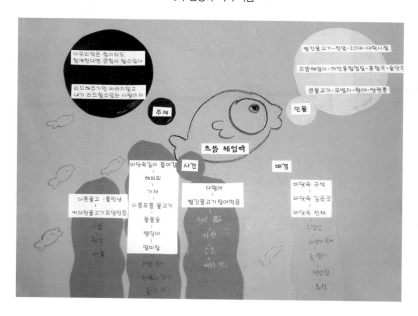

다음은 엄마와 아이들이 함께한 독후활동 그림입니다. 다양한 콜라주 기법과
판화 기법이 잘 조화되어 아름다운 작품이 되었습니다.

방법 : 샐로판지를 아이들에게 길게 쭉쭉 찢게 한다.

도화지에 큰 물고기를 그린 뒤, 빨간 색종이를 찢어서 붙이게 한다. 미리 물고기 모형에 풀을 칠해 두면 아이들이 찢은 색종이를 붙이기가 편하다.

책을 읽었던 내용을 서로 이야기 하며, 으뜸 헤엄이의 행동에 대해 의견을 주고 받는다.

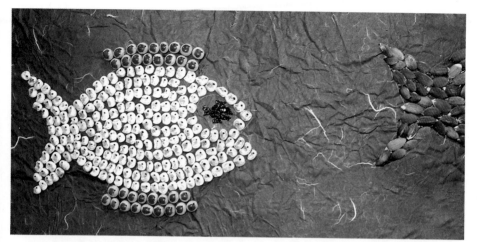

재료 : 콩, 옥수수, 해바라기 씨 등을 이용하여 으뜸헤엄이를 잘 표현했다.
음식으로 이런 독후활동을 할 수 있다는 것을 아이들이 신나고 재미있게
느끼면서 했을 것이다.

감상 : 아이들이 직접 참여하여 재미있는 독후활동이 된 것 같다. 밑그림에서
보여주는 아이들의 다양한 생각들을 엿볼 수 있을 것 같다. 불가사리
를 표현한 그림은 단풍잎이 바닷속에 떨어진 듯한 느낌을 준다. 바닷
속의 모래는 풀칠을 한 뒤, 검은 깨와, 참깨, 들깨로 표현했다.

진짜 조개껍질을 붙여서인지, 바닷속의 풍경이 그대로 물씬 나는 것 같다. 다양한 조개껍질을 이렇게 입체적으로 붙여서 아이들에게 바닷속으로 여행을 온 느낌을 준 것은 참 훌륭한 생각이었다.

물고기 안의 작은 물고기를 인주를 묻혀, 손 도장을 찍었다. 해초는 배추잎에 물감을 묻혀 찍었고, 모래나 바위는 감자나 다양한 야채를 이용했다. 배추잎이 물결에 살랑이는 것 같은 느낌이다. 출렁출렁~

꽃잎을 붙여 만든 콜라주이다. 바다에서 꽃내음이 물씬~ 향긋한 바닷속으로
'풍덩' 빠져들고 싶다. 아이들은 이미 향기나는 바닷속에서 고래와 춤을 추며
으뜸 헤엄이의 뒤를 따라다니고 있었을 것이다.

색종이를 오려서 붙인 콜라주 기법이다. 일일이 색종이를 오려서 붙여 놓으니
아이들이 그려놓은 바닷속 풍경이 살아있는 것 같다.

포크에 물감을 묻혀서 찍기로 완성된 작품이다. 아이들이 젓가락과 포크를 이용해 이런 독후활동을 하면서 얼마나 즐거웠을지 상상만 해도 행복해진다.

도장을 이용해 훌륭한 으뜸헤엄이가 되었다. 인간의 상상력은 위대하지 않은가! 아이들이 도장을 찍으면서 쌓였던 스트레스가 해소되지 않았을까? 아니면, 마치 사장이 되어 결재 도장을 찍는 상상을 하면서 행복한 시간이지 않았을까?

물고기의 몸통을 반을 그리지 않고, 아이들에게 상상해서 그리라고 하였더니
이렇게 훌륭하게 물고기의 모양을 완성하였다. 바닷속 풍경이 너무 아름답고 활
기차다.

진짜 바닷속 같다. 어항 속의 물풀을 이용하여 이렇게 훌륭한 수족관이 되었
다. 야채를 다듬어 아이들에게 직접 찍게 하고 종이를 구겨 맘껏 물감에 묻혀
바닷속을 꾸미게 하였다

작품 15 브레인 스토밍

『내 짝꿍 최영대』를 읽고 이정원 어린이가 마인드 맵을 한 것이다.

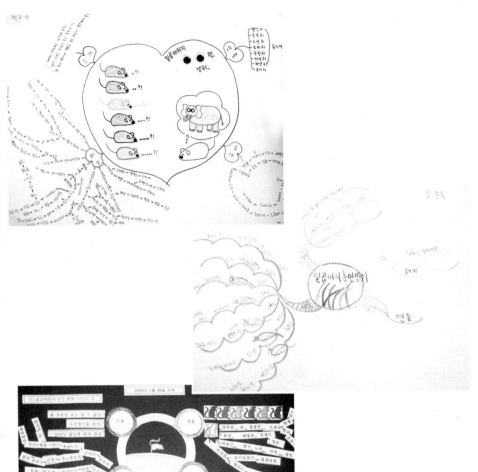

『일곱 마리 눈먼 생쥐』를 읽고 마인드 맵을 했는데 다양한 형식의 작품들이 나왔다.

인물, 배경, 사건, 주제 순으로 도식화한 마인드 맵이다.

각각 주가지와 잔가지의 뻗어나간 어휘의 색이 같아서 한눈에 보아도 빠르게 기억장치를 자극하여 책 내용을 유추해 낼 수 있다.

『눈사람 아저씨』를 읽은 후, 눈사람 아저씨를 생각하면서 초를 만들었다.

눈사람이 녹는 장면을 아이들에게 보여주기 위해 파라핀을 녹인 물을 물병에 담아 10분 정도 흐른 뒤, 굳은 파라핀을 가지고 초의 심지에 불을 붙여 녹는 과정을 보여주었다.

경기도 북부여성회관 제자 작품

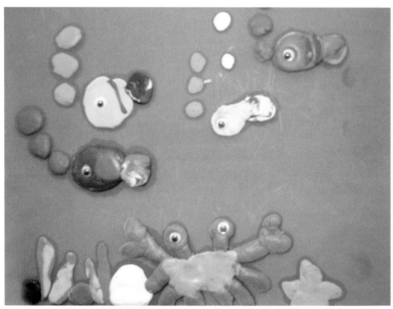

경기도 북부여성회관 제자 작품

『으뜸헤엄이』를 읽은 후, 8살 윤연이가 바닷속 풍경을 고무찰흙으로 만든 것이라고 한다.

『눈사람 아저씨』를 읽고 난 후, 밀가루 반죽을 하여 스티로폼을 뜯어 눈처럼 날리면서 눈사람을 만들어 보았더니, 아이가 무척 흥미있어 하였다고 한다.

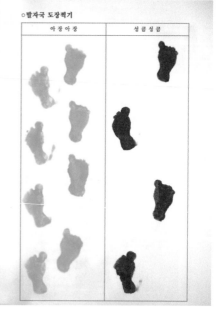

『오른발 왼발』을 읽어주고, 각종 야채를 이용하여 발 모양을 만든 후 아이에게 물감을 묻혀 찍게 하였더니 매우 행복해 하였다. 의태어 인지능력을 향상시키기 위해 '아장아장'과 '성큼성큼'이라고 어휘를 쓴 뒤 표현하게 했다.

『도서관』이란 책을 읽은 후, 아이와 함께 도서관을 만들었다.
아이는 상상 속의 도서관을 지으며 매우 행복해 하였다.

경기도 북부여성회관 5기 제자 이본아 씨의 작품

『어린왕자』를 읽고 부직포를 오려서 박음질을 하여 완성한 작품이다.

작품18 이렇게 해 봐요, 오래 기억할 수 있어요!

「눈사람 아저씨」를 읽고 난 후,
경기도 북부여성회관 주부가 그린 작품

「눈사람 아저씨」를 읽고 난 후, 아이가 그린 독서감상화

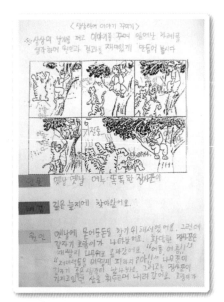

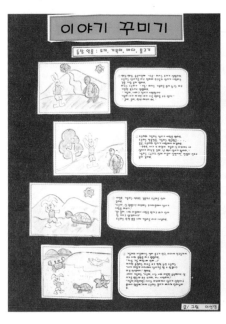

경기도 북부여성회관 7기생 작품

신문활용교육(News Paper In Education)

경기도 북부여성회관 독서지도사 양성반(5기) 작품 전시회

 우리들은 독서지도사(모의 수업 - 경기도 북부여성회관 7기)

심재구, 홍미숙, 윤영옥, 김선미, 박은영, 임혜숙, 김경하, 김태기, 한덕이, 김영수, 박금영 성희정, 마영미, 김삼순, 최영숙, 오정하, 박영애, 박미자, 유진희, 김종숙, 이영미, 오정자, 박민정, 한상옥, 전미경, 윤온진, 최은희